Do que se come

Uma história do abastecimento
e da alimentação em Belém

1850-1900

CB003580

Sidiana da Consolação Ferreira de Macêdo

Do que se come

Uma história do abastecimento
e da alimentação em Belém
1850-1900

alameda

Grafia atualizada segundo o Acordo Ortográfico da Língua Portuguesa de 1990, que entrou em vigor no Brasil em 2009.

Edição: Joana Monteleone/Haroldo Ceravolo Sereza

Projeto gráfico e diagramação: Gabriela Cavallari

Capa: Juliana Pellegrini

Revisão: José Maia Bezerra Neto

Assistente de produção: Felipe Lima Bernardino

Imagens da capa: Retiradas da litografia de Ernst Lohse, a partir de fotografias obtidas por Emílio Goeldi. In: CRISPINO, Luís C. B.; BASTOS, Vera B.; TOLEDO, Peter M. (orgs.). *As origens do Museu Paraense Emílio Goeldi: aspectos históricos e iconográficos – 1860-1921*. Belém: Paka-Tatu, 2006, p. 176.

CIP-BRASIL. CATALOGAÇÃO NA PUBLICAÇÃO
SINDICATO NACIONAL DOS EDITORES DE LIVROS, RJ

M124q

Macêdo, Sidiana da Consolação Ferreira de
DO QUE SE COME: UMA HISTÓRIA DO ABASTECIMENTO
E DA ALIMENTAÇÃO EM BELÉM, 1850-1900
Sidiana da Consolação Ferreira de Macêdo - 1. ed.
São Paulo : Alameda, 2014
280p. ; 20,5 cm

Inclui bibliografia
ISBN 978-85-7939-262-7

1. Desenvolvimento econômico - Belém (PA). 2. Produtos
agrícolas - Comércio - Belém (PA). 3. Alimentos - Comércio
- Belém (PA). 4. Abastecimento de alimentos - Belém (PA).
I. Título.

14-10871   CDD: 306.3
                               CDU: 316.74:330.567.2

ALAMEDA CASA EDITORIAL

Rua Conselheiro Ramalho, 694 – Bela Vista

CEP 01325-000 – São Paulo – SP

Tel. (11) 3012-2400

www.alamedaeditorial.com.br

Aos meus pais Osni e Ana Maria
Ao José Maia pelo amor e dedicação
A doce Marjane que chegou para completar minha vida.

Sumário

Prefácio

HOJE, ANDANDO PELAS ruas da cidade de Belém, o andarilho pode ter muitas surpresas. Além da natureza que ainda se impõe – mesmo espremida por espigões de concreto – com suas mangueiras frondosas que fazem chover manga, com o aguaceiro que vem do céu com rapidez e intensidade, com a visão de seus "rios-mar" onde aportam embarcações de alto calão e que não tem a "outra" margem visível... Belém é uma cidade, no mais amplo sentido do termo, amazônica.

E dentre suas características que saltam aos olhos, temos ruas abarrotadas de carrinhos de comida, vendendo uma infinidade de pratos: maniçoba, "unha de caranguejo", caldos, vatapá (que é sempre caracterizado pelos seus moradores como diferente do que se faz na Bahia)... Dentre os carrinhos de comida, os que vendem Tacacá são os mais disputados no final de tarde e aglutinam, ao seu redor, carros luxuosos e as bicicletas mais singelas. No roteiro turístico da cidade, a visita ao mercado do Ver-o-Peso é uma obrigação, pois lá o visitante terá acesso a um conjunto de temperos e de cores que por muito tempo não será traduzido. No mercado de peixe, outro destino obrigatório para os visitantes, peixes com um ar pré-histórico se impõem pelo tamanho e pela variedade à venda. Um lugar que marca em definitivo a memória do mais insensível observador. No Círio de Nazaré, outra característica da cidade, a confraternização familiar em volta de um almoço com pratos tradicionais suplanta até mesmo a ceia da noite de natal.

Mas o hoje já foi diferente. O que torna o historiador um artista comprometido com o ontem, uma ponte que possibilita que o presente se reviste, se revisite de uma maneira diferenciada. E é isso que o trabalho de Sidiana Macêdo faz. Convida revisitarmos nosso ato de comer, trazendo à tona um emaranhado de fatores, problemas e características que por si só já justificam a leitura do livro. Mas o faz tratando da cidade da Belém, uma cidade onde a culinária é um convite a interagirmos como uma lógica bastante singular: o paladar amazônico.

Sidiana nos conduz para o século XIX, onde Belém assistia uma explosão demográfica, marcadamente conhecendo um aumento significativo na circulação de migrantes nacionais e estrangeiros. Uma capital que atraía fortemente investimento europeu, haja vista a circulação de dinheiro e o lucro advindo da economia da borracha. A cidade inchava, era preciso cada vez mais alimentar mais pessoas: parte da comida era produzida no entorno de Belém, outra parte vinha de províncias como o Ceará… e o luxo vinha da Europa. Ao mesmo tempo o comer também era uma forma de segregação social, separando grupos que tinham acesso a "manteiga" inglesa dos que comiam à "manteiga" de tartaruga – por exemplo. Comer em tabernas ou nos "restaurantes" mais sofisticados também era um signo da separação.

Entre números, imagens, memórias e relatórios, Sidiana vai construindo com maestria a história do comer numa cidade que carece dessa História. Tensões sociais, dinâmicas econômicas, práticas migratórias, natureza… são alguns dos temas abordados pela autora. Entre uma garfada e outra uma nova cidade nascia, e assim revisitamos o presente da cidade que nasceu. Um mundo marcado por cores, sabores e gostos. Termino esse prefácio fazendo um trocadilho pouco criativo e já esperado, e o é pelo tema do livro: convido todos a degustarem esse trabalho, que faz lembrar a importância do rigor metodológico e fragilidade de especulações jornalísticas. Eis um trabalho de historiador.

Prof. Dr. Antonio Otaviano Vieira Jr.

Introdução

A IDEIA DE ESTUDAR alimentação em Belém na segunda metade do século XIX surgiu na minha monografia de graduação em História, quando trabalhei com fontes e textos contendo informações referentes à cultura material, sobretudo equipamentos de cozinha e produtos alimentícios.[1] Ali começava a ideia e questões que norteiam este trabalho, algumas pensadas desde a monografia, outras que ficaram para a dissertação. Ao fazer as primeiras leituras e contato com as fontes percebi a importância cada vez maior da história da alimentação na historiografia brasileira para entender a sociedade, através do estudo de seus hábitos e práticas alimentares,[2] embora tema já investigado por outras áreas, como folclore e a antropologia, lembrando os trabalhos de Câmara Cascudo e de Gilberto Freyre.[3]

O interesse da historiografia está no fato de que a alimentação não é apenas algo restrito à necessidade física, mas o reconhecimento de que é um ato de socialização entre os diversos segmentos e setores da sociedade, reafirmando hierarquias sociais ou não, dentro de um processo de (re)construção de sensibilidades gastronômicas que traduzem mudanças e permanências culturais, bem como as suas trocas. Daí, a correlação entre

---

1   MACÊDO, Sidiana da Consolação Ferreira de. *Sítios e Engenhos em Abaeté: Um estudo de cultura material. (1840-1870)*. Belém, UFPA, monografia de graduação em História, 2006.

2   Ver MENESES, Ulpiano T. B.; CARNEIRO, Henrique. A história da alimentação: balizas historiográficas. *Anais do Museu Paulista*. Nova Série, v. 5, p. 9-92, jan./dez., 1997.

3   Ver CASCUDO, Luís da Câmara. *História da alimentação no Brasil: pesquisa e notas*. Belo Horizonte: Itatiaia, 1983; FREYRE, Gilberto. *Casa Grande & Senzala: formação da família brasileira sob o regime da economia patriarcal*, 28ª ed. Rio de Janeiro: Record, 1992.

práticas alimentares com as invenções de tradições e a construção de um sentimento de pertencimento a um determinado lugar na sociedade, tal como lembra Marlene Milan: "Da mesma forma que a língua materna marca nossa relação afetiva com o país, o alimento nosso paladar".[4]

Por meio da alimentação, podem-se identificar os valores culturais de uma dada sociedade, já que, de certo modo, ela revela as relações hierárquicas entre os diversos segmentos sociais. A alimentação como parte da vida dos indivíduos, desperta no historiador olhares sobre o que significa o alimentar-se nos diferentes tempos e sociedades. Afinal, ao pensarmos o que, como e porque se comia em dada época, se pensa a própria história de cada povo, como mostra Carneiro:

> Pescadores de Bacalhau nórdicos expandiram zonas de pesca até descobrirem as terras boreais; pela avidez por especiarias se abriram as rotas marítimas do Oriente, e o tráfico do açúcar fez do Atlântico a principal via de trânsito entre os povos e mercadorias. Além de se fazer parte da história econômica geral, a alimentação destaca-se, em múltiplos aspectos particulares, como um fenômeno fundador da Economia, a primeira produção sendo a do consumo material dos alimentos. A capacidade das forças produtivas em gerá-los além da demanda de consumo imediato constitui o primeiro excedente social; assim, o papel do alimento localiza-se no fulcro da produção e da reprodução de uma sociedade.[5]

Logo, estudar os usos, costumes e hábitos associados à alimentação é adentrar pela história econômica, mas é também penetrar nos campos do sagrado com a história religiosa e

---

4   ACAYABA, Marlene Milan (org). *Equipamentos, usos e costumes da Casa Brasileira*. São Paulo: Museu da Casa Brasileira, 2000, p. 14. Ver também Pierre Tallet para quem a alimentação não é só o ato de saciar uma necessidade física. Cf. TALLET, Pierre. *História da cozinha faraônica: a alimentação no Egito Antigo*. São Paulo: Senac, 2005, p. 12.

5   CARNEIRO, Henrique. *Comida e sociedade: uma história da alimentação*. Rio de Janeiro: Elsevier, 2003, p. 16.

seus tabus alimentares,[6] não esquecendo que também nos leva à história política com seus banquetes, além dos estudos de cultura material e das práticas culturais dentro da história social da cultura.[7] E é justamente entender a importância do estudo da alimentação para a compreensão de um dado momento da história de uma determinada sociedade, que se propõe esta obra. Mais especificamente, este livro versa sobre a cidade de Belém, durante a economia gomífera em seu apogeu econômico.

A História da Alimentação tem sua maior manifestação no âmbito da historiografia internacional. Trabalhos e estudos sobre esse tema ganharam espaço a partir do século XIX quando certos historiadores redirecionam seus olhares para esse campo do saber. Desta forma, esses primeiros estudos foram o reflexo de uma historiografia vigente na Europa, em especial na França e na Inglaterra onde há muito já se tinha trabalhos voltados para a alimentação, como o caso de George Dodd *(The Food of London)* que, em 1856, estudou as peculiaridades da alimentação inglesa.[8] Enquanto na França tinha-se uma variedade de trabalhos voltados para este campo do conhecimento já avançando o século XX, como é o caso de Fernand Braudel ou de Jean-Jacques Hémardinquer ou Dion, *Histoire de la Vigne et du Vin em France, dês Origines au XIXe siécle*, datado de 1959. Assim, com o passar do tempo, o tema da alimentação se tornou uma tradição entre os historiadores franceses, sendo que pode-se citar, ainda, Jean-François Bergier, *Une histoire du Sel*, de 1982, ou ainda L. Bourdeau, *L. Histoire de L'Alimentation*, de 1984.[9]

---

6   Ver, por exemplo, MAUÉS, Maria Angélica Motta; MAUÉS, Raymundo Heraldo. *O Folclore da alimentação: tabus alimentares na Amazônia (Um estudo de caso numa população de pescadores do litoral paraense).* Belém: Falangola, 1980; e FUCKNER, Ismael. *Comidas do céu, comidas da terra: invenções e reinvenções culinárias entre as adventistas do Sétimo Dia (Marco-Belém-Pará).* Belém, CFCH/UFPA, 2004, dissertação de mestrado em Antropologia Social.

7   Cf., por exemplo, STRONG, Roy C. *Banquete: uma história ilustrada da culinária dos costumes e da fartura à mesa.* Rio de Janeiro: Zahar, 2004. E, também, MOURA, Daniella Almeida. A *República em festa (1890-1911).* Dissertação de mestrado do Programa de Pós-Graduação em História Social da Amazônia, Belém, 2008.

8   *Apud.* CARNEIRO, *op. cit.*, p. 143.

9   *Apud.* CARNEIRO, *op. cit.*, p. 143.

Contudo, vale ressaltar que, apesar de hoje contarmos com um número significativo de produções sobre a história da alimentação, em sua maioria são trabalhos europeus, como nos mostra Henrique Carneiro:

> (...) de autores majoritariamente europeus e americanos. Isto decorre de uma evidente impossibilidade de se abranger exaustivamente um tema como alimentação e da maior disponibilidade de uma bibliografia originada no universo latino e anglo-saxão.[10]

Assim sendo, esse novo caminho da história da alimentação traz à tona os detalhes que antes não eram foco do historiador, mas sim de antropólogos e cientistas sociais. Alargam-se os caminhos e, no caso da alimentação, devemos esse alargamento à História Cultural, já que um dos primeiros estudos sobre a história da alimentação fizera parte da Escola dos Annales: o trabalho de Lucien Febvre sobre a definição de um mapa sobre os óleos de cozinha.[11]

Com a História Cultural, iniciaram-se os trabalhos voltados às preocupações com o cotidiano, numa espécie de fuga aos padrões, métodos e correntes historiográficas tradicionais, fossem elas vertentes econômicas ou políticas. Segundo Miguel Angel Cabrera, a História Cultural desenvolveu-se como um produto da História Social. Essas mudanças têm como principal ponto de distinção as próprias estruturas que as interiorizam, já que a História Social busca o macro e o geral, enquanto a História Cultural se volta para o micro e o individual.[12] Essa nova estrutura abre caminhos ao historiador que são riquíssimos tanto no campo das fontes, como no do conceitos e práticas.

Assim, é possível fazer uma História da Alimentação que não se baseie somente nas cifras e números, que vai além da história do abastecimento, entendendo o lugar dos

---

10 CARNEIRO, *op. cit.*, p. 132.

11 CARNEIRO, *op. cit.*, p. 132.

12 CABRERA, Miguel Angel. Introdução, Los antecedentes: de la historia social a la nueva historia cultural e Um nuevo orden del dia para la investigación histórica. *Historia, lenguaje y teoria de la sociedad*. Madrid: Cátedra, 2001, p. 9-46 e 181.

padeiros, açougueiros ou feirantes e das vendedoras ambulantes de uma dada sociedade. Fazer uma História Cultural é fazer o trabalho de esmiuçar o cotidiano querendo compreender quais eram os produtos que compunham a lista dos mais necessários, ressaltando que este necessário também fazia parte dos hábitos de um dado grupo social.

É graças a essa nova História, que se encaixa na chamada História Cultural, que se pode fazer uma História da Alimentação e dos costumes à mesa. É bem verdade que a História Cultural teve que se voltar para temas que antes eram olhados pelos antropólogos e esse 'movimento' ganhou força em fins da década de 1960 como nos diz Burke:

> Emmanuel Le Roy Ladurie e Daniel Roche na França, Natalie Davis e Lynn Hunt nos Estados Unidos, Carlo Ginzburg na Itália... 'do final da década de 1960 em diante, eles voltaram-se para a antropologia em busca de uma maneira alternativa de vincular cultura e sociedade, uma forma que não reduzisse a primeira a um reflexo da segunda ou a uma superestrutura, como o glacê de bolo'.[13]

Desta forma, aos poucos, foi se solidificando uma maneira pela qual, entre os historiadores que desejavam abranger em seus estudos a sociedade e cultura, em especial os da História da Alimentação, passou a se usar a antrolologia como ferramenta de apoio. Por muito tempo, foi negado aos historiadores da alimentação essa interação com outros campos do saber, já que este era visto como um domínio de certo número de: "cientistas naturais e médicos [que] consideram as ciências humanas como meios periféricos e auxiliares no estudo da alimentação, esquecendo que sua dimensão física não esgota sua condição humana".[14] Não é à toa que um dos primeiros estudos que abordou a Alimentação com fundo histórico já no

---

13   Cf. BURKE, Peter. *O que é História Cultural?* Trad. Sérgio Goes de Paula. Rio de Janeiro: Zahar, 2005.

14   Cf. REZENDE, Marcela Torres. A alimentação como objeto histórico complexo: relações entre comidas e sociedades. *Revista Estudos Históricos*, Rio de Janeiro, n. 33, 2004, p. 1. Neste texto a autora faz uma resenha do livro de Henrique Carneiro, *Comida e sociedade: uma história da alimentação*.

século XX, foi o do professor de Botânica Adam Maurizio, o qual vai tratar da questão a partir da agricultura. Como, mais uma vez, salienta Henrique Carneiro:

> (…) a obra de Maurizio foi uma das primeiras a constituir o estudo da alimentação como o centro norteador de uma pesquisa sobre os sistemas alimentares da espécie humana desde a Pré-História.[15]

Não é possível, portanto, deixar de comentar a importância do estudo da cultura material e, dentro dela, o da alimentação. Nesse sentido, João Máximo da Silva nos esclarece que estudar cultura material é ir além dos objetos e enfocar na sociedade que os produziu na mesma medida em que foi por eles (re)produzida.[16] Assim, no caso deste trabalho, através da cultura material da alimentação foi possível entender a sociedade belenense no século XIX e sua relação com a comida. Sem perder de vista que as relações sociais também estão imbricadas no universo material. A este respeito Marcelo Rede nos diz que:

> O universo material não se situa fora do fenômeno social, emoldurando-o, sustentando-o. Ao contrário, faz parte dele, como uma de suas dimensões e compartilhando de sua natureza, tal como as ideias, as relações sociais, as instituições.[17]

Estudar a história da alimentação permite estudar os produtos alimentares que compõem a cultura material mas, acima de tudo, também nos faz entender como estes produtos foram criados em torno de complexas relações sociais. Desta forma, a escolha do tema demonstra como as práticas culturais associadas ao ato da alimentação sofreram transformações ao longo da segunda metade do século XIX na sociedade belenense, revelando, portanto, as próprias transformações ocorridas nela. A pesquisa se inicia no ano de

---

15   Cf. CARNEIRO, *op. cit.*, p. 133.

16   Cf. SILVA, João Máximo da. *Cozinha modelo: o impacto do gás e da eletricidade na casa paulistana (1870-1930)*. São Paulo: Edusp, 2008, p. 22.

17   *Apud, ibidem*, nota 16.

1850, período em que começa a ocorrer o crescimento da economia da borracha, também conhecido como "boom gomífero" onde há a intensificação da importação de produtos europeus e novos padrões e hábitos alimentares de acordo com a ideia de civilidade, já que era essencial para as classes mais abastadas terem em suas mesas produtos que, de certa forma, fossem sinônimos de requinte e bom gosto.[18]

Perceber como tais produtos eram propagados pela Província é algo que se evidencia nos documentos de balanço das casas comerciais, como a de José Ferreira de Mello, em Cametá, de dezembro de 1875, no qual encontramos: "7 garrafas de vinho do porto... 8 garrafas de vinho Bordeaux".[19] Essa busca de refinamento não deixou de ser percebido no romance *O Missionário*, publicado em 1891 por Inglês de Sousa: "O pão fresco, barrado de manteiga inglesa de barril, revelara-lhe delícias gastronômicas, de que seu paladar exigente nunca mais se saciara".[20]

As transformações dos hábitos e costumes alimentares, seguindo novos padrões de civilização e sociabilidade, ganham força a partir da segunda metade do século XIX e se acentuam com o processo de industrialização dos alimentos adentrando o século XX.[21] Mas, ir além do final do século XIX, significaria entrar na discussão do processo de industrialização de alimentos no Brasil, que não era o foco deste trabalho. Assim, tomo como fecho do livro a baliza de 1900 – afinal, nas três décadas do "boom" da borracha (1870/80/90) é possível perceber as principais transformações nos hábitos alimentares aqui sugeridas, bem como ver o surgimento de importantes fábricas alimentícias instaladas na

---

18   Cf. SARGES, Maria de Nazaré. *Belém. Riquezas produzindo a belle-époque (1870/1912)*. Belém: Paka-Tatu, 2002.

19   Arquivo Público do Estado do Pará. Secretária da Presidência da Província. Abaixo-assinados. Ano 1876-1879. Caixa 5ª.

20   SOUSA, Inglês de. *O Missionário*. Rio de Janeiro: Topbooks, 1998, p. 17.

21   AMORIM, Suely Teresinha S. Passos de. "Alimentação infantil e o marketing da indústria de alimentos. Brasil, 1960-1988". *História: Questões & Debates*, Curitiba, n. 42, 2005, p. 95-111. Cf. SANT'ANNA, Denise Bernuzzi. "Transformações das intolerâncias alimentares em São Paulo, 1850-1920". *História: Questões & Debates*, Curitiba, n. 42, 2005, p. 81-93. Sant'Anna afirma que os alimentos deixam de ser apenas manufaturados, sendo substituídos aos poucos pelos industrializados, como foi o caso da manteiga, com uma *"imagem de refinamento"* transformando-se *"em atestado de riqueza e sofisticação"*, cf. p. 91.

cidade em fins do século XIX, como a fábrica Palmeira, em 1892. É também nas três últimas décadas do século XIX que outros problemas no que tange à alimentação intensificaram-se, como foi o caso dos momentos de carestia que deram origem a diversos problemas de abastecimento regional. Alguns períodos de desabastecimento foram explicados como uma dificuldade de falta de produção em virtude da borracha, que atraía cada vez mais as os trabalhadores e passava a ser o vilão na possível falta de mão-de-obra para se plantar e se criar animais para o abastecimento.

É justamente também no período estudado que será possível a visualização dos produtos que compunham as pautas de importação e em que medida eles eram importantes e por quem eram consumidos. Por outro lado, é fato que a segunda metade do século XIX foi igualmente marcada por uma dieta alimentar popular baseada em tradições indígenas e africanas (esta em menor medida, como nos indica o consumo do peixe seco com farinha, da manteiga de tartaruga ou da linguiça de peixe-boi, o mixirá), ainda que pesem as diferenças entre o comer na cidade de Belém e nos sertões da província. Seria justamente nesse período, com o incremento das exportações da borracha e das importações, não só favorecidas pelos negócios da borracha mas pela navegação à vapor e abertura do Amazonas à navegação estrangeira, que é possível ver um refinamento dos costumes alimentares por parte daqueles ligados a uma cultura de elite em contraposição a uma cultura dos populares (guardando suas devidas circularidades), ainda que as suas definições e fronteiras não sejam fixas havendo trocas e influência mútuas.[22] É também na segunda metade do século XIX que é possível a visualização com maior afinco dos lugares e sujeitos do mundo da alimentação, onde se comia e quem eram as pessoas que vendiam alimentos.

Daí que, inicialmente, este trabalho visava discutir como os hábitos e costumes alimentares se confrontavam a partir das diferentes classes sociais, percebendo como a alimentação sofria variações tendo em vista as hierarquias sociais. Ou seja, como a alimentação acabava por ser um agente segregador e diferenciador dos indivíduos, revelando as

---

22   Acerca da cultura popular e cultura de elite, cf. GINZBURG, Carlo. *O queijo e os vermes: o cotidiano e as ideias de um moleiro perseguido pela inquisição*. Trad. Maria Betania Amoroso. São Paulo: Companhia das Letras, 1987.

hierarquias sociais e de classe dos sujeitos em sociedade. No entanto à medida que o trabalho com as fontes foi sendo construído, senti a necessidade de falar sobre abastecimento. Isto porque eram muitas as queixas nos relatórios de Província sobre a falta de víveres, a crise na produção e a falta de braços. Isto era percebido, tanto pelas fontes como pela posterior historiografia, como sendo provocado pelo crescimento da economia gomífera. Assim sendo, surgiu a necessidade de se trabalhar a temática do abastecimento local e entendê-lo nas suas particularidades.

No princípio, o abastecimento seria apenas um tópico, mas o tema ganhou tanta importância que os problemas oriundos dele resultaram nos três primeiros capítulos deste livro. Com o tema tomando dimensões não esperadas, percebi que não era possível falar tão somente das práticas alimentares ou dos sujeitos sociais que trabalhavam com a alimentação em Belém, que era a proposta inicial do trabalho, sem antes discutir abastecimento. Afinal, sem entender as questões que norteiam o abastecimento da cidade de Belém, não se pode pensar como se dava origem às práticas culturais da alimentação, nem quais seriam os produtos da dieta alimentar da cidade e, sobretudo, como os diversos sujeitos sociais diferenciavam-se pela comida. Logo, ao falar do abastecimento local veio a necessidade de estudar os diversos estabelecimentos de comercialização de produtos e os seus respectivos donos, personagens que faziam parte da venda de alimentos, ou seja, do mundo do trabalho alimentar.

Foi assim que, ao longo do período em que este trabalho foi pensado, pude desenvolver minha dissertação com o tema "Daquilo que se come: uma história do abastecimento e da alimentação em Belém (1850-1900)" e que hoje se tornou este livro. Nele, discuto a alimentação pelo viés do abastecimento regional, interprovincial e estrangeiro e também como as novas sensibilidades apuravam-se gerando hierarquias sociais e novos espaços de sociabilização na segunda metade do século XIX na cidade de Belém. O livro está composto de quatro capítulos. No primeiro capítulo, intitulado "Os produtos do sertão: A produção e o abastecimento no Pará", discuto como na segunda metade do século XIX havia uma significativa produção no interior da Província e, que, parte expressiva desta produção permanecia para o consumo da própria capital. Ainda nele enfatizo quais os principais produtos que tinham cultivo ou criatórios em vários interiores e quais ficavam na capital, ou seja, moldo um possível "prato" de alimentos consumidos na capital, no caso aqueles mais significativos, como farinha, peixe seco e carne verde.

Também foi possível perceber, para determinados anos, a quantidade em arrobas ou toneladas de alvitres regionais que chegaram aos portos da capital, ainda que não obtivesse êxito em encontrar tais dados para todos os anos. Por fim, o principal ponto defendido é o fato de que a capital paraense era expressivamente dependente dos produtos regionais, e, mesmo no período tido como áureo da borracha, o comércio e produção não cessaram bem como o hábito de utilizar os ditos produtos. Ou seja, a borracha não foi o fator determinante para as crises de carestia e, durante toda a segunda metade do século XIX, as principais regiões produtoras e criatórias estavam produzindo "a pleno vapor", para utilizar uma linguagem tão à modernidade oitocentista.

Discuto também como alguns alvitres que eram produzidos na Província tinham duplo destino tanto o abastecimento regional quanto as pautas exportáveis, tais como a castanha, o cacau, o arroz, entre outros. Também é possível visualizar algumas regiões nas quais havia a predominância de cultivo e produção de determinados produtos. Sendo que alguns lugares ainda havia o trabalho escravo utilizado nas atividades agrícolas e criatórias vislumbrando-se então quem eram os principais produtores. Enfim, mesmo os produtos exportáveis eram de consumo na capital.

No segundo capítulo, denominado "Sobre a falta de víveres: fatores sociais, econômicos, demográficos e 'naturais'", tomando como ponto de partida a negação de que a extração da borracha tenha sido fator que levou a um abandono das lavouras defendo que esse pode ter sido um dos fatores, mas não foi o único. Primeiro, porque mesmo a extração da borracha crescendo a cada dia, as lavouras não foram totalmente extintas e segundo porque atrelado ao *"boom"* gomífero existiam outros fatores que dificultavam a chegada de produtos de primeira necessidade. Um dos principais fatores que culminavam com as crises de carestia foi o crescimento demográfico que a cidade conheceu em especial na economia crescente da borracha quando o número de (i)migrantes aumentou e o aumento populacional em alguns anos triplicou em relação a outros. Tal situação gerou uma procura por alimentos muito maior que a oferta, ou seja, a quantidade de produtos que os interiores enviavam para o abastecimento da cidade nem sempre foi suficiente.

Outro fator para as crises de carestia foram as epidemias, pois sempre que havia uma crise epidêmica o abastecimento ficava prejudicado por dois motivos: porque havia mortes e isso enfraquecia o trabalho nas lavouras e fazendas criatórias e também porque os portos ficavam de quarentena. Outro motivo para a falta de gêneros foram os roubos de gado. Essa realidade fez com que o abastecimento da capital paraense, em determinados anos do século XIX, acabasse sendo muito prejudicado. A carne verde foi, juntamente com o peixe seco e a farinha, o tripé da base alimentar da Província e de Belém. A falta da carne causava muito problemas e pude constatar que, muitas vezes, os fazendeiros preferiam mandar gado para fora da província, pois estavam lucrando mais do que ao fazer vender sua mercadoria para a capital.

Havia ainda a falta de transportes apropriados, uma vez que o abastecimento quase sempre só era possível pela via marítima. Assim, ficava difícil para determinados interiores nos quais as linhas de navegação a vapor não chegavam e tinham que mandar seus produtos até onde havia portos em que as linhas de vapor tocavam para enviar seus produtos à capital. Muitos foram os abaixo-assinados de fazendeiros e comerciantes que reclamavam de tal situação. E por fim, mas não menos importante, está a situação dos produtores, que se deparavam com o clima da região, ou melhor, com as enchentes sazonais que colocavam no fundo lavouras inteiras, bem como uma parte significativa de gado que os fazendeiros não conseguiam salvar. Nesse sentido, na segunda metade do século XIX, existiam nos diversos interiores uma significativa produção que abastecia a capital. Existiram também vários fatores que impediram um crescimento em larga escala da capacidade produtiva e do abastecimento. Mas, sobretudo, apesar de tais impedimentos, tanto a lavoura quanto as fazendas criatórias não deixaram de existir.

O terceiro capítulo intitulado "Manteiga inglesa, bacalhau português, queijos flamengos... café do Rio, dito do Ceará: importados e seu consumo em Belém", foca o comércio entre a capital e os outros países bem com as outras províncias do império. É que apesar de tais relações serem menor do que a regional, eram também significativas e economicamente importantes para a capital. Aponto, então, como ao longo do crescimento da economia gomífera cresceu os valores de importação indicando quais os países que mais enviavam mercadorias e quais os principais produtos que vinham em tais navios, geralmente já consignados a comerciantes locais.

Assim sendo, destaco os principais produtos vindos do estrangeiro, a maioria ditos de luxo, como manteiga inglesa e/ou francesa, vinhos, leite condensado, farinha láctea, bem como outros; embora houvesse também produtos de primeira necessidade como o trigo e o sal. Discuto também nesta parte que os produtos estrangeiros não ficavam apenas na capital, mas, que parte deles era exportada para os interiores, o que demonstra que as novas sensibilidades não permaneceram na capital adentrando os interiores. Por outro lado, demonstro como o comércio com algumas províncias do Império como Rio de Janeiro, Ceará, Parnaíba, Pernambuco se pautava nos produtos tidos como de primeira necessidade como carne, farinha, açúcar, feijão, arroz.

No último capítulo denominado "Os sabores da cidade: práticas alimentares, hierarquias sociais e seus lugares, discuto os espaços de distribuição, venda e consumo dos produtos alimentícios que aportavam na cidade, tais como tabernas, cafés, quitandas, hotéis, casas importadoras e outros. Enfatizo também como os novos hábitos alimentares vão refinar-se, salientando onde e quem incorporará as novas sensibilidades gastronômicas. Descrevo também os principais distribuidores de alimentos da capital, quem eram, onde estavam, o que e para quem ofertavam seus produtos.

Alguns estabelecimentos tinham dupla utilidade, como no caso das tabernas que podiam ser estabelecimentos de venda de produtos variados inclusive da alimentação, e também de lugares em que os negros e demais segmentos sociais encontravam-se para seus divertimentos. Outros eram os restaurantes e como eles surgem com os novos hábitos de requinte e bom gosto. Discuto também como a alimentação criou espaços de sociabilidade em especial provenientes da nova sensibilidade de bom gosto e refinamento oriundo da *Belle-Époque* como hotéis, cafés e restaurantes, sua aceitação na sociedade belenense, ressaltando os agentes que frequentavam e sociabilizavam tais espaços do convívio alimentar, não descuidando das quitandas e dos pontos de venda de comidas e bebidas que nasceram nas ruas de Belém e continuaram existindo.

Para a elaboração da pesquisa foram analisadas diferentes fontes. Os jornais de época trouxeram informações sobre os alimentos e hábitos de consumo, bem como o preço pelo qual estavam sendo vendidos nas vendas e estabelecimentos da capital. Através dos jornais foi possível conhecer os produtos comercializados, em alguns casos seu preço e, de certa forma, qual sua utilidade, como nos informou certo anunciante ao dizer que o café de cevada era recomendado e que deveria ser utilizado por quem estava doente.[23] Nos jornais pesquisados também foi possível a visualização dos produtos importados e seus respectivos comerciantes, bem como dos anúncios dos restaurantes, tabernas, pautas de exportação e importação, o que foi fundamental na análise do trabalho. Foram utilizados os jornais localizados na Biblioteca Arthur Vianna e no Grêmio Literário Português e ainda aqueles avulsos anexos a documentos pesquisados no Arquivo Público do Pará.

No Arquivo Publico do Estado do Pará, as "Correspondências de Diversos com o Governo" possibilitou conhecer as necessidades dos moradores da Província. Os Ofícios como os da Alfândega do Pará trouxeram variadas informações sobre gêneros de alimentação; os abaixo-assinados possibilitaram visualizar as reivindicações dos comerciantes ao Presidente de Província seja por um simples pedido para fazer uma ponte no porto[24] que facilitasse o transporte dos gêneros que chegavam ou mesmo um pedido sobre mudanças na lei referentes aos gêneros alimentícios. Ou mesmo um pedido dos presos por uma melhor

---

23   Cf. A *Epocha*, n. 1, 03 a 08 de janeiro de 1859.

24   Arquivo Público do Pará. Secretária da Presidência da Província. Documentação avulsa. Abaixo-assinados. 1860-1869. Caixa 04. Doc. Capitania do Porto do Pará. 19 de dezembro de 1868.

alimentação.[25] Há também a Relação de Avisos da Agricultura, Comércio e Obras Públicas, Decretos e Contratos, cujos documentos possibilitaram compreender as políticas dos governos no que se referia aos alimentos. Além dos discursos e falas do Presidente da Província que relatam a situação da Província no que tange ao comércio, à agricultura, à navegação, à Companhia de pescadores e o abastecimento. Tais documentos traziam muitas vezes exigências ao governo por parte dos produtores de alimentos ou ainda sobre valores de produtos exportáveis e importados e ainda quantidades de produtos que chegavam à capital o que possibilitou moldar os principais problemas em torno do abastecimento.

Os inventários e testamentos localizados no Arquivo Publico do Estado do Pará foram fontes valiosas para o estudo de cultura material, pois através deles foi possível identificar alguns dos principais comerciantes, fazendeiros e cultivadores. Como donos de engenhos, cacaueiros e outros. Os relatórios dos Presidentes de Província também foram outra ferramenta fundamental, já que fazia um perfil ano após ano da Província ressaltando a economia relacionada à alimentação, o abastecimento regional e o comércio com os interiores. Bem como as medidas tomadas pelo governo para combater problemas de carestia.

No que tange à historiografia da alimentação tais medidas foram importantes no processo de escrita para pensar a alimentação e suas questões em Belém. Assim, vale citar Carneiro com seu livro *Comida e Sociedade: uma história da alimentação*, que trouxe questões relevantes sobre o tema, bem como o papel do historiador face ao estudo da alimentação e seus aspectos econômicos, sociais e culturais da alimentação. O trabalho de Sant'Anna sobre *Transformações das Intolerâncias alimentares em São Paulo, 1850-192*, que analisando os hábitos alimentares em São Paulo ressaltou como as intolerâncias a determinados pratos estava relacionada com a importância social de seus produtores e vendedores. Foi observado também para Belém as transformações em alguns hábitos

---

25 Arquivo Público do Estado do Pará. Secretária da Presidência da Província. Abaixo-assinados. 1876-1879. Caixa: 05 A.

alimentares por conta dos novos costumes e como alguns produtos como a manteiga de tartaruga perdia lugar nas casas belenenses em fins do século XIX.[26]

O trabalho de Couto, *Alimentação no Brasil e em Portugal no século XIX e o que os livros de cozinha revelam sobre as relações entre colônia e metrópole*, foi esclarecedor quando traça um perfil da cozinha no Brasil, passando pelos temperos, seu cozimento e como eles tinham a função de excitar o estômago, tratando então do cozimento das carnes e ainda a importância da mandioca e da farinha o que me fez entender que o Pará não estava tão distante das outras Províncias em matéria de alimentos. Por exemplo, a abertura dos portos trouxe ao Brasil uma variedade de produtos que entravam no contexto de objetos de "civilidade", tais como avelãs, vinho Bourdeux, dentre outros. Tal realidade foi a do Rio de Janeiro e também da cidade de Belém.[27]

Os autores Flandrin e Massimo, com a *História da Alimentação*, e ainda Strong com seu *Banquete: uma história ilustrada da culinária dos costumes e da fartura à mesa*, foram leituras importantes. Ao passar pelos vários períodos da história desde a antiguidade ressaltando os hábitos e costumes à mesa eles criam um panorama bem ilustrativo e importante para quem estuda tal tema. Tais autores trazem uma variedade de informações cruciais para o estudioso da alimentação.[28]

Enfim, a historiografia foi essencial para a reflexão das questões arroladas neste trabalho como as leituras de Braudel em seu trabalho *Civilização Material, economia e capitalismo séculos XV-XVIII*, ao trazer como a sociedade, ao longo dos séculos, viveu em prol da alimentação buscando saídas para as crises de fome; ressaltando a alimentação como identidade e como o próprio aumento da população influenciava na vida alimentar das pessoas e ainda como

---

26 SANT'ANNA, Denise Bernuzzi. "Transformações das intolerâncias alimentares em São Paulo, 1850-1920". *História: Questões & Debates*, n. 42, Curitiba, 2005, p. 81-93.

27 COUTO, Cristiana Loureiro de Mendonça. *Alimentação no Brasil e em Portugal no século XIX e o que os livros de cozinha revelam sobre as relações entre colônia e metrópole*. São Paulo, PUC-SP, dissertação de mestrado, 2003.

28 Cf. FLANDRIN, Jean-Louis; MONTANARI, Massimo. *História da Alimentação*. Trad. Luciano Vieira Machado e Guilherme J. F. Teixeiral. São Paulo: Estação Liberdade, 1998; STRONG, Roy C. *Banquete: uma história ilustrada da culinária dos costumes e da fartura á mesa*. Rio de Janeiro: Zahar, 2004.

a alimentação tem sua importância na organização econômica de cada região, entre outros aspectos, acabaram sendo fundamentais para pensar tais problemas e realidades em Belém.[29]

Nobert Elias, com seu *Processo Civilizador*, me fez pensar a ideia sempre mutável de civilização ao longo do tempo e das diferentes sociedades. Corbin, com a *História dos tempos livres: o advento do lazer*, ao ressaltar como os novos espaços de lazer ganham importância e lugar na sociedade, me fez voltar às atenções para como em Belém a sociedade também criou novos espaços de lazer, como os restaurantes. E, por fim, as leituras dos trabalhos envolvendo a História Cultural[30] e ainda sobre cultura material foram importantes para pensar como a História Cultural está tão presente no estudo da alimentação e como a cultura material não se restringe somente os objetos, mas é, acima de tudo, a sociedade que os produziu.[31]

A historiografia local disponível sobre alimentação foi o ponto de apoio deste trabalho já que está diretamente relacionada ao que se estudou neste trabalho. Lima, por exemplo, expôs o tema sobre *Extrativismo e produção: Belém e o "núcleo subsidiário" de Marajó 1850-1920*, trabalho que contribuiu para se entender os problemas em torno do abastecimento da carne verde. Por sua vez, Sandra Helena Vilhena com seu trabalho sobre as mercearias, ajudou a entender as questões referentes ao abastecimento, abordando alguns fatores que levavam as crises de carestia, entre outros estudos. Por outro lado, utilizei outros trabalhos que não eram necessariamente da alimentação, mas que muito contribuíram para a pesquisa, como foi o caso de Luciana Marinho Batista que, ao falar da economia da borracha já elencava discussões sobre

---

29 BRAUDEL, Fernand. *Civilização material, economia e capitalismo séculos XV-XVIII: As estruturas do cotidiano; os jogos da troca e o tempo do mundo*. Trad. Telma Costa. São Paulo: Martins Fontes, 1995.

30 Cf. BARROS, José D' Assunção. "História cultural e história das ideias – diálogos historiográficos". In: *História cultural: várias interpretações*. Goiânia: EV, 2006; BURKE, Peter. *O que é história cultural?* Trad. Sérgio Goes de Paula. Rio de Janeiro: Zahar, 2005.

31 Cf. FRANCO, Afonso Arinos de Melo. *Desenvolvimento da civilização material no Brasil*, 3ª ed. Rio de Janeiro: Topbooks. 2005; REDE, Marcelo. "História a partir das coisas: tendências recentes nos estudos de cultura material". *Anais do Museu Paulista*. Nova Série, v. 4, p. 265-82, jan./dez., 1996; REIS, José Abberione. "Sobre uma arrelia que provoca tensão entre arqueologia e história: documento escrito/ documento material". *Métis: História e Cultura*. Caxias do Sul, Universidade de Caxias do Sul, v.1. n. 1, 2002, p. 93-114. SILVA, João Máximo da. *Cozinha modelo: o impacto do gás e da eletricidade na casa paulistana (1870-1930)*. São Paulo: Edusp, 2008.

abastecimento. E mesmo Cristina Donza Cancela, que com seu trabalho sobre casamentos e relações familiares, trouxe ideias que favoreceram pensar o momento da economia crescente da borracha, sendo seus dados fundamentais para o tópico sobre produção versus população.[32]

Foram importantes ainda Osvaldo Orico, com sua *A Cozinha Amazônica*, que tão bem ressaltou a importância da originalidade da alimentação amazônica que, com sua cozinha ao ar livre, é uma das mais autônomas de todo país.[33] Ernesto Cruz, por sua vez, com *A História da Associação Comercial do Pará*, trouxe dados importantes para se pensar os produtos cultivados e sua importância em face da exportação. A literatura regional, como a de Inglês de Sousa, permitiu conhecer os costumes alimentares descritos nos romances ou contos de época, como, por exemplo, sua obra intitulada *O Missionário*, em que aparece uma dieta alimentar composta de pirarucu, farinha e, às vezes, frutas: "Naquele dia podia oferecer-lhe uma boa posta de pirarucu fresco, e umas excelentes bananas-da-terra".[34] Da mesma forma, o livro nos informa sobre os gêneros mais consumidos nos dias de festas e seus instrumentos, os quais já eram sinônimos de refinamento,[35] bem como a literatura brasileira com o livro *O Cortiço*, de Aluísio de Azevedo, entre outras que contribuíram com as reflexões desenvolvidas neste livro. Uma delas foi o caso de Marques de Carvalho um dos pioneiros em escrever romances citadinos, com seu

---

32   Cf. LIMA, Eli Napoleão. "Extrativismo e produção de alimentos: Belém e o 'núcleo subsidiário' de Marajó. *1859-1920*". *Revista Estudos Sociedade e Agricultura*, 07/12/1996, p. 59/89, http://bibliotecavirtual.clacso.org.ar; VILHENA, Sandra Helena F. *O abastecimento de gêneros alimentícios através das mercearias (1890-1900)*. Belém, UFPA, monografia de graduação em História, 1990. BATISTA, Luciana Marinho. *Muito além dos seringais: elites, fortunas e hierarquias no Grão-Pará, c. 1850-1870*. Rio de Janeiro, Instituto de Filosofia e Ciências Sociais, Programa de Pós-Graduação em História Social, UFRJ, 2004; CANCELA, Cristina Donza. *Casamentos e relações familiares na economia da borracha (Belém 1870-1920)*, FFLCH/USP, 2006.

33   Cf. ORICO, Osvaldo. *Cozinha Amazônica: uma autobiografia do paladar*. Coleção Amazônica. Universidade Federal do Pará, 1972; CRUZ, Ernesto. *História da associação comercial do Pará*, 2ª ed. Belém: Editora da UFPA, 1996; MAUÉS, Maria Angélica Motta; MAUÉS, Raymundo Heraldo. *O Folclore da alimentação: tabus alimentares na Amazônia (Um estudo de caso numa população de pescadores do litoral paraense)*. Belém: Falangola, 1980; POZZEBON, Sandra Elisabeth. *O papel das mercearias na distribuição de gêneros alimentícios e a população de Belém na segunda década do séc. XX*. Belém, UFPA, monografia de graduação em História, 1990.

34   SOUSA, *op. cit.*, p. 46.

35   SOUSA, *op. cit.*, p. 105.

livro intitulado *Hortência* mostrou-me uma Belém de fins do século XIX que veio de encontro ao que já conhecia das fontes e documentos e, no entanto, sua poesia foi elemento importante para entender alguns aspectos da cidade que as fontes e documentos não traziam.[36]

Outra fonte literária utilizada foram as obras dos viajantes, com informações e detalhes dos lugares e das pessoas, que nos ajuda a ter uma visão rica sobre o Brasil e sobre o Pará, em especial sobre a cidade de Belém, ao salientar seus principais sujeitos que trabalhavam com alimentação bem como os principais alimentos consumidos. Os viajantes, além de mapearem os hábitos alimentares, foram testemunhas fundamentais na coleta de informações sobre os tipos de alimentos consumidos, as formas de preparo, os sujeitos envolvidos com a alimentação e os processos de produção, tais como relatos de indústrias pesqueiras, as fazendas de criação de gado, a fabricação de farinha entre outros. Tais viajantes foram em grande medida, informantes fundamentais na elaboração deste trabalho.[37]

Por fim, as leituras que discutem alimentação em outras regiões do Brasil, como São Paulo e Rio de Janeiro, foram de grande acréscimo para pensar a alimentação em Belém – algumas discussões, problemas e questões são, ao mesmo tempo, tão parecidas e tão distintas da Belém oitocentista. Foi apenas com ajuda desta fontes que me foi possível escrever este trabalho sobre a história da alimentação em Belém do Pará na segunda metade do século XIX.

---

36 Cf. CARVALHO, Marques de. *Hortência*. Belém: Cejup/ Secult, 1997; SOUSA, H. Inglês. *O Missionário*. Rio de Janeiro: Topbooks, 1998.

37 Cf. AGASSIZ, Louis; Agassiz Elisabeth Cary. *Viagem ao Brasil (1865-1866)*. Trad. Edgar Sussiking de Mendonça. São Paulo: Companhia Editora Nacional, 1938 (Brasiliana, 95); AVÉ-LALLEMANT, Robert. *No Rio Amazonas*. Trad. Eduardo de Lima Castro. Belo Horizonte: Itatiaia/São Paulo: Edusp, 1980; BATES, Henry Walter. *Um naturalista no rio Amazonas*. Trad. Régis Junqueira, apresentação de Mário Guimarães Ferri. Belo Horizonte: Itatiaia/São Paulo: Edusp, 1979; WALLACE, Alfred Russel. *Viagens pelos rios Amazonas e Negro*. Trad. Eugênio Amado; apresentação Mário Guimarães Ferri. Belo Horizonte: Itatiaia, 1979.

Capítulo I

Os produtos do sertão:
a produção e o abastecimento no Pará

Uma breve introdução

A história da alimentação pode ser pensada do ponto de vista econômico a partir de dois eixos: agricultura e o comércio. Assim, conhecer como se desenvolvia a produção agrícola e, consequentemente, as formas e questões referentes ao abastecimento da cidade são fundamentais para entender a dinâmica da alimentação em Belém na segunda metade do século XIX. Henrique Carneiro, ao falar nessa perspectiva da alimentação em seu aspecto econômico, ressalta:

> A história econômica (…), estudou a alimentação do ponto de vista da produção agrícola e industrial e do processamento e da preparação dos alimentos, assim como da sua distribuição através do comércio e, finalmente das condições de armazenamento e do consumo, trabalhando com imenso volume de estatísticas comerciais, fiscais e de preços, que incluem os alimentos no interior da agricultura, da indústria, do comércio, dos transportes.[1]

Logo estudar a produção agrícola, meios de transportes e o fluxo do comércio é adentrar pela história econômica, sendo importante averiguar tais aspectos, uma vez que falar de alimentação é tratar igualmente do tema do provimento, ainda que não se possa reduzir a história da alimentação apenas ao estudo do abastecimento. Assim, neste capítulo

---

[1] CARNEIRO, Henrique. *Comida e sociedade: uma história da alimentação*. Rio de Janeiro: Elsevier, 2003, p. 13.

discutirei a produção agrícola e o abastecimento de alimentos de Belém pelos diversos interiores da província, pois não é possível falar de alimentação sem mostrar os produtos que eram consumidos e destacar os principais alimentos que abasteciam os mercados, as tabernas e afins da cidade.[2]

Tratar do abastecimento, isto é, da produção de alimentos e seu comércio entre os interiores e a capital paraense, no campo da história da alimentação do Pará, torna-se igualmente importante se levado em conta a construção pela historiografia de um modelo interpretativo da economia amazônica calçada fundamentalmente na valoração do extrativismo em detrimento da produção agrícola, inclusive como campos excludentes.[3]

Considero a importância da produção agrícola e extrativa no tocante ao abastecimento de alimento da cidade de Belém pelos interiores da província. Abastecimento esse que não se fazia isento de problemas e deficiências que levaram a momentos de carestia, tais como aqueles provocados pelos surtos epidêmicos, por exemplo, quando não por outros fatores como o roubo de gado ou então, de ordem natural. É importante saber que não houve necessariamente uma estagnação total da produção agrícola na província paraense

---

2　Sobre o abastecimento ver os trabalhos de SILVEIRA, Neudalino Viana da. *Santa Maria de Belém do Grão-Pará. Problemática do abastecimento alimentício durante o período áureo da borracha (1850-1920)*. Recife, UFPE, dissertação de mestrado em História, 1989; SOUSA, Benedito. *O abastecimento de gêneros de primeira necessidade através das mercearias em Belém no período de 1880-1900*. Belém, UFPA, monografia de graduação em História, 1990; VILHENA, Sandra Helena F. *O abastecimento de gêneros alimentícios através das mercearias (1890-1900)*. Belém, UFPA, monografia de graduação em História, 1990. Há ainda o trabalho de Nírvia Ravena sobre abastecimento da cidade de Belém para o século XVIII. RAVENA, Nírvia. *O abastecimento no século XVIII no Grão-Pará: Macapá e vilas circunvizinhas*. Novos Cadernos NAEA, v. 8, n. 2, dez 2005, p. 124-149.

3　Nesse sentido, Luciana Batista faz uma análise dos principais trabalhos que discutiram as relações entre agricultura e extrativismo, ressaltando as explicações mais tradicionais como a de Ernesto Cruz ou Arthur Cezar Ferreira Reis cujo estudo, a autora nos esclarece, "também aponta que as atividades agrícolas teriam sido abandonadas em função da extração da borracha". Outro trabalho que Batista destaca é o de Roberto Santos que, em seu estudo *História econômica da Amazônia*, concentra a importância da borracha em detrimento de outros produtos. Batista argumenta se a agricultura e outras atividades ficaram de fato em segundo plano pela extração da goma elástica: "considero fundamental (…) não passar por cima de outros tipos de produção que, mesmo em tempos de crescimento de exploração da borracha, também se fizeram presentes no local". Cf. BATISTA, Luciana Marinho. *Muito além dos seringais: elites, fortunas e hierarquias no Grão-Pará, c.1850-1870*. Rio de Janeiro, Instituto de Filosofia e Ciências Sociais, UFRJ, 2004, p. 33-39.

mesmo quando as pessoas se dedicavam ao extrativismo. É válido destacar que não encontrei nas fontes e documentos pesquisados cifras específicas da quantidade de produtos que ficavam na cidade. No entanto, foi possível de visualizar os que ficavam na capital e eram consumidos em maior ou menor escala.

Pelo mapa da Província do Pará foi possível identificar as principais áreas produtoras ou criadoras da Província; ele resume bem os espaços que abasteciam a capital durante a segunda metade do século XIX. Ao observar o mapa no ponto I tem-se a região que abrangia a comarca de Belém, onde Belém e Vigia eram as cidades; Mojú, Ourém, Cintra, Curuça e Igarapé-Mirim todas eram vilas. O ponto II abrangia a comarca de Bragança com a cidade de Bragança e a vila de Vizeu. Já no ponto III correspondia a comarca de Cametá que abrangia a cidade de Cametá, a vila de Baião e a colônia de S. João de Araguaya. No ponto IV, a comarca de Marajó com os municípios de Cachoeira, Muaná, Monsarás, Chaves Soure todas as vilas. No ponto V tem-se a comarca de Breves que incluía as vilas de Breves, Melgaço, Portel e Oeiras. No ponto VI, a comarca de Macapá com a cidade de Macapá, vila de Mazagão e a colônia de Pedro II. No ponto VII, a comarca de Gurupá com as vilas de Gurupá e Porto de Moz. No ponto VIII, a comarca de Santarém com a cidade de Santarém, a vila de Franca e a de Monte Alegre. E por fim no ponto IX, a comarca de Óbidos com a cidade de Óbidos e a vila de Faro.[4]

As principais áreas produtoras durante a segunda metade do século XIX eram: *Gado Vacum*: Ilhas de Marajó, Mexiana, Caviana, Santarém, Óbidos, Faro, Itaituba, Monte Alegre, Cintra, Cachoeira, Macapá, Breves, Gurupá, Monte Alegre, Cachoeira, Macapá, Prainha. *Cana de açúcar e aguardente*: comarca da Capital, Vigia, Cametá, Cachoeira, Breves, Santarém, Igarapé–miry (aguardente), Abaeté (aguardente), Mojú (cachaça), Macapá (aguardente), Mazagão, Itaituba. *Cacau*: Muaná, Santarém, Alenquer e Óbidos, Guamá, Igarapé-Miry, Mojú, Cametá (sabão de cacau), Itaituba, Óbidos, Faro. *Feijão*: Bragança, Capital, Vigia, Mojú, Acará, Guamá, Faro. *Farinha*: Bragança, Cintra, Abaeté, Mojú. *Café*: Vigia, Bragança, Portel, Guamá, Faro. *Arroz*: Bragança, Guamá, Igarapé-Miry,

---

4   Mapa adaptado de Cândido Mendes de Almeida. *Atlas do Império do Brasil*, Rio de Janeiro, 1868.

Mapa I: A Província do Grão-Pará (1868).

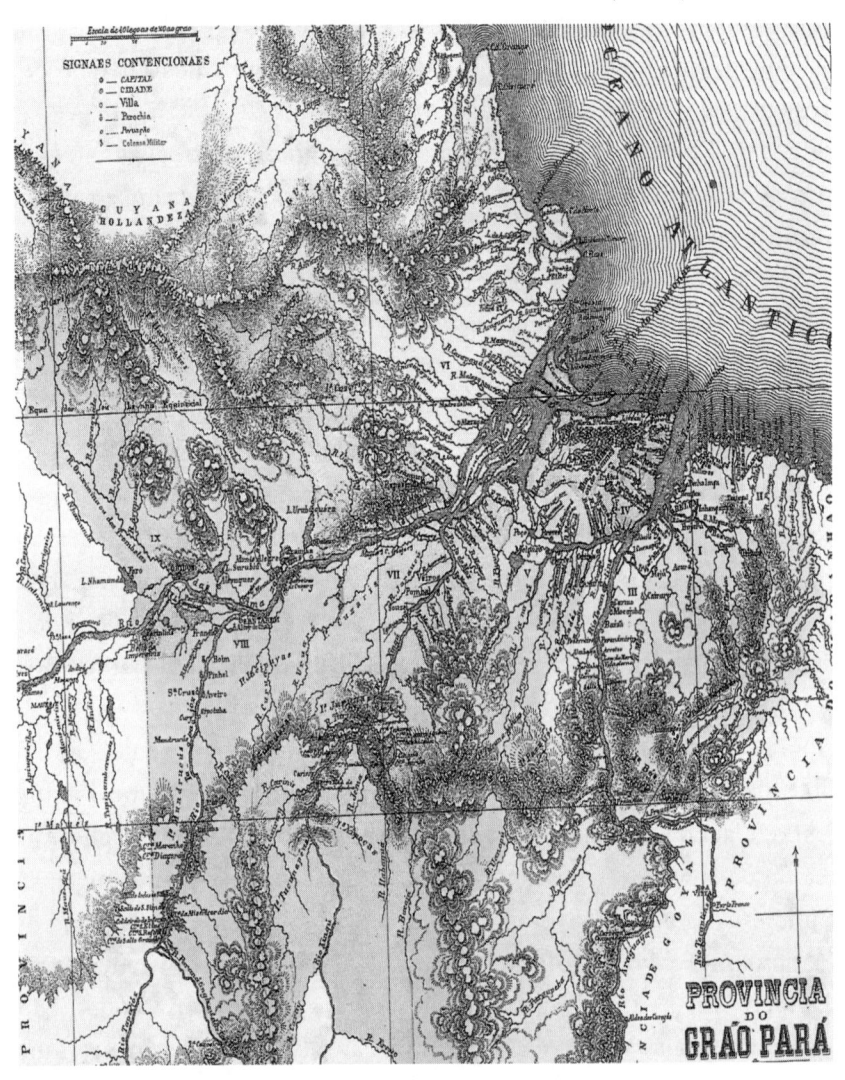

Fonte: Mapa adaptado de Cândido Mendes de Almeida. *Atlas do Império do Brasil*, Rio de Janeiro, 1868.

Abaeté, Mazagão. *Peixe seco*: Bragança, Vigia, Cametá (Mapará), Salvaterra, Cachoeira (Pirarucu), Prainha (Pirarucu), Santarém (Pirarucu), Alenquer, Óbidos, Faro.[5] Ao longo do capítulo estas regiões vão aparecer constantemente, pois elas eram as principais fornecedoras de produtos alimentícios para a região da capital.

I – ABASTECIMENTO DE BELÉM E AS RELAÇÕES COMERCIAIS COM OS INTERIORES

Durante o ano de 1859, quem estivesse residindo na capital da província do Pará, ao observar o cais, iria deparar-se com a seguinte cena: inúmeras embarcações que diariamente chegavam carregadas de produtos regionais para abastecer a cidade trazendo, por exemplo, cacau, café, carnes, castanhas, feijão, arroz, o pirarucu, bem como distintos tipos de peixes como gurijuba e ainda sebos e manteiga de tartaruga, assim como a tão degustada farinha de mandioca. Como ressalva Avé-Lallemant no ano de 1859: "o cais, [era] onde descarregam os produtos da terra, chegados diariamente do interior".[6] Segundo esse viajante, a movimentação era tamanha:

> Pequenas canoas e grandes barcos fluviais (…) iates ligeiros e barcos pesados, estão atracados ao cais (…) e de todas as variedades de embarcações saem sacos meio rotos, derramando caroços de cacau; cestos desatados e barris abertos (…). E ainda cocos, as castanhas-do-pará, triangulares, e o pirarucu.[7]

O abastecimento da cidade de Belém, em grande medida, provinha então dos interiores. Era constante, nos portos da cidade, canoas e diversas embarcações que procediam de

---

5   Relatório do Presidente de Província Dr. Abel Graça. Pará. Typ. do *Diário do Gram-Pará*. Travessa de S. Matheus. casa n. 29, 1871, p. 45-46; Relatório Exmo. Dr. José Coelho da Gama e Abreu. Em 15 de fevereiro de 1881. Pará. Typ. Do *Diário de Noticias de Costa & Campbell*, 1881, p. 130; Falla Exm. Senr. Conselheiro João Silveira de Sousa em 15 de outubro de 1884. Pará. Typ. de Francisco da Costa Junior. Travessa 7 de Setembro, 1885, p. 43.

6   AVÉ-LALLEMANT, Robert. *No Rio Amazonas*. Trad. Eduardo de Lima Castro. Belo Horizonte: Itatiaia; São Paulo: Edusp, 1980, p. 55-56.

7   *Idem, ibidem.*

Cametá, Marajó, Monsarás, Óbidos, Santarém, Bragança, Vigia e outros lugares carregadas dos mais variados produtos para abastecer o mercado, bem como para a exportação. O comércio com Belém era fundamental tanto para as vilas como para a própria capital que contava com os gêneros alimentícios, em especial os tidos como de primeira necessidade, como carne verde, farinha, peixe seco ou fresco e outros que chegavam aos portos (Ver-O-Peso, Sal, Doca) para o abastecimento.

Como se pode observar em um documento destinado ao vice-presidente da Província do Pará, Dr. Abel Graça, assinado pelos representantes da Vila de Monsarás, em 1870, onde havia uma solicitação da necessidade:

> (…) da criação de uma linha de vapor, sendo esta a mesma que toca entre os portos da capital e Soure, pois, com essa linha é de esperar que em breve apareça os melhores desenvolvimento não só comercial como outros, que interessa a Província para o seu engrandecimento.[8]

Esse é um dos muitos documentos[9] referentes às diversas vilas com reivindicações dos comerciantes, marchantes, proprietários de fazendas de criação de gado ou mesmo de cultura agrícolas que solicitaram melhorias nos transportes e pontes com o intuito de suprir o tráfego e fazer com que o desenvolvimento do comércio ficasse mais forte e lucrativo. A relação comercial entre a capital e os interiores foi, na segunda metade do século XIX, uma das forças propulsoras da economia provincial e, mesmo quando do período áureo do látex, esse provimento não cessou de forma absoluta em detrimento da borracha. Enfim, o porto do Pará era o mais importante e movimentado da Amazônia, podendo-se dizer que o movimento comercial do porto foi um dos responsáveis pelo crescimento que a cidade

---

8   Arquivo Público do Estado do Pará. Secretária da Presidência da Província. Série: Ofícios das Câmaras Municipais. Ano 1870-1875. Caixa 309. Documento 08.

9   Tais documentos são ofícios e abaixo-assinados destinados ao Presidente de Província que podem ser encontrados no Arquivo Público do Estado do Pará.

conheceu, sendo que nele circulavam mercadorias e pessoas de todos os lugares e tipos. Era uma efervescência cotidiana que caracterizava a cidade de Belém.[10]

Antonio Rocha Penteado ao referir-se a um dos pontos de maior frequência do porto, uma rampa chamada de Ponta de Pedra, localizada entre a travessa que hoje é a 1º março e a doca do Ver-o-peso, dizia que este era uma "hinderlândia" onde "os comerciantes do Pará" mandavam levar os gêneros de importação, recebendo, em troca, "os produtos naturais, sacados das matas, e os produtos de indústria"; e mais, que tal rampa apresentava "sempre maior frequência popular".[11]

Pode-se inclusive pensar o porto do Pará, a partir da segunda metade do século XIX, como exemplo do que Fernand Braudel tão bem denominou de economia-mundo.[12] Naquele momento, o porto era o centro do comércio da região, altamente cosmopolita e de onde as relações comerciais importantes ocorriam. Da mesma forma que os produtos eram distribuídos aos interiores pelo porto do Pará, a cidade era por ele abastecida. Sobre o movimento do cais, o viajante Avè-Lallemant fez uma descrição de forma muito real relatando o movimento contínuo de determinados produtos e ainda a movimentação de pessoas:

> (...) aglomera-se uma multidão humana inconsistente, mas cujos diversos elementos não se pode facilmente separar. Assim se cruzam os caminhos azáfama desses singulares lazarones, assim se mesclam suas raças nos caminhos

---

10   Sobre a importância do porto de Belém, Weinstein tem as mesmas considerações de julgá-lo mais importante e peculiar. Daou salienta que no início do século XX é possível visualizar que em 1907 "no porto do Pará, o termômetro da vicejante economia, o vaivém de pessoas e mercadorias era grande". Cf. WEINSTEIN, Barbara. *A borracha na Amazônia: expansão e decadência, 1850-1920*. Trad. Lólio Lourenço de Oliveira. São Paulo: Hucitec/Edusp, 1993. DAOU, Ana Maria. *A belle époque amazônica*. Rio de Janeiro: Zahar, 2000, p. 24 e 32.

11   PENTEADO, Antonio Rocha. *O sistema portuário de Belém*. Coleção Amazônica. Série José Veríssimo. Belém, UFPA, 1873, p. 55.

12   Braudel salienta que "economia-mundo (expressão inusitada e mal acolhida pela língua francesa, que outrora forjei, à falta de melhor e sem grande lógica, para traduzir um emprego especial da palavra alemã *Weltwirtschaft*) envolve apenas um fragmento do universo, um pedaço do planeta economicamente autônomo, capaz, no essencial, de bastar a si próprio e ao qual suas ligações e trocas internas conferem certa unidade orgânica". Cf. BRAUDEL, Fernand. *Civilização Material, economia e capitalismo: séculos XV-XVIII*. Trad. Telma Costa. São Paulo: Martins Fontes, 1996, p. 12.

da vida. Desde o negro azeviche, do tapuia pardo-escuro até mameluco quase branco, todas as cores, todas as formas estão ali representadas.[13]

Outro viajante que teceu comentários sobre a movimentação do porto foi Kidder: "Em torno da Ponta de Pedras, o desembarcadouro principal da cidade, há, geralmente, grande número de canoas atracadas. Essa cena movimentada pela turba indígena, que fala os mais variados dialetos amazônicos, é peculiar a cidade". O viajante ainda ressaltava que as ditas canoas vinham carregadas de "castanhas do Pará, cacau, baunilha, urucu, salsaparrilha, canela, tapioca (…) peixe seco em pacotes, cestas de frutas de infinitas variedades (…)". O interessante é notar que um dos grupos que traziam os produtos para serem comercializados era os indígenas. E, ao que parece, os indígenas compunham um grupo de abastecimento importante já que, segundo Kidder, a produção indígena da Província era grande e estimada.[14]

Sendo Belém uma cidade-mundo,[15] entende-se porque seu porto era tão importante economicamente. Isto é, "cidades com vocação internacional, as cidades-mundos, estão perpetuamente em competição umas com as outras (…)".[16] Belém mais do que sua vocação internacional completava suas relações com o comércio regional e provincial. Era, portanto, a cidade capitalista dominante da Amazônia. Aliás, em parte, esse posto de cidade-mundo é alcançado pelo fato de Belém ser aberta para o rio, caracterizando o que Braudel chama de "uma verdadeira feira de máscaras",[17] aberta ao comércio e à forte diversificação social. É importante frisar que, apesar de Belém ter esse aspecto de "cidade-mundo", ela, acima de tudo, mantinha suas práticas alimentares e comerciais específicas, regionais. Havia, no que tange o comércio e alimentação, certa circularidade cultural.

---

13   AVÉ-LALLEMANT, *op. cit.*, p. 55-56.

14   KIDDER, Daniel P. *Reminiscencias de viagens e permanência no Brasil.* São Paulo: Edusp, 1972.

15   Segundo Braudel toda economia-mundo implica um centro que seria a cidade-mundo, este espaço estaria em benefício de um capitalismo já dominante independente de sua forma. Cf. BRAUDEL, *op. cit.*, p. 16.

16   BRAUDEL, *op. cit.*, p. 16.

17   BRAUDEL, *op. cit.*, p. 20.

Planta I: A cidade de Belém e seus principais logradouros

Fonte: Adaptado de Planta da Cidade do Pará, mandada levantar pela Vereação do Quatriê-
nio de 1883-1886, pelo engenheiro da Câmara Manoel Odorico Nina Ribeiro.[1]

---

1   In: Bezerra neto, José Maia. *Fugindo, sempre fugindo*. Escravidão, fugas escravas e fugitivos no Grão-Pará (1840-
1888). Campinas/São Paulo: Unicamp. Dissertação de Mestrado em história social do trabalho, 2000.

No mapa da planta da cidade de Belém é possível a visualizar um dos principais logradores públicos como o Porto do Sal, onde se encontrava açaí e farinha; a Doca do Ver-o-peso; Doca do Reduto; o Porto de Ponta de Pedras, onde chegavam os mais diversos produtos como peixes, carnes e ainda produtos não-alimentícios e o Curro Municipal para onde eram levadas as reses a serem abatidas para a alimentação. Nesse contexto, o porto do Pará é o mais importante da região e, através dele, vamos identificar o abastecimento em Belém.

Na segunda metade do século XIX e, pelo menos desde a primeira metade do século, o porto de Belém já era importante como lugar que revendia os produtos interioranos das fazendas de cultura e pecuária. O cacau, açúcar, arroz e café eram produtos que se destacavam tanto para o fornecimento local quanto para a exportação. Além desses produtos também tinha, em uma canoa[18] vinda de Santarém, em 1834: "(…) cinco arrobas[19] de carne seca… *settecentes* arrobas de peixe seco, quinhentos e vinte e *huma* arrobas de cação, *dezecete couros de bois…*".[20] Em outra canoa, no mesmo ano, de João Maria Pinto vinda de Pauxis para a capital, estavam os seguintes produtos: "quatrocentos e vinte e quatro libras de peixe, duzentas e tres arrobas e *dezeceis* libras de *cacao*".[21] No ano de 1834, em diversas canoas que chegaram ao porto da capital, havia o peixe seco que contava 3.252 arrobas, o cacau com

---

18   Essas embarcações conseguiam transportar uma quantidade significativa de produtos. Não eram pequenas, como salienta o viajante Avé-Lallemant: "(…) as canoas ou canuas, como se gosta de pronunciar a palavra no Rio Amazonas. Deve-se, quando se fala ali numa canoa do comércio, afastar logo a ideia dum tronco escavado, como já vimos, tratando do S. Francisco. As grandes canoas do Rio Amazonas são enormes batelões, que podem carregar até 4000 arrobas (a arroba tem 32 libras)". Cf. AVÉ-LALLEMANT, *op. cit.*, p. 62.

19   Ao longo do trabalho serão utilizadas as seguintes medidas: arroba e alqueire (peso e volume, respectivamente). Segundo Barickman, 1 arroba = 14, 746 quilogramas. Anderson, por sua vez, fornece os seguintes valores: 1@ = 15 kg e 1alq. = 13,8 litros. Cf. ANDERSON, Robin Leslie. *Following Curupira: colonization and migration in Pará, 1758 to 1930. As study in settlement of the humid tropics.* University of California Daers, PhD, 1976. BARICKMAN, B. J. *Um contraponto baiano: açúcar, fumo, mandioca e escravidão no Reconcâvo, 1780-1860.* Trad. Maria Luiza X. de A. Borges. Rio de Janeiro: Civilização Brasileira, 2003, p. 23.

20   Arquivo Público do Estado do Pará. Fundo: Correspondência de Diversos com o Governo (1834-1840). Antiga: 523. Atual: 983. Mod: 11. Prat: 05. Fortaleza de Gurupá, 7 de janeiro de 1834.

21   Arquivo Público do Estado do Pará. Fundo: Correspondência de Diversos com o Governo (1834-1840). Antiga: 523. Atual: 983. Mod: 11. Prat: 05.

1.625 arrobas, a manteiga de tartaruga com 671 potes, o café com 275 arrobas, a salsa com 249 arrobas, a carne seca com 182 arrobas e ½ libra, 70 arrobas de peixe a ainda 4 potes de mexira, a linguiça de peixe-boi. Apesar das informações acima serem do ano de 1834, os produtos citados formavam a lista dos que mais vinham para a capital e que compunham o comércio interprovincial que se estendeu por todo o século XIX.[22]

Analisando esses dados sobre os produtos, percebe-se que somente de peixe seco foram 3. 252 arrobas, o que reflete o amplo consumo desse produto na cidade. O segundo lugar era ocupado pelo cacau, com 1.625 arrobas, embora fosse um produto visado no mercado exterior (ele geralmente tinha os portos estrangeiros como destino), mas uma quantia da produção permanecia em Belém. O terceiro produto era a manteiga de tartaruga[23] com expressivos 671 potes. Esse produto era bastante utilizado na cozinha e diversos foram os viajantes que se ocuparam em descrever o produto em si e sua fabricação. Ela era feita com os ovos da tartaruga e a sua diminuição na segunda metade do século XIX

---

22   Arquivo Público do Estado do Pará. Fundo: Correspondência de Diversos com o Governo (1834-1840). Antiga: 523. Atual: 983. Mod: 11. Prat: 05.

23   Gaetano Osculati, viajante italiano, nos esclarece sobre a dita manteiga, durante percurso de Tabatinga a Belém, em 1847: "Calderon é um banco de areia muito conhecido no Amazonas por ser um local muito frequentado na estação da pesca da tartaruga e fabricação da manteiga de tartaruga pelos habitantes de Loreto, Tabatinga, S. Paulo de Olivença (…) as tartarugas, nos meses de outubro, novembro e dezembro saem do rio e põem seus ovos nos bancos de areia (…) passado algum tempo, os manteigueiros de todas as aldeias, que são autorizados, dirigem-se aos locais com alguns índios, e vão recolhendo todos os ovos que encontram debaixo da areia (…) enchem metade de uma piroga larga e limpa; depois, vão quebrando-os com bastões e com os pés, até restar apenas um líquido amarelo espumoso (…) Depois de ter misturado uma porção de água, deixam por todo um dia exposta ao forte sol a piroga que contém o líquido, tempo em que o calor faz fermentar, aflorando todo óleo e a gordura; depois vão escumando e retirando aquele óleo com o auxílio de cuias. O óleo assim obtido é colocado em vasos de barro que podem conter de 40 a 50 libras cada uma, cozendo-se a fogo lento dentro de panelões de cobre (…) É recolocado novamente em recipientes de argila, as quais se tampam com grandes folhas e vimes, e assim são transportados às vilas com o cuidado de mantê-las sempre semi-enterradas na areia. Estes vasos de óleo são comerciados no Sertão e Grão Pará sob o nome de manteiga de charapa. É um ótimo condimento, se bem que conserve sempre um pouco de odor rançoso e sabor nauseante (…)". Apesar de o viajante denominá-la de charapa nos documentos oficiais e jornais de Belém, ela sempre aparece como manteiga de tartaruga. ISENBURG, Teresa (organizadora). *Naturalistas italianos no Brasil.* São Paulo: Ícone/ Secretária de Estado da Cultura, 1990, p. 145-146.

faz-se tendo em vista a entrada das manteigas inglesa e francesa em maior quantidade na capital por conta das "novas sensibilidades", que passam a ver na fabricação da manteiga de tartaruga algo rústico e sem civilidade. O quarto lugar era da salsa com 249 arrobas; em quinto lugar ficava o café com 275 arrobas; em sexto, estava a carne seca com 182 arrobas e ½ libra, e por fim, ocupando o último lugar, os 4 potes de mexira,[24] também chamada de mixira. Encontramos no glossário de Chermont de Miranda a seguinte definição:

> Mixira, s.f. –O peixe-boi frito e conservado na própria gordura. Etim. Vem diretamente e sem alteração do tupi, no qual michira, verbo, significa assar, fritar, e michira, substantivo, é traduzido por Faria por assadura, a coisa assada. De temi, que na composição se transforma em mbi ou mi, partícula do particípio presente, que junta ao verbo significa aquilo que faço, illud quod facio, na frase de Montoya, e chiry ou com repetição da sílaba final fritar, frigir. Mixira etimològicamente significa "aquilo que eu frito". Segundo Barbosa Rodrigues mixira vem de mbi comida, e ecgyg, assado no espêto.[25]

O interessante é observar que parece haver uma predominância dos artigos dos interiores na primeira metade do século XIX, quando o Pará ainda não contava com a navegação a vapor e nem com o capital gomífero, mas muitos desses produtos continuaram impondo sua presença na segunda metade do XIX. Vamos então, conhecer um pouco mais desse comércio inter-regional que a capital da província manteve na segunda metade do século XIX, começando pelo peixe seco e/ou salgado.

---

24   MIRANDA, Vicente Chermont de. *Glossário Paraense (Coleção de Vocábulos Peculiares à Amazônia e Especialmente à Ilha do Marajó)*. Universidade Federal do Pará. Coleção Amazônica Série Ferreira Pena, 1968, p. 55. E ainda, *mixira*, linguiça feita da carne de peixe-boi, espécie de cipó. RUBIM, Braz da Costa. *Vocabulario Brasileiro*. Rio de Janeiro. Emp. Typ. Dous de dezembro de Paula Brito. Impressor da Casa Imperial, 1853, p. 51.

25   MIRANDA, *op. cit.*, p. 51.

Peixes secos: *dentre eles, o pirarucu*

No século XIX, o peixe seco foi extremamente comum na dieta da população, diferenciando-se nas mesas apenas pela espécie e formas de preparo. Entre esses peixes estavam o pirarucu, a gurijuba, o tambaqui, a tainha e outros. José Veríssimo, em seu livro A *pesca na Amazônia* sintetiza da seguinte forma a utilidade do peixe para a população:

> Esse peixe será seu alimento principal; é o peixe o mantimento com que mais conta. Moqueado, assado, reduzido a farinha após a moqueação, ou simplesmente cosido em água, que nestes se resumem os seus processos culinários para o prepararem, é sempre elle o seu nutrimento primario e constante. [26]

Além de ser constante, o peixe possuía uma diversidade de preparo. Ele era saboreado com gosto e, na falta de outros tipos de carnes, não era nenhum sacrifício comê-lo, apesar da carne verde ser um dos principais produtos requeridos na capital. A carne de peixe era uma das mais consumidas e, diferentemente do que ocorria em outras regiões ou países, o caboclo e demais pessoas sempre recorriam ao peixe seco ou fresco para matar a fome. Ou seja, na falta da carne tinha o recurso dos peixes, até porque a quantidade e variedade dos rios davam uma fartura e abundância dos pescados.

---

26   Ainda segundo Veríssimo, "o muquem é um assadouro ou grelha, de fôrma geralmente triangular, cada ângulo descançando em uma pedra ou em uma forquilha de madeira. Madeira especial, *refractaria* ao fogo, chamada *páo* de muquem, ou outra pouco combustível, é usada neste assadouro sob o qual fazem lume, para assar a fogo lento o peixe era ou caça que lhe põem em cima. O peixe moqueado reduzem-no a migalhas e o esfarinham levando-o aos seus fornos de farinha brandamente aquecidos. Ao peixe assim desfeito *chamão* piracui, farinha de peixe (pirá, peixe em tupi, ui farinha) Comem simplesmente, *au naturel*, com a sua *indefectivel* farinha d'agua ou fazendo-a cozinhar em água com algum raro condimento, alguma pimenta malagueta ou cheirosa e ajuntando-lhe durante ou após a cocção uma porção desta farinha, com que engrossam o prato e o servem. *Chamão-lhe* mogica, nome de todo o seu preparado culinário em que entra uma fécula qualquer com o fim de condimentar ou antes, engrossar, que é no tupi o significado de mogica um caldo qualquer, ou porção de peixe *secco* ou salgado da sua *panella* de barro". Cf. veríssimo, José. *A pesca na Amazônia*. Monographias Brasileiras. Rio de Janeiro/São Paulo: Livraria Clássica de Alves & C, 1895, p. 11-12.

Na Província do Pará, os pesqueiros e criadores também destinavam parte e, às vezes, toda sua produção para a capital. Muitos interioranos viviam apenas desse comércio. Por outro lado, a população dos interiores do Pará diante de uma crise de carestia, recorria aos rios tão abundantes na região, comendo com farinha, o pirarucu, o peixe-boi, as tainhas e afins. Em muitos documentos é possível identificar a pesca e o salgamento do peixe como atividade lucrativa e constante; um destes é sobre taxação de impostos em Vigia, Faro, Cintra, Sant'Ana do Igarapé Mirim e outros locais, para a captura do peixe, isto é, sobre o uso de feitorias para matar pirarucu. Um exemplo: na vila de Faro, em 1869, o valor era de 2.000 réis por cada feitoria feita nos lagos;[27] igual situação encontrava-se em Vigia, em 1871, onde havia o imposto de 5.000 réis por cada feitoria ou barraca de pescados que fosse construída na costa do município, sendo que este exportava também gurijuba, tainhas e outros peixes.[28]

Em Cachoeira, no Marajó, também havia tal atividade em 1870, já que o artigo de posturas da cidade proibia dentre outras coisas: "ser levantadas nas margens dos rios, lagos, e igarapés do município, feitorias ou barracas para a pesca e salga de peixe sem licença escrita do proprietário dos terrenos".[29] Em Cintra, em 1878, havia imposto de 2.000 réis por licença para ter curral de pegar peixes nos seus rios.[30] Já na Vila de Sant'Ana do Igarapé Mirim, em 9 de janeiro de 1877, pagava-se imposto de 2.000 réis por cada curral de apanhar peixe e, ainda, 20.000 réis por cada tapagem feita para o apanho de tainha.[31] Tais impostos revelam a importância econômica da pesca e deste comércio.

---

27   Arquivo Público do Estado do Pará. Fundo: Secretária da Presidência de Província. Série: Ofícios da Camâra Municipal. Ano 1860-1869. Caixa 230.

28   Arquivo Público do Estado do Pará. Fundo: Secretária da Presidência de Província. Série: Ofícios das Camâras Municipais. Ano 1870-1875. Caixa 309. Receita da Camara Municipal da cidade de Vigia para o ano de 1871.

29   Arquivo Público do Estado do Pará. Fundo: Secretária da Presidência de Província. Série: Ofícios das Camâras Municipais. Ano 1870-1875. Caixa 309. Doc. 18. Artigos de posturas especiais para a Câmara da Cachoeira.

30   Arquivo Público do Estado do Pará. Fundo: Secretária da Presidência de Província. Série: Ofícios das Camâras Municipais. Ano 1876-1879. Caixa 357. Orçamento da Receita e Despesa da Câmara Municipal de Cintra para o ano de 1878-1879. Paço da Câmara Municipal de Cintra 16 de janeiro de 1878.

31   Arquivo Público do Estado do Pará. Fundo: Secretária da Presidência de Província. Série: Ofícios das Camâras Municipais. Ano 1876-1879. Caixa 357. Orçamento da Receita e Despesa da Câmara Municipal da Vila de Sant'Ana

Veríssimo diz, sobre tais feitorias, que:

> Nos lugares mais altos dessas terras em geral baixas e *humidas*, quando não alagadiças, ergem a sua feitoria ou barraca, denominação que começa a prevalecer áquella. Meia dúzia de *páos* toscos servindo de esteios, vigas e caibros formam a armação desse edifício primitivo o que coberto por todos os lados de palha (…) lhes servirá, nos *mezes* que *ahi* passam, de habitação e armazém. Raro é tenha divisões mesmo em havendo família, e mais de duas aberturas ou portas, fechadas mediante esteiras *tambe'm* de palha, melhor diríamos de franças de palmeiras expressamente entretecidas, chamadas japas, Não raro também a mesma barraca lhes serve de loja, de dispensa, de deposito para o peixe pescado, de refeitório, de *cosinha*, de dormitório; é o domus completo, qual devera ser primitivo.[32]

Assim, durante o período da pesca, as feitorias tornavam-se uma espécie de 'casa' dos pescadores que, sozinhos ou na companhia da família, formavam a habitação e armazém. José Veríssimo deixa, em seu estudo sobre a pesca na Amazônia, descrição de tais feitorias revelando-nos toda uma forma de viver em torno da atividade pesqueira. Entre as pessoas que se destinavam aos trabalhos nas feitorias e pescarias estavam os sertanejos e ainda os índios. Segundo o viajante Gaetano Osculati quando esteve em Tabatinga, um dos grupos que saíam à caça do pirarucu eram: "os índios Ticunas [que] vão à sua pesca com arpões, com os quais o atingem, mal se apresenta à flor da água".[33] Agassiz, quando de sua viagem, conta a história de um desses índios pescadores, José Antonio Maia, que vivia com em uma cabana numa barranca de um braço do rio Ramos, que comunicava o Amazonas com o Madeira. Maia morava com sua mulher Maria Joana e seus filhos.[34]

---

do Igarapé Mirim para o ano vindouro de 1º de janeiro a 31 de dezembro de 1878. Paço da Câmara Municipal de Igarapé Mirim em 9 de janeiro de 1877.

32   VERÍSSIMO, *op. cit.*, p. 20.

33   OSCULATI, *op. cit.*, p. 143.

34   AGASSIZ, Louis. *Viagem ao Brasil.* Trad. João Etienne Filho. Belo Horizonte: Itatiaia; São Paulo: Edusp, 1975, p. 122-123.

Em 1873, um anexo no relatório do Presidente Domingos José da Cunha nos informa sobre um imposto criado em 25 de outubro de 1871 de 5% sobre o peixe seco (em especial o pirarucu e a gurijuba) que tivessem consumo na Província e que tal imposto recairia sobre os peixes que viessem de Santarém, Óbidos e de outros lugares da Província, bem como os que eram importados da Província do Amazonas. A comissão da praça de comércio, no entanto, questionava tal imposto e advertia para a importância do peixe como um alimento de primeira necessidade e que saciava, em especial, as necessidades da gente pobre.[35]

No ano de 1882, quando a alimentação na capital passava por condições ruins porque a carne verde encontrava-se em péssima qualidade e insuficiente ao consumo, "o peixe secco e salgado é quase exclusivamente o que consome a população, e pouco mais ou menos pelo preço da carne verde".[36] No século XIX, este era o caso, dentre outros peixes, do pirarucu[37] ou, como dizia Avé-Lallemant, o "peixe encarnado", uma verdadeira benção ao povo já que "o consumo do peixe encarnado" é enorme (…). E esse consumo não é certamente menor do que a exportação".[38] Além do consumo ser grande, o viajante esclarece que apesar da produção para exportação, uma parte dos peixes ficava nos interiores em que eram pescados e serviam para o consumo. Segundo Veríssimo, o pirarucu "é a base da alimentação amazônica (…) o papel que a carne seca faz no Sul do *paiz* ou o *bacalháo* entre as populações pobres da Europa e da America do Norte. *Elle* é o nosso

---

35   Relatório apresentado à Assembleia Legislativa da Província do Pará, feito pelo Presidente de Província Dr. Domingos José da Cunha Junio. 1o de julho de 1873. Pará. Typographia do Diário do Gram-Pará. Travessa de São Matheus n. 29. 1873. Anexos, p. 4.

36   Fala Dr. João José Pedrosa. 29 de abril de 1882. Pará. Typ. de Francisco da Costa Junior. Travessa 7 de setembro de 1882, p. 6.

37   "Este desmesurado peixe de água-doce tem a cabeça muito volumosa, ou seja, de forma quase cilíndrica. O corpo é oblongo, as escamas são grandes, ósseas, com a espinha dorsal muito longa. A cor é de um verde escuro por cima e rosa escuro debaixo; a maioria das escamas tem uma mancha rosa de um lado, e as caudas são listradas de vermelho e azul. O pirarucu ou *sudis gigas* encontra-se no rio das Amazonas e no Japurá; atinge o comprimento de 7 a 8 pés; os naturais do lugar guardam a sua língua, que é óssea, rugosa, e da qual se servem para raspar o Guaraná". ISENBURG, *op. cit.*, p. 143.

38   AVÉ-LALLEMANT, *op. cit.*, p. 146.

bacalháo (…)".[39] Gaetano Osculati, que percorreu a Amazônia, quando de sua estada em Tabatinga nos informa:

> Pescam-se ali em abundância os grandes peixes conhecidos no Brasil sob o nome de pirarucu, alguns dos quais pesam até 600 libras, e cujas carnes são cortadas em longas tiras e deixadas a secar. Tem um sabor semelhante ao bacalhau, e faz-se dele um enorme consumo em toda a comarca do Rio Negro e do Pará.[40]

O peixe era objeto de um comércio que movimentava bastante os interiores, pois além da venda do peixe fresco, podia-se salgá-lo, o que lhe dava uma durabilidade maior. Entre o segundo semestre de 1858 e primeiro semestre de 1859 foram para a capital de Manaus e portos intermediários 23.365 arrobas de peixe pirarucu, assim distribuídos: Manaus, 11.506 arrobas; Serpa, 2.414 arrobas; Vila Bela, 6.030 arrobas; Óbidos, 2.111 arrobas; Santarém, 1.086 arrobas; Prainha, 55 arrobas; Gurupá, 134 arrobas; Breves, 20 arrobas. Além do pirarucu, ainda vieram de Cametá para a capital 114 arrobas de mapará no período entre 1858 e 1859. O mapará era outro peixe muito comum no rio Tocantins, especialmente no interior, como Abaeté e Cametá.[41]

A presença de taxas e impostos serve não apenas para ratificar que existia um comércio significativo mas, acima de tudo, ressaltar que a pesca na região não ocorria apenas de forma casual, com pescadores sem equipamentos que iam aos rios obter o peixe de forma simples e rotineira, quase de forma natural, como deixa parecer parte dos viajantes e mesmo dos Presidentes de Província quando afirmam que a população vivia apenas do que a natureza dava; ao contrário, existia o que podemos chamar de uma indústria pesqueira.

---

39   VERÍSSIMO, *op. cit.*, p. 28.

40   ISENBURG, *op. cit.*, p. 143.

41   Fala dirigida à Assembleia Legislativa da Província do Pará pelo Presidente de Província Manoel de Frias e Vasconcellos. 1 de outubro de 1859. Pará. Typ. Commercial de A. J. R. Guimarães. Travessa de S. Matheus, casa n. 2 AA. Mapa D.

Esta funcionava com o uso de feitorias e currais para suprir uma determinada demanda de peixe que, na maioria das vezes, não estava destinado apenas ao consumo local, havendo lugares destinados a melhor atender o abastecimento da capital, bem como pessoas que viviam de tal renda e que tinham no apanhar o peixe métodos e formas de melhor alcançar seu intento, que em nada lembra o comércio do peixe como apenas de subsistência.

A exportação do peixe salgado era numerosa. Em 1861, foi exportado um total de 17.787 e ½ arrobas e, dentre os três primeiros fornecedores, encontramos a cidade de Alenquer com 8.000 arrobas, Santarém e Vigia com 4.000 arrobas cada e Faro com 800 arrobas. Vieram ainda, em poucas quantidades, de Monsarás 112 e ½ arrobas, de Vizeu 500 arrobas, de Curuça 300 arrobas, de Oeiras 50 arrobas e de Cametá 25 arrobas.[42] Grande parte dessa quantidade permanecia na capital já que, tanto nela como no 'sertão', a procura por este produto era necessária à dieta das camadas menos favorecidas e, mais ainda, quando das épocas de crise em que o peixe, fosse salgado ou fresco, era alimento dos mais consumidos. Fato que explica essa realidade se encontra nas inúmeras propostas de abastecimento de peixe para Belém. Um desses contratos foi efetuado com o senhor Jacques Gaensly em 2 da janeiro de 1868, para abastecimento de pescado fresco ou salgado para a capital, até porque havia a falta de alimentação apropriada, já que a carne verde à venda no mercado estava em mau estado.[43]

---

42 Relatório apresentado à Assembleia Legislativa da Província do Pará, feito pelo Dr. Francisco Carlos de Araujo Brusque em 1º de setembro de 1862. Pará: Impresso na Typografia de Frederico Carlos Rhossard.

43 O difícil transporte do gado da Ilha do Marajó e outros lugares distantes contribuía para que os animais já chegassem ao curro em péssimas condições físicas. Muitas vezes, a espera para ser talhada fazia que a carne, produto final, fosse prejudicada. É comum encontrar documentos, na maioria das vezes abaixo-assinados, de fazendeiros solicitando ao governo melhorias nos curros, apressamento para talhe das cabeças e, ainda, melhoramento nos transportes. O governo, por sua vez, reclamava que o problema estava com "o péssimo acondicionamento do gado nos barcos encarregados do transporte, e mais que tudo a falta absoluta de pasto e até de água que *soffrem* as rezes desde que *chegão* a cidade até a *ocassião* de irem para o matadouro, são as causas que devem ser removidas para melhorar o estado das carnes verdes". Relatório Exmo. Snr. Vice-Almirante Joaquim Raymundo de Lamare. Presidente da Província do Grão-Pará. Em 6 de agosto de 1868. Pará: Typographia do Diario do Gram-Pará. Travessa de S. Matheus. p. 39-42. Em 1870, o Dr. Abel Graça salienta que: "(…) às *dificuldades* que *offereceo* transporte do gado *vaccum* da ilha do Marajó para a capital; e, também, ao estado do curro público que não tem o necessário espaço para estabelecer o

Outro contrato era datado de 8 de novembro de 1884 entre a presidência e os contra-
tantes Dr. Eduardo Castel e o comandante Eduardo Pontet. O documento estabelecia que
estes ficariam responsáveis pelo abastecimento diário da capital de peixe fresco e/ou con-
gelado. Além do abastecimento cotidiano eles deveriam também expor uma quantia de,
no mínimo "uma tonelada de peixe fresco, vivo ou conservado em gelo; ficando sujeito a
multa de 240$, por cada dia em que faltar peixe ou fôr exposta a venda quantidade menor
que a indicada n'esta clausura". Tal situação só poderia ser mudada se a quantidade não
fosse inferior a metade e ressarcida no prazo de até dois dias.[44] Em 1882, o senhor Antonio
Joaquim de Miranda Gama, residente na cidade da Vigia, havia enviado ao Presidente de
Província uma proposta de estabelecimento na capital de uma empresa de pesca, a qual
iria fornecer à capital peixe fresco para o abastecimento em 8.000 quilos a cada 15 dias por
mês: entre os peixes oferecidos estavam a *pirâyba*, pirarucu, *charéo*, cação e bragalhão.[45] O
referido contrato não teve aprovação, pois não garantia um abastecimento diário. Ou seja,
o peixe era tão consumido na capital que os contratos que não tinham um abastecimento
diário não eram de interesse para o governo.

Tais contratos são explicados tendo em vista que a prioridade era o abastecimento
diário e que este poderia ser feito, pois havia sim peixes para esse provimento habitual.
Esse comércio era de fundamental importância na região e, desde o século XVII, já existiam estabelecimentos que eram destinados ao salgamento dos peixes vindos dos interiores. Tais pesqueiros eram "criados e mantidos pela Real Fazenda, e onde os peixes eram

---

pasto indispensável ao sustento e descanço do grande numero de rezes que, depois de torturadas na viagem, são alli
depositadas por muitos dias". Relatório Dr. Abel Graça. Pará: Typ. do Diario do Gram-Pará. Travessa de S. Matheus.
Casa n. 29. 1870.

44   Fala do Presidente de Província Tristão de Alencar Araripe. Assembleia Legislativa Provincial. 5 de novembro de
1885. Pará, Impreso na Typografia do Diário de Notícias, 1886. p. 77.

45   Fala Dr. João José Pedrosa. 23 de abril de 1882. Pará. Typ. Francisco da Costa Júnior. Travessa 7 de Setembro. 1882,
p. 20 e 21.

industrializados (secos e em salmoura) para a venda na cidade de Belém".[46] Existiam pesqueiros na Ilha de Joanes, Igarapé-Miri e na Vila de Cintra.

Ao longo desta pesquisa não foi possível determinar a quantidade exata de peixe que ficava na capital em todos os anos: em 1863 chegou à capital para consumo 4.190 arrobas de peixe salgado e ainda 24.026 arrobas de pirarucu.[47] Através desses números pode-se dizer que, das quantidades citadas, a maior parte ficava na cidade para consumo, até porque, nas pautas de exportação, o peixe não era produto que aparecia com altas somas. Veríssimo nos informa que os principais gêneros que apareciam nas pautas comerciais de 1886-1889 eram: borracha, cacau, castanha, couros, grude de peixe, óleo de copaíba, madeiras, cumaru, urucu, salsaparrilha.[48] Em 1872, os produtos exportáveis eram: açúcar branco, mascavo, arroz pilado, com casca, cacau, castanha da terra, bagas de cumaru, couros, salgados, borracha, grude de gurijuba e óleo de copaíba.[49] Em 1867, apareciam como os principais produtos exportados: borracha, cacau, castanha, couros de boi, urucu, couros de veado, arroz, óleo de copaíba, grude de peixe, salsa, açúcar, guaraná, cumaru, cravo entre outros.[50]

Se o peixe não compunha a lista dos principais produtos exportáveis o grude de peixe era produto sempre presente e em quantidade significativa. Tal grude era uma espécie de cola feita a partir dos peixes. Veríssimo nos informa sobre a gurijuba que

> Do ventre tiram-lhe uma matéria gelatinosa, compacta, *amarella-esbranquiçada*, em *fórma* de leque. É a preciosa "grude", como *elles* chamam esta *colla* animal,

---

46   CRUZ, Ernesto. *História da Associação Comercial do Pará*. 2ª Ed. Ver. E ampl. Belém: Editora Universitária. UFPA, 1996, p. 77.

47   Relatório de Negócios da Província. Presidente Couto de Magalhães. Em 15 de agosto de 1864. Impresso na Typ. de Frederico Rhossard. Pará. 1864.

48   VERÍSSIMO, José. *Estudos Amazônicos*. Coleção Amazônica; Série José Veríssimo. Universidade Federal do Pará. 1970, p. 175.

49   Relatório Dr. Abel Graça. Em 15 de fevereiro de 1872. Pará. Typ. do Diário do Gram-Pará. Travessa de S. Matheus. Casa n. 29. 1872, p. 30.

50   Relatório Exmo. Snr. Joaquim Raymundo de Lamare. Em 6 de agosto de 1868. Pará. Typographia do Diário do Gram-Pará. Travessa de S. Matheus, p. 27.

fazendo o nome *feminin*. Tão preciosa que se exportam *annualmente* pelo porto do Pará, onde vai ser vendida, centenas de milhares de Kilogrammas, valendo centenas de contos de réis. Esta *colla* ou grude não recebe *delles* outro preparo *sinão* o de a *seccarem tambem* ao sol.[51]

Dentre os peixes que mais entravam na capital da província estava o pirarucu, que era produto constante nas tabernas, feiras, mercados e vendas. No armazém da Viúva Fernandes & Filho havia para leilão, no ano de 1858, "uma partida de pirarucu de superior qualidade, uma dita de cacau, e uma dita de couros salgados".[52] Em um anúncio de 1852, os produtos considerados tipicamente regionais são "pirarucu, carne seca, mapará em porção (…) tudo de boa qualidade em porção, se vende por cômodos preços na taberna de Manoel da Cunha Muniz na travessa Pelourinho".[53] Em 1869, do dia 11 a 25 de janeiro chegaram à capital 3.320 arrobas de peixe, sem especificação do tipo, mas que provavelmente vinham dos interiores, já que estavam locados ao lado de produtos tipicamente regionais, como urucu, sebo, salsa e azeite de andiroba.[54]

O abastecimento de peixe para consumo da capital fez-se em larga escala contando com os vindos dos interiores e dava-se de forma durável e cotidiana. O peixe salgado diferentemente da carne, que em alguns momentos era importada de outras províncias, não tinha importação de fora da província. Nos anos entre 1897-1898 vieram dos interiores 386.115 quilos de peixe seco e, entre 1898-1899, foram quase o dobro com 661.451 quilos.[55] Logo, o provimento de peixe seco e/ou fresco na capital fazia-se pelos interiores que

---

51   VERÍSSIMO, *op. cit.*, p. 95.

52   *Gazeta Official*. Pará, terça-feira, 11 de maio de 1858. n. 2, p. 4.

53   *O Monarchista Paraense*. Ano I. Pará, 15 de maio de 1852. n. 13 e 14. Série 2ª, p. 7.

54   No mesmo período também chegou 2.945 arrobas de pirarucu vindo de Manaus, Serpa e Vila Bela no Vapor Nacional *Arary*. *O Liberal do Pará*. Belém do Pará, 10 de janeiro de 1869. Número 1/Belém do Pará, 25 de janeiro de 1869. Número 12.

55   VILHENA, Sandra Helena Ferreira. *Belém: o abastecimento de gêneros alimentícios, através das mercearias (1890-1900)*. Universidade Federal do Pará. Monografia de Graduação em História. Centro de Filosofia e Ciências Humanas. Departamento de História e Antropologia. Belém-Pará. 1990, p. 23.

ao longo dos séculos, com suas embarcações, aportavam na capital com carregamentos consideráveis e necessários à população.

O pirarucu compunha a lista dos peixes que eram salgados para a venda. Avé-Lallemant resume bem a atividade de uma feitoria nas proximidades do Rio Içá, no Amazonas: os pescadores eram os próprios habitantes da região dos rios que na época da pesca deixavam suas casas e desciam para as praias, onde construíam as feitorias para o beneficiamento dos peixes. Nas feitorias "deitam o peixe com o ventre para baixo, escamam-lhe as costas com uma machadinha ou um facão, de maneira a poderem enterrar uma afiada faca de cozinha entre o couro e a carne e esfolá-lo" E ainda: "Cortam depois as duas metades do corpo, no que revelam uma habilidade peculiar, dos dois lados da carcaça, separando-a das grossas espinhas da cavidade abdominal, esfregam-lhe sal e suspendem-nas por cima de varas, onde secam rapidamente, dentro de um a três dias, sob o sol abrasador".[56]

A carne salgada rendia cerca de um terço de seu peso quando fresca, ou seja, um pirarucu de 120 libras, quando seco, daria cerca de 40 libras de peixe. Avé-Lallemant informava que a pesca da Amazônia chegava a cerca de dois milhões de peixes por ano, grande parte era salgada e a outra consumida fresca.[57] No ano de 1876, dentre os impostos arrecadados sobre os principais produtos da província estava o pirarucu seco, com 1.021.761 quilos.[58] Segue tal situação para o ano de 1892 onde no jornal *Diário de Notícias*, na seção de Leilões, há várias partidas de peixes de diversas marcas e do próprio pirarucu. Em 1º de julho de 1892 aconteceu no trapiche da Companhia do Amazonas um "leilão diversas marcas de peixe" e ainda "diversas marcas de pirarucu".[59]

---

56   AVÉ-LALLEMANT, *op. cit.*, p. 173.

57   AVÉ-LALLEMANT, *op. cit.*, p. 173.

58   Fala Dr. João Capistrano Bandeira de Mello Filho. Em 15 de fevereiro de 1877. Pará. Typ. do Livro do Commércio. Theophilo, Schoogel & Comp. Adm. Antonio Ribeiro dos Santos. 1877, p. 136.

59   *Diário de Notícias*. Estado do Pará, Sexta-feira 1 de julho de 1892. Numero 142.

Veríssimo ainda ressalta que a pesca da tainha e da gurijuba[60] faziam parte da chamada grande pesca e encontrava lugar para consumo em Belém: "Fornece não só a carne para alimentação das populações *daquella* orla marítima, e *sub-maritima* até a cidade do Pará".[61] Na época da pesca os pescadores saíam em suas vigilengas e alguns levavam toda a família para a pesca, que ocorria no verão e entre setembro e outubro. Logo após a captura, as gurijubas eram levadas para o salgamento. A tainha era pescada no período de junho a agosto, no entanto, "a pesca mais proveitosa (...) se faz em setembro e outubro, nos curraes e cambôas, que se estendem (...) pelas costas da Vigia e adjacentes e fronteiras, de Souré até Maguari".[62] Assim como para o pirarucu, também com a tainha e a gurijuba, os pescadores montavam as feitorias para o salgamento e beneficiamento com fins da exportação. Se o peixe era um dos produtos mais consumidos, juntamente dele estava a carne que, verde ou salgada, compunha o prato da gente amazônica.

Da carne verde e carne salgada

O abastecimento de carne verde também configurava outro importante elemento para composição do quadro alimentar de Belém. A carne era, portanto, um dos mais importantes e necessários itens à capital, já que ela estava entre os gêneros de primeira precisão. Por exemplo, para o ano de 1861, têm-se os seguintes municípios envolvidos com a atividade criatória:

---

60   A pesca da gurijuba e tainha ocorria "faz-se *forá* das águas amazonicas, a da gurijuba em pleno mar, a da tainha, na orla marítima das regiões da *geographia* local denominadas Contra-costa, *Léste e nordéste* da Ilha de Marajó, e Salgado – as costas de éste e sudéste – banhadas pelas derradeiras vagas do estuário do rio Pará e pelas do Atlantico na porção oriental do Pará, e também no Tocantins inferior, *naquelle* mesmo rio Pará e bahias do Sol, de Marajó, da Vigia, de Santo Antonio e outras por *elles* formadas. A costa chamada da Vigia e a fronteira, á Leste de Marajó, entre Souré e Maguari, são o principal campo das pescarias de tainha". VERÍSSIMO, *op. cit.*, p. 88.

61   VERÍSSIMO, *op. cit.*, p. 89.

62   VERÍSSIMO, *op. cit.*, p. 96.

Tabela I: Municípios que tinham fazendas de criação de gado no ano de 1861

Origem	N. Fazendas	N. Cabeças de gado[1]	Gado Vaccum	Gado Cavallar
Cintra	5 fazendas	500 cabeças	500	———
Bragança	6 fazendas	3.136 cabeças	2.755	381 cabeças
Soure	38 fazendas	34.853 cabeças	———	———
Chaves	76 fazendas	94.841 cabeças	92.567	2.274
Macapá	62 fazendas	22.000 cabeças	———	———
Monsarás	12 fazendas	17.800 cabeças	———	———
Muaná	14 fazendas	———	———	———
Mazagão	9 fazendas	993 cabeças	940	53
Gurupá	12 fazendas	6.548 cabeças	———	———
Portode Moz[2]	3 fazendas	520 cabeças	500	20
Monte Alegre	49 fazendas	18.357 cabeças	———	———
Santarém	82 fazendas	13.329 cabeças	12.277	1.052
Alenquer	55 fazendas	12.000 cabeças	———	———
Óbidos	44 fazendas	4.145 cabeças	4.000	145
Faro	65 fazendas	4.536 cabeças	———	———
Itaituba	2 fazendas	255 cabeças	———	———

Fonte: Relatório apresentado à Assembleia Legislativa da Província do Pará. Feita pelo Dr. Francisco Carlos de Araujo Brusque. Em 1º de setembro de 1862. Pará: Impresso na Typografia de Frederico Carlos Rhossard.

Notas da tabela:

1   As cabeças de gado eram diferenciadas como vacum e cavalar, encontramos no Glossário Paraense de Vicente Chermont de Miranda há a seguinte definição: "Gado, s.m. –Usado pelos vaqueiros sómente em referência ao gado vacum". "cavalhada, s. f. – Os cavalos de serviço de uma fazenda. Gado cavalar alto e mau". MIRANDA, *op. cit.*, p. 20 e 40.

2   É válido observar que antes de 1859 havia 10 fazendas de gado com mais de 6.000 cabeças, porém, com a grande cheia que ocorreu no referido lugar restaram apenas 60 cabeças. Relatório apresentado à Assembleia Legislativa da Província do Pará, feito pelo Dr. Francisco Carlos de Araujo Brusque em 1º de setembro de 1862. Pará: Impresso na Typografia de Frederico Carlos Rhossard, p. 63.

Um primeiro ponto a ressaltar da tabela é que, no ano de 1861, existiam nas fazendas paraenses 233.813 cabeças de gado, destas 3.925 eram cavalares e 229.888 vacum, sendo que as fazendas de criação de gado estavam concentradas nas duas principais áreas criatórias: Marajó e Baixo Amazonas. Ainda assim foi possível visualizar a existência desta atividade criatória em outros lugares da província paraense, como, por exemplo, no litoral do Amapá, na região das ilhas ou até mesmo em Itaituba, o que indica a criação de gado como atividade de fronteira. No tocante ao abastecimento da capital, importa destacar, contudo, que, se do oeste do Pará, região do Baixo Amazonas, vinha gado, o Marajó era o mais importante fornecedor, bem como criador, como nos informa D'Orbigny, viajante que em 1832 nos diz que: "(...) na ilha do Marajó se cria gado vacum. Os bois são levados, vivos, para Belém, ou já transformados em carne seca".[63]

Observando a tabela I, das 34.853 cabeças de gado de Soure, exportava-se por ano cerca de 1.500 a 2.000 cabeças.[64] Soure não configura nem o sexto lugar com quantidades de fazendas, mas ficava em segundo com números de cabeça. Desta froma, o que se destaca não é o número de fazendas, mas a quantidade de gado. Soure contava com 38 fazendas, mas tinha 34.853 cabeças para abastecimento. Macapá, que tinha quase o dobro de fazendas (62) contava com 22.000 cabeças, o que demonstra que Soure era mais importante criatório do que Macapá. Logo, as fazendas do Marajó podiam não ser as únicas produtoras ou, consequentemente, fornecedoras de gado, mas lideravam quanto ao quesito número de cabeças de gado. O número relativamente pequeno de gado cavalar ocorre porque em geral eram utilizados para os serviços de transporte e da fazenda em geral. Segundo o presidente Rohan, em 1862, a ilha do Marajó:

63   *Apud* Museu da Casa Brasileira. CD-ROM *Equipamentos da Casa Brasileira Usos e costumes.* D'Orbigny. *Viagem Pitoresca através do Brasil.* São Paulo, Belo Horizonte. Edusp/ Itatiaia Editora, 1976, p. 77. Arquivo Ernani Bruno. Secretária de Estado de Cultura. Governo de São Paulo, setembro de 2005.

64   Relatório apresentado á Assembleia Legislativa da Província do Pará, feito pelo Dr. Francisco Carlos de Araujo Brusque. Em 1º de setembro de 1862. Pará: Impresso na Typografia de Frederico Carlos Rhossard, p. 60.

(…) tem por si só gado sufficiente para ocorrer ás necessidades do nosso consummo; e tomadas as providencias necessárias, não teremos de recorrer as províncias visinhas, em busca do genero que possuímos dentro de nossos próprios limites.[65]

As fazendas existentes na Província abasteciam com cerca de 12.000 cabeças de gado com um valor em reis de 480.000$000 em 1858[66] e, mesmo com a chamada crise de víveres de primeira necessidade, a carne verde podia ser encontrada pelo preço de 120 reis, já que as leis n. 108, 132, e 246, estabeleciam o tabelamento, ou seja, toda vez que o preço fosse superior ao designado o governo imporia dessa forma um preço comum.[67] O Dr. Silva Carrão ainda nos diz que, de todo o império, o Pará talvez fosse o único lugar que podia consumir tal gênero por este preço.[68] Em 15 de junho de 1874, a Câmara Municipal da Vila da Cachoeira no Marajó vinha solicitar melhores condições de transporte entre outros já que: "além do gado *vaccum* que é o seu principal gênero de comércio, exportando-o para consumo da capital e outros pontos da Província, em número excedente a oito mil rezes, por ano (…)".[69] Em 1876, dentre os produtos que mais impostos arrecadaram para a província estava a carne verde com seus 2.770.798 quilos, totalizando um valor de 11.200$856 réis,[70] o segundo maior, perdendo apenas para a borracha. O que significa que

---

65   Relatório apresentado pelo Presidente Henrique de Beaurepaire Rohan. Em 15 de agosto de 1856. Pará. Typ. de Santos & Filhos. 1856, p. 20.

66   Ainda em Cametá no período entre 1858/1859 temos um total de 80 arrobas de carne que através dos vapores da companhia de navegação abasteceram a capital. Fala dirigida a Assembleia Legislativa da Provincia do Pará pelo Presidente de Província Manoel de Frias e Vasconcellos. 1 de outubro de 1859. Pará. Typ. Commercial de A. J. R. Guimarães. Travessa de S. Matheus, casa n. 2 AA. Mapa n. 30 C.

67   Sobre a indústria do gado no Marajó ver: *Apud.* batista, *op. cit.,* p. 94.

68   Discurso da Abertura da Sessão Extraordinária da Assembleia Legislativa Provincial do Pará, pelo Presidente Dr. João da Silva Carrão. 7 de abril de 1858. Typ. Do Diário do Commercio. Impresso por J. J. de Sá, p. 47.

69   Arquivo Público do Estado do Pará. Fundo: Secretária de Presidência de Província. Série: Ofícios Câmara Municipal. Ano: 1864-1869, Caixa 275.

70   Fala Dr. João Capistrano Bandeira de Mello Filho. Em 15 de fevereiro de 1877. Pará. Typ. do Livro do Commércio. Theópilo, Schoogel & Comp. Adm. Antonio Ribeiro dos Santos, 1877. p. 136.

o gado não deixou de chegar à capital. O gráfico abaixo do ano de 1884 salienta o número de gado enviado para a capital de diferentes lugares.

GRÁFICO 1: ABASTECIMENTO DE GADO PARA A CAPITAL NO ANO DE 1884

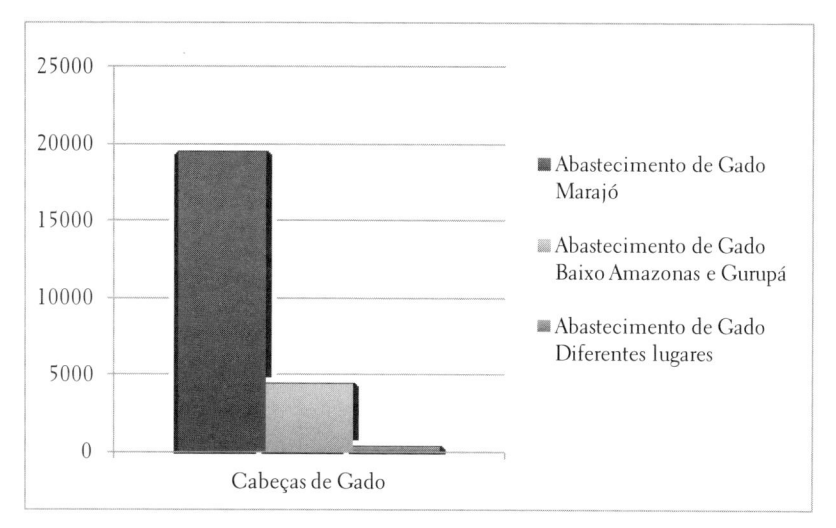

Fonte: Relatório Exmo. Snr. General Visconde de Maracajú Gustavo Galvão. Em 24 de junho de 1884. Pará. Typ. de Francisco Costa Junior. 1884. p. 10/11.

Pelo gráfico acima, pode-se indagar se, de fato, não existia produção de carne na Província, já que somente no ano de 1884, os interiores foram capazes de enviar à capital um total de 21.604 bois e 2.637 vacas para abastecimento. Somente do Marajó vieram 17.177 bois e 2.327 vacas; do Baixo Amazonas e Gurupá vieram 4.140 bois e 259 vacas e ainda de Macapá, Vizeu, Bragança, Turyassú e do pasto da cidade contavam 287 bois e 51 vacas. É também importante notar que o Marajó era a região de maior concentração da indústria pastoril que abastecia tanto a capital como outras regiões.

TABELA II: QUANTIDADE DE CABEÇAS DE GADO E INDÚSTRIA PASTORIL, EXISTENTE NO MARAJÓ E BAIXO AMAZONAS EM 1881

PROCEDÊNCIA	GADO VACUM
Marajó	193.722.
Baixo Amazonas	129.668.
Cintra	285.
Total	355.451.

Fonte: Relatório Exmo. Sr. José Coelho da Gama e Abreu. Em 15 de fevereiro de 1881. Typographia do Diário de Notícias de Costa & Campbell. 1881. p. 130.

Como se pode ver na tabela acima, no ano de 1881, o Sr. José Coelho da Gama, ao fazer um balanço da indústria pastoril da província, nos informa que, do Marajó, existia uma quantidade de 193.722 cabeças de gado. Já no Baixo Amazonas eram 129.668. Assim deve-se entender que os interiores estavam criando gado e enviando-os para exportação. Assim como o peixe, não foi possível visualizar em números para todos os anos citados a quantidade de carne que ficava na capital. Sobre o consumo da capital, em 1863, chegaram para o fornecimento de Belém 13.565 cabeças de gado vacum,[71] já entre 1897-1899 foram 4.238 quilos de carne e 35.232 unidades de bois para abate.[72] Por estes dados, pode-se ter uma noção que a quantidade de carne necessária para o consumo era grande e que praticamente todas as arrobas que os interiores produziam vinham para alimentação. A carne não compunha a lista dos produtos mais exportados e quando o era tinha como destino as províncias do Império, sendo que, no geral, eram os couros que iam para outros países. Ou seja, devido aos inúmeros pedidos de fazendeiros e criadores de gado solicitando ao governo, foram adotadas medidas para melhorar o abastecimento e ainda,

---

71   As cabeças de gado vieram dos seguintes interiores: Marajó com 13.318 cabeças; Monte Alegre com 208 cabeças e Alemquer com 39 cabeças. Relatório de Negócios da Província. Presidente Couto de Magalhães. Em 15 de agosto de 1864. Impresso na Typ. de Frederico Rhossard. Pará. 1864.

72   VILHENA, *op. cit.*, p. 22 e 23.

os documentos salientavam que a carne era um alimento de primeiríssima necessidade e que parte considerável ou quase toda que era exportada dos interiores ficava na capital.

Pode-se concluir que a Província estava tendo seus criatórios e fazendas destinadas à produção de carne, já que somente Marajó estava enviando quantidades significativas. O que pode ter ocorrido pela falta do produto era que o número populacional[73] estava maior ou que a carne compunha os gêneros de primeira necessidade e que abastecia grande parcela da população. Daí porque se procurava tanto esse produto, pois em todos os relatórios pesquisados, em épocas de crise, aumentava-se a procura de carne e, assim, ocorriam os inúmeros contratos para que fosse o mercado abastecido de tal produto e que os preços não fossem tão abusivos.

No ano de 1884, os fazendeiros da Ilha do Marajó solicitaram que ficasse à sua disposição os talhos da municipalidade, uma vez, que com as boiadas para serem talhadas na capital, eles se comprometiam a vender a carne a preço de oitocentos réis o quilograma, mesmo que o preço das carnes verdes estivesse em novecentos réis o quilograma. Segundo os mesmos, este preço era elevado e só se mantinha, não pela falta de carne, mas sim por não haver competidores no comércio.[74]

Em Belém, até a carne chegar à mesa dos consumidores, ela passava por algumas etapas. Primeiramente, após o desembarque, o gado era levado para ser abatido geralmente no curro público. Alguns senhores negociantes da capital tinham o monopólio deste carregamento e eram os chamados marchantes. Entre os nomes dos principais comerciantes entre o período de 18 a 28 de maio de 1858, foi possível encontrar o senhor Francisco Carlos Delduque, Mattos & Ca., Campbell & Pombo, Penna & Filho, Fernando Maria da Cunha, Pedro Canovas e ainda Jorge Campbell de Albuquerque.[75]

---

73   A relação população *versus* produção de alimentos será discutida no 2ª capítulo.

74   Em troca de tal concessão os fazendeiros ainda comprometiam-se a talhar o gado de outros fazendeiros da província assim como de outro lugar. Arquivo Público do Estado do Pará. Fundo: Secretária da Presidência da Província. (Documentação avulso). Série: Abaixo-assinados. Ano: 1883-1885. Cx 07.

75   Sobre famílias de marchantes e suas participações no comércio local ver o trabalho de BATISTA, *op. cit.* p. 95. *Gazeta Official*. 10 a 31 de maio de 1858. Ano I. Número 1, p. 3.

Estes senhores eram os donos dos bois e, consequentemente, da carne. Quando a rese já havia sido abatida, a carne era levada para os talhos ou açougues da cidade. Neste momento, entrava em cena os carregadores que podiam ser escravos ou pessoas livres empregadas no trabalho do carreto, assim como o cearense Silveste, que era carregador e que, no ano de 1878, foi ouvido como testemunha sobre confusão em uma taberna.[76] Salles observava "os escravos carregadores, constituindo-se numa classe unida".[77] Existiam ainda as mulheres que podiam ser livres e, na falta destas, escravas empregadas na tarefa de carniceira no curro público. Este era um trabalho que, aos olhos e sentidos dos outros, não era nada agradável.[78] Como ressalta o *Publicador Paraense* em 1850:

> Seja-nos permitido dizer aqui de passagem, que muito proveitoso seria substituir com um pequeno muro de taipa, em frente da rua, a velha e imunda estacada do mesmo curro, na qual as pretas carniceiras penduram as cabeças e buchos das reses, por muitas horas, para ali mesmo despejarem a bosta das tripas, e fazer pedaços de tais objetos; tão repgnantes à vista como ofensivos ao olfato do povo, num lugar por êle freqüentado a todos momentos.[79]

Por fim, as arrobas eram levadas aos talhos estes eram espalhados por alguns lugares da cidade onde se fazia a venda para a população. Ou, ainda como nos informa Wallace, "são abatidas na madrugada do mesmo dia em que são consumidas, sendo cortadas a machado e cutelo, sem qualquer preocupação com asseio. (…) Lá pela seis da manhã

---

76 CANCELA, Cristina Donza. *Casamentos e Relações Familiares na economia da Borracha (Belém 1870-1920).* Universidade de São Paulo. Faculdade de Filosofia Letras e Ciências Humanas. Departamento de História. Programa de Pós-Graduação em História Econômica. USP-SP. 2006. Mas adiante no capítulo IV a história de Silveste será contada em maiores detalhes.

77 SALLES, Vicente. *O Negro no Pará: sob regime da escravidão.* 2ª Ed. – Brasilia: Ministério da Cultura; Belém: Secretaria de Estado da Cultura; Fundação Cultural do Pará "Tancredo Neves"., 1988, p. 175.

78 SALLES, *op. cit.,* p. 169.

79 *Apud:* SALLES. *op. cit,* p. 169.

podem-se ver carroças carregadas de carne seguindo para os diversos açougues".[80] Os donos de carroças também configuravam personagens importantes no cotidiano da cidade. Um desses era o senhor Joaquim Teixeira de Macedo que, em 13 de junho de 1874, recorreu junto à Câmara Municipal para que ficasse isento do imposto sobre a condução de carroças puxadas por animal, deixando claro que, antes de ser lavrada a lei n. 800 de 13 de setembro de 1873, sobre a taxação de impostos as conduções de carroças puxadas por animal, ele já havia substituído a carroça que possuía, "puxada por animal, por outra menor puxada a braço de homem".[81]

A carne estava entre os itens de primeira necessidade em 1866, quando os fazendeiros e criadores da Ilha do Marajó fizeram uma petição contra uma ordem do governo, que obrigava a carne que chegava à capital de concentrar-se nos talhos do mercado público. Chamava a atenção do governo que tal medida impossibilitava as famílias sem recursos de irem ao mercado todos os dias. Com isso, tais famílias acabavam substituindo a carne por peixe fresco e salgado, ou mesmo por carne salgada ou seca, as quais eram expostas à venda sem designação ou limitação de lugar.[82] Geralmente, os donos de fazendas tinham alguma relação com os marchantes e vice-versa, algumas eram relações de casamentos e família como era o caso dos Campbell & Pombo. Assim, um dos membros atuava na criação dos animais enquanto a outra parte, ao vender a dita carne ratificava uma rede de monopólio deste gênero.[83]

Entre os donos de fazenda de gado na Ilha do Marajó, tem-se a família Chermont que, no ano de 1868, contava com três fazendas de criação de gado vaccum e cavallar e

80 WALLACE, Alfred Russel. *Viagens pelso rios Amazonas e Negro.* Trad. Eugênio Amado; apresentação Mário Guimarães Ferri. – Belo Horizonte: Ed. Itatiaia; São Paulo: Ed. da Universidade de São Paulo, 1979, p. 24.

81 Arquivo Público do Estado do Pará. Fundo: Secretária da Presidência da Província. Série: Ofícios. Ano: 1870-1875. Caixa: 309. Doc: 108.

82 Arquivo Público do Estado do Pará. Fundo: Secretária da Presidência da Província. Série: Abaixo-assinados. Ano: 1860-1869. Cx 04. 15 de março de 1866.

83 Sobre a relação entre as famílias e os negócios na capital ver o trabalho de CANCELA, *op. cit.* e ainda de BATISTA, *op. cit.*

ainda terras destinadas a serem criatórios.[84] E, ao que tudo indica, eram grandes fornecedores de gado para o consumo da capital. Wallace nos conta a história de Mr. C. que era proprietário de uma fazenda de gado na Ilha de Mexiana, no Marajó. Na fazenda os trabalhadores eram os escravos e índios e "era um prazer observá-los quando recolhiam o gado e o levavam para o curral, ou quando saíam a laçar uma rês que iria ser abatida".[85] Sobre o trabalho de colocar as rês na embarcação para virem a capital ele salienta que:

> Levantamo-nos de manhã e dirigimo-nos ao curral localizado à beira do rio (…) No curral estavam umas vinte ou trinta reses selvagens. (…) Os vaqueiros atiravam seus laços para prendê-los pelos cifres. (…) puxado ou empurrado, o bicho entrava na água, e eles imediatamente atiravam a ponta da corda para o convés da embarcação, de onde outros homens passavam a puxá-lo naquela direção. Prendia-se então um forte cabo aos seus cifres, içando-o para bordo deste modo.[86]

Em outra fazenda de gado, em Monte Alegre, os trabalhadores também eram índios: "a sede da Fazenda estava situada junto ao extenso pantanal que medeia entre as serras e o Amazonas. Era uma casa de barro com dois ou três quartos e um galpão aberto anexo, usado como cozinha e dormitório dos índios".[87] No geral, os trabalhos de vaqueiros das fazendas de gado ora eram realizados por índios, ora por escravos ou ainda pelos dois grupos. A esse respeito, Bezerra Neto nos informa: "foi justamente nas fazendas de gado que houve a fixação definitiva do escravo negro como trabalhador, usualmente como nas fazendas libertos, índios e mestiços livres".[88] O trabalho destes empregados destinava-se

---

84   Arquivo Público do Estado do Pará. Fundo: Juízo Municipal da Capital. Série: Autos de Testamento. Caixa: 1868-1870.

85   WALLACE, *op. cit.*, p. 76.

86   WALLACE, *op. cit.*, p. 76-77.

87   WALLACE, *op. cit.*, p. 98-99.

88   BEZERRA NETO, José Maia. *Escravidão Negra no Grão-Pará (Sécs. XVII-XIX).* Belém: Paka-Tatu, 2001,. p. 80.

aos cuidados com o gado bovino e cavalar, construções nas fazendas bem como pescaria e os cuidados referentes a uma fazenda.

Fora da capital, os lugares nos quais, com maior facilidade, podia-se comprar a carne eram os que tinham criação de gado. Em 1851, Bates nos diz sobre a facilidade de comprar a carne em Santarém: "(...) havia dois ou três açougues, onde se podia comprar excelente carne, a dois dinheiros ou a dois dinheiros e meio a libra. O gado não precisava ser trazido de longa distância, como no Pará, criando-se nos campos em torno de Lago Grande, a um ou dois dias de viagem da cidade".[89] O viajante nos diz que, além dos açougues que atendiam a população local, a carne fresca era vendida bem mais em conta, pois era de fazendas da região e não dependiam, como no Pará, de importação dos interiores. Essa dependência da carne vinda de outras regiões talvez se explique pelo fato de que, quando chegava ao mercado, era logo disputada pela população, como observa François Biard, em 1859, no mercado local de Belém: "é aconselhável realizar suas compras bem cedinho, pois, depois de certa hora, não se encontra mais nada que preste, principalmente carne".[90]

A carne seca também compunha o cardápio ordinário da população e, diferentemente da carne verde, era salgada e, portanto, mais barata. Em 1863, vieram para o consumo da capital 6.664 arrobas de carne seca ou de moura.[91] Já em 1867, vieram do Marajó 4.903 arrobas de carne seca para consumo na capital.[92] Assim como a carne verde, a seca era alimento mais acessível pelo preço e podia ser encontrada fora do mercado público, pois, por estar salgada, apresentava uma durabilidade maior. A carne verde, se colocada em uma hierarquia alimentícia, tinha valor maior em detrimento da salgada ou seca, porque essa era mais saudável e daí porque sua procura era grande. Bates quando passou por Manaus

---

89   *Apud*: Museu da Casa Brasileira. *op. cit.*, CD-ROM.

90   *Apud.* Museu da Casa Brasileira. *op. cit.*, CD-ROM.

91   Foram responsáveis por tal abastecimento Santarém com 2.620 arrobas; Marajó com 1.668 arrobas e Óbidos com 2.376 arrobas. Relatório de Negócios da Província. Presidente Couto de Magalhães. Em 15 de agosto de 1864. Impresso na Typ. de Frederico Rhossard. Pará. 1864.

92   Relatório Exmo. Snr. Joaquim Raymundo de Lamare. Em 6 de agosto de 1868. Pará. Typographia do Diário do Gram-Pará. 1868.

entre 1850 e1859 ressaltava sobre a presença de carne: "De *vêz* em quando chegam alguns novilhos, trazidos de Óbidos (…) Tem-se assim, com longos intervalos, suprimento da carne fresca, mas esta é geralmente monopolizada pelas famílias dos empregados públicos".[93]

Sobre Belém, Spix e Martius relataram em 1819: "o homem do povo nutre-se principalmente de farinha de mandioca, peixe seco e carne seca, esta ultima vinda da vizinha Ilha de Marajó (…)".[94] Apesar do ano mencionado na citação ser da primeira metade do XIX, ele mostra que a carne compunha um alimento básico, como fornecedores além do Marajó outros lugares também enviavam a dita carne para consumo como Manaus, Óbidos e outros. E, juntamente com o peixe e a carne, a farinha completava o item de primeira necessidade da população. Como veremos a seguir, ela era alimento primordial na mesa de significativa parcela da gente amazônica do interior bem como da capital.

A *farinha de todo dia*

A farinha era alimento de origem indígena bastante consumido na capital e interiores do Pará. Tinha a função de prato principal ou complemento alimentício. Ela desembarcava todos os dias nos portos, como o do Sal localizado na Cidade Velha, e vinha dos interiores em maior escala. Em um abaixo-assinado, alguns cidadãos existentes e estabelecidos na vila de Marapanim, no ano de 1877, nos relatam como abasteciam o mercado da capital com até 14.000 alqueires de farinha.[95] Em 1861, os interiores citados enviaram para a capital 45.188 alqueires e 300 arrobas de farinha. Destes valores, Bragança sozinha

---

93   BATES, *op. cit.*

94   E ainda sobre o salgamento do gado em uma opulenta fazenda nos arredores de Belém em uma ilha: "O gado bovino pasta em liberdade nas campinas da ilha, porém à noite é tocado de volta para o curral (…) É principalmente destinado ao consumo doméstico para cujo, fim a carne é salgada e exposta ao vento para secar. Freqüentemente é o fazendeiro obrigado a abastecer-se de peixe salgado ou seco pirarucu vindo da Ilha de Marajó. Por motivo do grande calor, a carne raramente é saborosa; não se conserva bem, e as partes que estiverem ao ar precisam ser logo cortadas e eliminadas". SPIX, Johann Baptiste Von e MARTIUS, Carl Friedrich Philippe Von. *Viagem pelo Brasil*. 91819-1829). Vol III, Rio de Janeiro, Imprensa Nacional, 1938, p. 16-7/ 69.

95   Arquivo Público do Estado do Pará. Fundo: Secretária da Presidência da Província. (Documentação Avulsa) Abaixo-Assinados. Ano: 1876-1879. Pará, 10 de março de 1877. Caixa: 05 A. Documento 62.

produziu e exportou cerca 12.238 alqueires de farinha para Belém; ou seja, quase 27% dos 45.488 alqueires enviados para a capital paraense, sendo acompanhada apenas em importância por Macapá e Portel, ambos com 10.000 alqueires, outros dois produtores e fornecedores importantes. Os três juntos totalizavam 32.238 alqueires, isto é, quase 72% de toda a farinha exportada em 1861.

Ainda entre os municípios estava Vigia com cerca de 4.800 alqueires do produto. Já Melgaço, no mesmo ano, manteve sua cultura de outrora e fabricava além da farinha d'água a de tapioca, a farinha – enviando em 1861, 4.000 alqueires de farinha. Ainda em menores quantidades estavam Monsarás com 2.000 alqueires, Oeiras com 1.000 alqueires, Vizeu com 300 arrobas, Muaná com 600 alqueires, Itaituba com 350 alqueires, Soure e Faro com 600 alqueires.[96]

Em 1875, a farinha aparecia entre os principais produtos comercializados em 4ª lugar. Também estava com um cultivo em larga escala já que "cultiva-se em maior escala a mandioca".[97] A importância da farinha dava-se pelo fato de seu enorme consumo em toda província. Por isso, havia uma forte cultura destinada a esse fim, como nos informa o Dr. Pedro Vicente de Azevedo, então presidente provincial: "nem um cultivador e fabricante d'este gênero teve jamais de arrepender-se de dedicar-se a essa cultura".[98] O viajante Wallace quando passava pelo rio Mojú encontrou a fazenda Jaguarari, pertecente ao Conde de Brisson que contava com 150 escravos destinados ao cultivo da mandioca.[99]

Um dos municípios que tinham uma cultura significativa da mandioca era Bragança, responsável por grande parte do abastecimento do dito produto para a capital. A respeito de tal situação, o presidente Dr. Pedro Azevedo, em 1875, esclarece que a: "a mandioca

---

96   Relatório apresentado á Assembleia Legislativa da Província do Pará, feito pelo Dr. Francisco Carlos de Araujo Brusque em 1º de setembro de 1862. Pará: Impresso na Typografia de Frederico Carlos Rhossard.

97   Relatório apresentado ao Exm. Snr. Dr. Francisco Maria Corrêa de Sá e Benevides pelo Exm. Snr. Dr. Pedro Vicente de Azevedo. Em 17 de janeiro de 1875. Pará. Travessa de S. Matheus. n. 29. 1875, p. 78.

98   Relatório Exmo. Snr. Dr. Pedro Vicente de Azevedo. Em 15 de fevereiro de 1874. Pará. Typographia do Diario do Gram-Pará. Travessa de S. Matheus. n. 29. 1874, p. 61.

99   WALLACE, *op. cit.*, p. 46.

é um gênero de cultura *effectiva* no municipio de Bragança, de onde transformada em farinha é exportada em grande porção para a capital" dizendo ainda que "do município do Guamá ha também alguma exportação d'este gênero para a capital".[100]

Em Macapá, no ano de 1861, dos 471 estabelecimentos industriais, 400 eram sítios de fazer farinha que produziram 20.000 alqueires.[101] Em 1875, houve uma redução da cultura da mandioca, enquanto em Portel, a mandioca: "(…) é cultivada em maior escala, exportando-se uma grande quantidade de farinha para Melgaço, Gurupá para as ilhas do Estuário e até para o município de Mazagão".[102]

E ainda em 1861 encontramos nas palavras de Araújo Brusque que "a cultura da mandioca nesta província é geral. Desde o selvagem até o rico lavrador se estende esta *producção*, como a base principal de sua alimentação. (…) Por toda a parte se fabrica a farinha, e as suas diversas espécies *são* de *excellente* qualidade".[103] O consumo da farinha em Belém era significativo. Em 1863, vieram 54.171 alqueires[104] para o abastecimento da capital naquele ano. Já entre os anos de 1897-1899 foram exportados dos interiores 559. 861 hectares de farinha de mandioca.[105] Apenas por estes dados é visível que a cidade de Belém necessitava de farinha diariamente e que este consumo para toda a província era

---

100 Relatório apresentado ao Exm. Snr. Dr. Francisco Maria Corrêa de Sá e Benevides pelo Exm. Snr. Dr. Pedro Vicente de Azevedo. Em 17 de janeiro de 1875. Pará. Travessa de S. Matheus. n. 29. 1875, p. 62.

101 Relatório apresentado à Assembleia Legislativa da Província do Pará, feito pelo Dr. Francisco Carlos de Araujo Brusque em 1º de setembro de 1862. Pará: Impresso na Typografia de Frederico Carlos Rhossard, p. 62.

102 Relatório apresentado ao Exm. Snr. Dr. Francisco Maria Corrêa de Sá e Benevides pelo Exm. Snr. Dr. Pedro Vicente de Azevedo. Em 17 de janeiro de 1875. Pará. Travessa de S. Matheus. n. 29. 1875, p. 82.

103 Relatório apresentado à Assembleia Legislativa da Província do Pará, feito pelo Dr. Francisco Carlos de Araujo Brusque em 1º de setembro de 1862. Pará: Impresso na Typografia de Frederico Carlos Rhossard.

104 Entre os interiores que abasteciam a capital estava Bragança com 7.369 alq.; Curuçá com 7.182 alq.; Bujarú com 6.376 alq.; Acará com 6.350 alq.; Inhangapy com 4.863 alq.; Capim com 3.608 alq.; Cintra com 3.577 alq.; Mojú 3. 559 alq.; Vigia com 2.209 alq.; Irituia 1.708 alq.; E ainda a comarca da capital o Guamá com 7.370 alq. Relatório de Negócios da Província. Presidente Couto de Magalhães. Em 15 de agosto de 1864. Impresso na Typ. de Frederico Rhossard. Pará. 1864.

105 VILHENA, *op. cit.*, p. 22 e 23.

essencial. A farinha de mandioca não era produto exportado para outros países e, no geral, o que era produzido ficava na capital, sendo o Mercado Público e o Porto do Sal os principais pontos de venda. Assim, era significativo o cultivo da mandioca para a fabricação de farinha nos interiores, até porque, assim como o peixe que se aproveitava de todas as partes um pouco, muito se aproveitava da farinha como alimento rico em carboidratos se fazendo bolos, xibés,[106] pirão e pães. Havia uma gama de variedades que podia dela se utilizar. Vejamos o comentário de Bates de 1850, sobre Tefé no Amazonas: "Fazem-se bolos com farinha meio torrada (…)".[107] Apesar do comentário ser do Amazonas, para Belém acredito não ser menos verdade.

Sobre a fabricação da farinha, Bates ao passar pelo sítio do Sr. Joaquim observa:

> A pouca distância da casa situavam-se os galpões, ou tendas, onde era fabricada a farinha de mandioca usada pela comunidade. No centro de cada tenda

---

106 Osvaldo Orico nos informa sobre o chibé: "E existe o chibé ou caribé, o alimento dos pobres, aquele que não falta sob nenhum teto, ainda que seja de palha. Não se vende pronto nos mercados nem nos tabuleiros dos largos e praças da cidade. Cada família o faz a domicílio. É o sustento da casa, quando não há pão, nem carne, nem peixe, nem frutas. (…) Quando não há nada disso, surge o chibé ou caribé, a que nos referimos nos verbetes herdados de alimentação indígena. Dos vinhos e infusões desta procedência é um dos que persistem nos hábitos da gente amazônica pela sua composição simples e providencial: água, farinha de mandioca e açúcar, três elementos que podem ser reduzidos a dois, pois se não existe açúcar, a água, e a farinha preenchem o objetivo, que é sustentar o corpo. Assim se espanta a fome da Amazônia, tanto nas cidades como nas roças e nos tejupares, à margem dos rios, furos e igarapés". Apesar do autor ter escrito tais reminiscências no século XX, ele traz muita informação sobre a dieta dos paraenses ainda do século anterior. Da mesma forma, podemos imaginar o chibé ou xibé entre os escravos, trabalhadores e as crianças bem como na população que desejosa do alimento e sem melhores nutrientes como a carne ou peixe salgado encontrava na farinha com água o seu alimento principal e acessível. O mesmo autor relembra: "Para dizer a verdade, já tomamos em nossa infância e vimos muita cabolinnhya e mesmo meninas de família com seu copo ou cuia d'àgua, farinha e açúcar, refrescando-se nas tardes tropicais. Nos nossos tempos de criança, o hábito estava tão propagado que havia até uma etiqueta para classificar a autenticidade do tipo regional: paraense papa-chibé. Isto é, o elemento puro da terra, o que lhe seguia as pegadas das tradições". Tradições essas que já estão presente no século XIX, que compõem o consumo diário ou esporádico das mais diversas famílias. Cf. ORICO, OSVALDO. *Cozinha Amazônica: uma autobiografia do paladar*. Coleção Amazônica. Universidade Federal do Pará. 1972, p. 46.

107 *Apud:* ACAYABA, *op. cit*, p. 134.

ficavam, em cima dos fornos, as panelas rasas feitas de barro, onde era tostada a farinha. Um longo e flexível cilindro feito da casca trançada de uma marantácea pendia de uma viga do teto; dentro desse cilindro é espremida a mandioca ralada, e o suco altamente venenoso que ela escorre (…) é recolhido em vasilhas colocadas em baixo.[108]

Após secar a massa era levada para os fornos onde seria tostada, para enfim, ser consumida.[109] Destinavam-se a fabricação da farinha os sertanejos e indígenas em grande parte e, em alguns lugares, os escravos, que também conheceram esse ofício. O viajante Osculati informa que, quando esteve em Egas, Amazonas, presenciou índios preparando farinha de mandioca: "Não é menos curioso o modo pelo qual os índios de Egas preparam a farinha de mandioca".[110] Nada mais natural os índios terem tanta afinidade com a mandioca, se para alguns grupos indígenas o milho ocupava o papel importante na alimentação, no Pará os grupos indígenas faziam dela seu principal produto, de onde derivava inúmeras outros alimentos.

A tapioca era um dos derivados da mandioca mas, no entanto, era diferente da farinha. Ela tinha uma produção em menor escala. Era frequentemente era exportada, sendo produzida, em 1861, principalmente em Cametá e Bragança e uma pequena parcela nas imediações da cidade de Belém, que tinha entre os principais portos de destino a França e Portugal. Em 1861, Cametá produziu 196 alqueires de farinha de tapioca e Portel 200 alqueires.[111] Entre 1852 e 1862, a exportação da tapioca regulava entre 423 arrobas e 6 libras e ainda 19.115 27/32 alqueires.[112] No ano de 1873, encontrava-se 399 quilos de

---

108 BATES, *op. cit.*, p. 64.

109 BATES, *op. cit.*, p. 64.

110 OSCULATI, *op. cit.*, p. 162.

111 Relatório apresentado à Assembleia Legislativa da Província do Pará, feito pelo Dr. Francisco Carlos de Araujo Brusque em 1º de setembro de 1862. Pará: Impresso na Typografia de Frederico Carlos Rhossard.

112 Entre 1836 a 1852 pelos dados oficiais foram exportados 3.453 alqueires de farinha de tapioca num valor para a receita de 6.450$234. Relatório apresentado à Assembleia Legislativa da Província do Pará, feito pelo Dr. Francisco Carlos de

tapioca, que foram exportados para fora da província, bem como para fora do Brasil.[113] Hábito muito comum no século XIX em toda a Província do Pará e Amazonas veja o que nos diz Bates sobre tal iguaria:

> Há um tipo de farinha feita em Ega com a mandioca doce (...). Está é feita com mistura do amido da raiz, e, portanto gênero alimentício muito saudavel que a farinha comum que se faz no Amazonas; apenas com a polpa, depois de extraída a goma, pondo-a de molho na água. Quando não conseguimos ter pão nem biscoito, achava a tapioca molhada no café o melhor substituto nativo.[114]

Sobre a farinha de tapioca Agassiz, quando de sua estada em Vila Bela, Amazonas, descreve:

> Pela manhã, minhas amigas índias me mostraram como se preparava a mandioca. Esta planta é de inestimável valor para essa pobre gente: ela lhes dá a farinha. (...) Depois de descascados os tubérculos da mandioca são ralados num ralador grosseiro. Obtém-se assim uma espécie de pasta úmida, com que enchem tubos de palha, elásticos, feitos de fibras trançadas da palmeira jacitara (...) Quando estes tubos, tendo sempre em cada ponta uma asa, estão cheios, a índia os suspende a um ramo de árvore; enfia em seguida uma vara resistente na asa inferior, fixando uma de suas pontas num buraco feito no tronco da árvore. (...) A massa fica então fortemente comprimida e o suco que se escapa vem escorrer num vaso colocado em baixo. Este suco é no começo venenoso, mas, depois de fermentado, torna-se bastante inofensivo (...) para fazer a farinha de tapioca, mistura-se a mandioca ralada com água e comprime-se numa peneira. O liquido que se escoa é deixado; forma-se logo

---

Araujo Brusque em 1º de setembro de 1862. Pará: Impresso na Typografia de Frederico Carlos Rhossard, p. 52.

113   Relatório Presidente de Província Pedro Vicente de Azevedo. Em 15 de fevereiro de 1874. Pará. Typographia do Diario do Gram-Pará. Travessa de S. Matheus. n 29, p. 78.

114   *Apud.* ACAYABA. *op. cit.*, p. 134.

nele um depósito, semelhante ao do amido, que se deixar endurecer e de que se faz em seguida uma espécie de sopa.[115]

Já a farinha d' água permanecia mais dentro da província. Entretanto, foi possível encontrar, entre 1847 a 1851, 218 alqueires da dita farinha exportada e, entre 1860 a 1861, 17. 761 alqueires,[116] um valor maior. Ambos alimentos eram de salutar importância e bastante consumidos. Apesar da farinha d'água aparecer nas pautas exportáveis, essa não era uma realidade comum, já que ela permanecia em grande parte na cidade de Belém para consumo interno. Assim, a mandioca era um alimento constante na alimentação da capital na segunda metade do século XIX, e constava entre entre os itens de primeira necessidade. O 'trigo' amazônico estava presente no almoço como farinha d'água, no café como a farinha de tapioca, bolos, roscas etc. ou mesmo num simples xibé sendo consumido sozinho ou degustado com uma posta de peixe ou ainda uma carne seca ou verde.

Ovos, óleos e manteiga de tartaruga

A manteiga de tartaruga era um gênero tipicamente amazônico e com uma utilidade bastante significativa no século XIX. Ela era líquida e, sendo assim, muito usada para frituras, como nos informa D'Orbigny em 1832, ao fazer comentário de uma refeição com ovos de rã: "(…) encostam à margem do rio e enchem com aqueles ovos a proa do barco. Chegando ao seu destino, fritam-nos, em manteiga de tartaruga".[117] Segundo Kidder:

> A manteiga de tartaruga da Amazônia é um produto peculiar a região. Em certas épocas do ano as tartarugas aparecem aos milhares *sôbre* as margens

---

115   AGASSIZ, Louis. *Viagem ao Brasil: 1865-1866.* Por Luiz Agassiz e Elizabeth Cary Agassiz; Tradução de João Etienne Filho, apresentação de Mário Guimāres Ferri. Belo Horizonte; Ed. Itatiaia; São Paulo, Ed. da Universidade de São Paulo, 1975, p. 120.

116   Relatório apresentado à Assembleia Legislativa da Província do Pará, feito pelo Dr. Francisco Carlos de Araujo Brusque em 1º de setembro de 1862. Pará: Impresso na Typografia de Frederico Carlos Rhossard, p. 52 e 53.

117   Nos arredores de Belém em 1832. D'Orbigny, Alcides. *Viagem Pitoresca através do Brasil.* p. 80. In: ACAYABA, *op. cit.,* p. 177.

dos rios, para desovar na areia. (…) O trabalho dos quelônios começa à tarde e termina com os primeiros albores da madrugada, quando de novo se retiram para o seio das águas. A operação se repete até que cada tartaruga tenha depositado de sessenta a cento e quarenta ovos. Durante o dia os sertanejos colhem os ovos e os empilham como balas de canhão no arsenal. *Êsses* montes não raramente atingem a seis metros de diâmetro e altura correspondente. Quando ainda frescos, são lançados em enormes gamelas e outras *vazilhas* semelhantes e, depois de quebrados com um pau, são triturados com os pés. A seguir lançam água *sôbre* a massa que é então exposta ao sol. O calor faz surgir à tona a matéria oleosa dos ovos que é colhida em cuias e conchas. Depois disso o produto é novamente exposto a um calor moderado até chegar ao ponto de consumo. Depois de alvejado tem aparência de manteiga derretida. Conserva sempre o gosto de óleo de peixe, mas é muito apreciado para condimento, tanto pelos índios como pelas pessoas que a êle se habituam.[118]

Apesar da presença da dita manteiga na alimentação, seja para fritar ovos, peixes ou carnes, ao longo do período estudado ela sofre uma queda na sua produção e consumo, pelo menos na capital e, nos documentos consultados, a sua presença é diminuta. Alguns fatores podem explicar tal diminuição. O principal deles era o fato de que a parte da população daqueles que eram donos do poder de compra encontravam na manteiga importada, inglesa ou a francesa, os seus novos hábitos e via, portanto, na manteiga de tartaruga o alimento ultrapassado e que em nada contribuía para os novos padrões civilizados. Por outro lado, ela também sera menos consumida pela forma como era produzida e pelo fato de que, para se produzir esta manteiga, era preciso dizimar muitos ovos e consequentemente "futuras" tartarugas. A crítica feita pelos viajantes ia além do gosto um tanto peculiar a mortandade que as tartarugas sofriam. Kidder, viajante inglês salienta bem tal aspecto quando faz o seguinte comentário:

---

118   KIDDER, *op. cit*, p. 182.

> A manteiga de tartaruga é exposta à venda em potes de barro. Calcula-se que antigamente empregava-se *cêrca* de duzentos e cincoenta milhões de ovos de tartaruga por ano, no fabrico dessa manteiga. Atualmente o número é menor, não só pela devastação feita *sôbre* os quelônios, como também pelo desenvolvimento da civilização.[119]

Bates também salienta em 1850 esse aspecto destrutivo da fabricação da manteiga de tartaruga: "A destruição feita todos os anos dos ovos de tartaruga é enorme".[120] Creio que essa preocupação com o ambiental era uma questão apenas dos naturalistas, a população dos interiores continuava a consumir a manteiga de tartaruga porque, para eles, era complemento alimentício importante. No entanto, aos poucos, para a população da capital, a manteiga inglesa e/ou francesa vai simbolizar um novo status, enquadrá-los num novo padrão alimentício mais refinado. Inglês de Souza salientou bem esse caráter refinado da manteiga inglesa ao falar do menino pobre que vai morar na casa do Vigário em Silves e que "O pão fresco, barrado na manteiga inglesa de barril, revelara-lhe delícias gastronômicas, de que seu paladar exigente nunca mais se saciara (…)".[121]

Independente do fator que levou sua diminuição, o importante é saber que, apesar de tal queda, ela não somiu das pautas comerciais e continuou ao longo da segunda metade do século XIX a chegar à capital para o consumo, disputando lugar de venda entre as manteigas importadas. É bem verdade que seu consumo se tornou, pelo menos na capital, cada vez mais escasso. Avé-Lallemant, em 1859, ressaltou que "come-se cada vez menos essa manteiga de tartaruga, de preferência usada como óleo para iluminação, importando-se manteiga da Europa".[122] Todavia, a dita manteiga mantinha seus consumidores frequentes

---

119   KIDDER, *op. cit.*, p. 182.

120   Ele ainda nos diz que "Exportam-se pelo menos 6.000 jarras de três galões de óleo, todos os anos, do Alto Amazonas e do Madeira para o Pará, onde o mesmo é usado na iluminação, para frigir peixe e outros misteres". *Apud*: ACAYABA, *op. cit.*, p. 177.

121   SOUSA, H. O Missionário. Ed. Topbooks. Rio de Janeiro. 1998, p. 14 e 17.

122   AVÉ-LALLEMANT, *op. cit.*, p. 87.

já que o mesmo viajante nos informa que ele próprio viu serem enviados para o Pará, em um dado ano, cerca de 4.000 a 6.000 potes.[123] Inclusive havia leis do governo relacionadas às fábricas de manteiga de trataruga, como a Lei n. 48 de 15 de outubro de 1859. Essa lei incubia as Câmaras Municipais dos Municípios que tivessem praias aproveitáveis para o fabrico de manteiga de ovos de tartaruga, providenciasse condições a fim de que as mesmas pudessem produzir toda a quantidade de que fossem capaz.[124]

Vejamos algumas das cifras de manteiga de tartaruga que aportaram em Belém: em 1858 foram 32 potes fazendo uma renda de 288$000 réis.[125] Entre o segundo semestre de 1858 e o primeiro semestre de 1859, vieram apenas para consumo em Belém, nove potes de manteiga de tartaruga.[126] No ano de 1861, foram 321 potes,[127] e, em 1867 vieram de Manaus para consumo na capital 1.665 potes de manteiga de tartaruga.[128] De fato, os dois últimos números são os maiores que encontrei para quantificar os números de potes de manteiga de tartaruga que chegaram para o abastecimento da capital, o que ratifica o que venho dizendo. Ao contrário da primeira metade do século XIX, em que o consumo da manteiga de tartaruga era mais acentuado na cidade, a partir de 1850 os números de potes vão diminuindo, a população passou a consumir mais manteiga importada, seguindo novos hábitos de consumo, pois, como já dizia Corbin, o tempo histórico muda e com ele a mentalidade das pessoas. É o que ocorre com os chamados

---

123 AVÉ-LALLEMANT, *op. cit.*, p. 86.

124 Relatório Exm. Snr. Vice-Almirante e Conselheiro de Guerra. Joaquim Raymundo De Lamare. Em 6 de agosto de 1868. Pará. Typographia do Diario do Gram-Pará. Travessa de S. Matheus. 1868, p. 30.

125 Discurso da Abertura da Sessão Extraordinária da Assembleia Legislativa Provincial do Pará, pelo Presidente Dr. João da Silva Carrão. 7 de abril de 1858. Typ. Do Diário do Commercio. Impresso por J. J. de Sá.

126 Fala dirigida a Assembleia Legislativa da Província do Pará pelo Presidente de Província Manoel de Frias e Vasconcellos. 1 de outubro de 1859. Pará. Typ. Commercial de A. J. R. Guimarães. Travessa de S. Matheus, casa n. 2 AA. Mapa D.

127 Relatório apresentado à Assembleia Legislativa da Província do Pará, feito pelo Dr. Francisco Carlos de Araujo Brusque em 1º de setembro de 1862. Pará: Impresso na Typografia de Frederico Carlos Rhossard.

128 Relatório Exmo. Snr. Joaquim Raymundo De Lamare. Em 6 de agosto de 1868. Pará. Typographia do Diario do Gram-Pará. Travessa de S. Matheus. n. 29. Mapa n. 19.

"modismos", em que a sociedade só concebe tais gostos se este estiver em voga, sendo por essa a razão de termos tantas mudanças nos costumes alimentares, como no caso da manteiga de tartaruga, que perde espaço na capital em detrimento do "modismo" em voga das manteigas importadas.[129]

A manteiga de tartaruga era produzida nas regiões em volta do Amazonas como Tabatinga, São Paulo de Olivença, Loreto e outras. Era feita em especial pelos índios e pessoas autorizadas à produção e comércio da dita manteiga. Estes, aos olhos de Osculati, eram chamados de "manteigueiros de todas as aldeias". Os quais "dirigem-se aos locais com alguns índios, e vão recolhendo todos os ovos que encontram debaixo da areia".[130] De fato, existiam pessoas que se destinavam ao trabalho da fabricação da manteiga de tartaruga. No ano de 1850, a Câmara Municipal de Faro oferecia um projeto que tinha o objetivo de ser transformado em código de postura onde constava que toda pessoa que se empregava no fabrico da manteiga de ovos de tracajá ou tartaruga receberia 100 réis por pessoa.[131] Nesta primeira discussão, chamo a atenção para a importância na alimentação citadina de Belém de três produtos que comporiam o tripé da alimentação do período, o peixe, a carne e a farinha de mandioca. Ainda ressalto a existência no comércio de outro produto regional que era manteiga de tartaruga e como o seu consumo foi, aos poucos, sendo substituído pela manteiga importada. A seguir, outros produtos que faziam parte da alimentação e/ou comércio serão analisados sempre tomando como ponto de partida o fato de que tais produtos, durante o período estudado, chegavam aos portos para o abastecimento da capital.

---

129   CORBIN, Alain. *"História dos Tempos livres".* e *"Do lazer culto à classe do lazer".* In CORBIN, Alain (org) *História dos tempos livros. O advento do lazer.* Lisboa: Teorema, 2001, p. 59-90, p. 82.

130   OSCULATI, *op. cit.*, p. 146.

131   Arquivo Público do Estado do Pará. Fundo: Secretária de Presidência de Província. Série: Ofícios Câmara Municipal. Ano: 1850-1858. Caixa: 143.

II – Outros produtos do sertão e consumo local

Entre os produtos que eram produzidos no Pará têm-se alguns que, além de serem para consumo na Província, frequentemente estavam nas pautas de exportação. Como o café, arroz, açúcar, que eram responsáveis pelo comércio em interiores como Abaeté e Igarapé-Miry. Existiam ainda outros produtos, como a aguardente, que acabava, em grande medida, sendo exportada. O cacau era outro produto que tinha grande cultivo inclusive várias vezes ocupando o primeiro lugar nas pautas exportáveis ao lado da borracha. A castanha também era um produto regional que contava com um lugar importante no comércio e, por fim, o feijão, que apesar de uma produção pequena era existente.

Café

Bates, em 1848, na ilha de Carnapijó, nos arredores de Belém, faz o seguinte comentário: "O quintal, que parecia recentemente roubado à floresta, era plantado, de árvores frutíferas e de pequenos trechos com roças de café e mandioca". E ainda sobre a casa de uma família indígena nos arredores de Parintins em 1849: "(…) Cercava a casa do quintal com algodoeiros, cacau, café e árvores frutíferas".[132] De fato, apesar de tal roça ser da década de 1840, no geral, não havia na Província plantações destinadas apenas ao café, como ocorreu no Rio de Janeiro e/ou São Paulo. O café era plantado em roças onde outras culturas também eram cultivadas. Existiam alguns interiores como Vigia, Portel e Bragança que eram produtores em maior escala e outros lugares ainda em que a produção era pequena, muitas vezes servindo apenas para consumo local. Destes, a de Vigia destacava-se com o café de excelente qualidade e era muito consumido na capital por tal predicado.[133]

O café foi introduzido no Brasil pelo Pará, por Francisco de Mello Palheta, por volta de 1727. Palheta, após voltar de uma viagem para Caiena, trouxe consigo mudas de plantas de café juntamente com outras frutas. Além dele, um dos pioneiros no cultivo do café foi o rico

---

132   BATES, *op. cit.*, p. 205 a 329.

133   Dados fornecidos pelo Relatório Exmo. Snr. Vice-Almirante e Conselheiro de Guerra. Joaquim Raymundo de Lamare. Em 15 de agosto de 1867. Pará. Typographia de Frederico Rhossard. Travessa de S. Matheus. casa n. 29. 1867, p. 62.

senhor Agostinho Domingos de Sequeira, em suas terras do rio Guamá, que introduziu o cultivo do dito produto. Em 1750, o Pará exportou para Portugal um valor de 4.835 arrobas.[134]

Em 1861, dentre os municípios que tinham o cultivo do café,[135] sendo que parte dele seguia o destino da exportação para a capital, destacavam-se Bragança, com 818 arrobas; Portel, com 800 arrobas; e Itaituba, com 410 arrobas. Os outros ficavam com arrobas inferiores às três primeiras, como eram o caso de Monsarás, com 202 ½ arrobas; Vigia e Vizeu, com 210 arrobas; Curuça, Melgaço e Faro, com 100 arrobas; e Oeiras que tinha apenas 30 arrobas. Portanto, para 1861, vieram 2.980 ½ arrobas de café dos interiores citados. O café, apesar de continuar sendo cultura de alguns interiores, sua quantidade, a partir da década de 1860, foi significativamente inferior ao que foi produzido anteriormente. Araújo Brusque, então Presidente de Província, em seu relatório de 1º de setembro de 1862, esclareceu que: "Tendo constituído *outr'ora* artigo de exportação, é cultivado em muito pequena escala (...) *actualmente* não produz o necessário para *seo* consumo, e importa *annualmente* mais de 20.000 arrobas do Ceará, e da Bahia (...)".[136]

E já em fins do século XIX, a quantidade produzida não bastava havendo importação de outras províncias para o consumo da capital. Ainda que existisse. No ano de 1877 o senhor

---

134　BARATA, Manoel. *Formação Histórica do Pará. Obras Reunidas*. Coleção Amazônica – Série José Veríssimo. Universidade Federal do Pará. 1973, p. 309.

135　Sempre aparecem exportações de café dos interiores com a cidade de Belém, encontramos os seguintes dados de interiores/produção que ficavam na capital para o ano de 2ª semestre de 1858 e primeiro semestre de 1859 um total de 293 arrobas de café vindos dos portos de Manaus e portos intermediários como Serpa, Prainha. Manaus com 66 arrobas; Serpa com 76 arrobas; Vila Bela com 10 arrobas; Óbidos 35 arrobas; Santarém 74 arrobas; Prainha 25 arrobas; Gurupá 12 arrobas. Fonte: Tabela adaptada da Fala dirigida a Assembleia Legislativa da Província do Pará pelo Presidente de Província Manoel de Frias e Vasconcellos. 1 de outubro de 1859. Pará. Typ. Commercial de A. J. R. Guimarães. Travessa de S. Matheus, casa n. 2 AA. Mapa D. Já em 1861 a província do Amazonas enviaram 417 arrobas e ainda Óbidos e Breves, somando um total de 610 arrobas. Relatório apresentado à Assembleia Legislativa da Província do Pará, feito pelo Dr. Francisco Carlos de Araujo Brusque em 1º de setembro de 1862. Pará: Impresso na Typografia de Frederico Carlos Rhossard.

136　Relatório Exm. Snr Presidente da Província Dr. Francisco de Araújo Brusque. Em 1º de setembro de 1862. Pará. Typographia de Frederico Carlos Rhossard. Travessa de S. Matheus. n. 22, p. 54.

Manoel Joaquim Ribeiro de Andrade em inventário era possuidor *"huma* sorte de terras com plantação de café" no rio Moju.[137] O problema é que não eram grandes plantações e muitas vezes estavam destinadas apenas ao consumo interno das fazendas. Por exemplo, dos 6 engenhos de pilar café existentes em 1862 no município da Capital, não eram engenhos propriamente ditos e sim moinhos de mão espalhados em diversas casas da capital.[138]

Daí porque os valores do café não são tão expressivos. Entretanto, é possível encontrar regiões produtoras de café nas pautas comerciais, mas em pequeno número: por exemplo, no período entre 1847 a 1867 apenas 629 arrobas e 73 libras de café foram exportados.[139] Mas, mesmo assim, o café continuava sendo produzido e exportado. No ano de 1867, o café também fez parte dos produtos importados com destino à capital – temos um valor de 22.307$000 réis de café, vindo dos portos de Breves, Gurupá, Porto de Moz, Prainha, Monte Alegre, Santarém e Óbidos e ainda da Província do Amazonas como Vila-Bela, Serpa e Manaus.[140] O café permaneceu presente nas pautas comerciais só que numa quantidade bem diminuta. Isso explicaria as razões pelas quais o café era um dos produtos mais importados das outras províncias, em especial do Rio de Janeiro e Minas Gerais.

Arroz com casca, arroz pilado

O arroz compunha a lista dos gêneros de primeira necessidade ao lado dos peixes, da farinha e da carne. Em sua viagem ao Pará, Kidder havia encontrado na capital máquinas norte-americanas de fabricação do arroz, localizadas no Maguarí onde "fora instalada por

---

137 Arquivo Público do Estado do Pará. Fundo: Juízo de Direito da 1ª Vara Cível. Série: Autos Cíveis de Inventário e Partilhas. 18 de dezembro de 1877. Caixa:01.

138 Relatório apresentado à Assembleia Legislativa da Província do Pará, feito pelo Dr. Francisco Carlos de Araujo Brusque em 1º de setembro de 1862. Pará: Impresso na Typografia de Frederico Carlos Rhossard, p. 58.

139 Relatório Exmo. Sr. Vice-Almirante e Conselheiro de Guerra. Joaquim Raymundo De Lamare. Presidente de Província. Em 15 de agosto de 1867. Pará. Typographia de Frederico Rhossard. Trvaessa de S. Matheus, casa n. 29. 1867, s/ número de página.

140 Relatório Exm. Snr Vice-Almirante e Conselheiro de Guerra Joaquim Raymundo De Lamare. Em 6 de agosto de 1868. Pará. Typographia do Diario do Gram-Pará. Travessa de S. Matheus n. 29. Quadro n. 18.

norte-americanos a primeira máquina para beneficiar arroz".[141] Em 1862, apesar de ter decrescido a quantidade de arroz que chegava à cidade, os interiores tinham uma lavoura que ainda conseguia alimentar o mercado regional e fornecer certa quantidade para a exportação. Existiam dois tipos de arroz: o com casca, geralmente todo exportado em especial para Portugal; e o arroz pilado que já era limpo e beneficiado nos engenhos que existiam na Província e de tempos em tempos era exportado para as províncias do sul, mas no geral ficavam para consumo interno.

Ele era cultivado nas imediações da cidade bem como em maior e melhor quantidade no rio Acará.[142] Para o ano de 1861, os interiores que enviavam arroz para a capital era Muaná que liderava as exportações com um total de 1.500 alqueires, seguida por Melgaço com 1.000 arrobas, Bragança, com 450 arrobas, Oeiras com 400 arrobas, Portel com 300 alqueires, Cametá 30 arrobas e Monsarás com 25 alqueires, no entanto neste município existiam estabelecimentos de socar e pilar arroz que, por serem poucos, produziram 100 alqueires de arroz.[143]

Para Batista, a quantidade exportada[144] indica um aumento da produção. Entre 1847 a 1852, foram exportadas 18.939 arrobas, já entre 1852 a 1857 temos um valor de 193.259 arrobas. No entanto, entre 1857 a 1862, ocorreu uma diminuição com uma quantia de 158.663 arrobas.[145] Já Barata informa que, em 1862, esse produto ainda era significativo para o abastecimento da região, bem como para exportação, quando diz que, de 1852 a

---

141 KIDDER, *op. cit.*, p. 177.

142 Relatório apresentado à Assembleia Legislativa da Província do Pará, feito pelo Dr. Francisco Carlos de Araujo Brusque em 1º de setembro de 1862. Pará: Impresso na Typografia de Frederico Carlos Rhossard, p. 38.

143 Relatório apresentado à Assembleia Legislativa da Província do Pará, feito pelo Dr. Francisco Carlos de Araujo Brusque em 1º de setembro de 1862. Pará: Impresso na Typografia de Frederico Carlos Rhossard.

144 Acho conveniente chamar atenção para o emprego da palavra exportação. Batista nos diz que "o termo 'exportação', no século XIX, podia fazer referência tanto a vendas feitas para países estrangeiros, quanto para outras províncias do Império". Eu ainda neste tópico utilizo a palavra exportação para a relação entre as vilas e/ou municípios e a capital. BATISTA, *op. cit.*, p. 67.

145 BATISTA, *op. cit.*, p. 67.

1862 foram exportados 328.448 arrobas e 28 libras do arroz pilado, no valor de 498.675$632 e do arroz em casca,881.103 alqueires com valor de 533.832$975.[146] Somente o município da capital neste ano teve uma produção de 111.500 alqueires de arroz.[147] O arroz assim permaneceu fazendo parte da alimentação diária, não apenas como produto exportador, mas também como produto responsável por abastecer o mercado. Para alguns presidentes de província, o desenvolvimento deste produto não era insignificante.

Em 1883, na Mercearia Fafeense, em Belém, além de produtos importados encontrava-se arroz da terra.[148] A capital também tinha uma produção de arroz. Em 1871, ela aparece também como produtora de cana-de açúcar e arroz.[149] Sobre a presença de produtores de arroz na província, a fala do Dr. Pedro Vicente de Azevedo é notável quando, por exemplo, em 1874, nos diz que "o arroz é também cultivado".[150]

Dos gêneros exportados entre 1870-1871, o arroz estava entre eles, onde o pilado contava 466 quilos e o de casca 228.427 quilos.[151] Apesar de Barata afirmar que a indústria no Pará teve uma decadência que abrangia o dito produto, o qual se encontrava totalmente abandonado, através dos números mencionados vemos que havia o cultivo do arroz na região, pois no ano no primeiro trimestre de 1867 a exportação do arroz ficou em 4.849 arrobas e 20 libras, sem contarmos o que ficava na província e aquele que abastecia os

---

146   BARATA, *op. cit.*, p. 301, 307 e 318.

147   Relatório apresentado à Assembleia Legislativa da Província do Pará, feito pelo Dr. Francisco Carlos de Araujo Brusque em 1º de setembro de 1862. Pará: Impresso na Typografia de Frederico Carlos Rhossard, p. 57.

148   Biblioteca Pública Arthur Vianna. Setor Microfilmagem. Jornal Diário de Notícias. 5 a 25 de julho de 1883. Domingo, 22 de julho de 1883. n. 165, p. 3.

149   Relatório Presidente de Província Dr. Abel Graça. Em 15 de agosto de 1871. Typ. do Diário Gram-Pará. Travessa de S. Matheus. Casa n. 29. 1871, p. 45.

150   Relatório. Exmo. Snr. Dr. Pedro Vicente de Azevedo. Em 15 de fevereiro de 1874. Pará. Typographia do Diário do Gram-Pará. Travessa de S. Matheus. n. 29. 1874, p. 61.

151   Relatório Presidente de Província Dr. Abel Graça. Em 15 de fevereiro de 1872. Typ. do Diário Gram-Pará. Travessa de S. Matheus. Casa n. 29. 187, p. 30.

municípios vizinhos.[152] Em outro relatório de 1875, também encontramos centros produtores do arroz ainda que sua cultura fosse pequena, ela era existente e era de fácil produtividade. Nesse período temos os seguintes municípios como cultivadores do produto: "da Capital, Vizeu, Iagarapé-Mery, Cametá, Oeiras, Portel e Muaná".[153] Entre 1897 e 1899, vieram para a capital dos interiores 2.030 quilos de arroz.[154] Os anúncios sobre venda de arroz nas mercearias e afins em Belém ratificam que, em fins do século XIX, ele estava sempre presente nas refeições. Em 1892, no *Diário de Notícias* temos o seguinte anúncio:

> Arroz Nacional Paraense
> Vende-a Mercearia Baptista Kilo 300 réis.
> Largo de Palacio[155]

Apenas na cidade de Belém, em 1867, contavam-se com dois engenhos de pilar arroz.[156] Já em 1870 foi possível encontrar nas estatísticas sobre impostos dois donos de fabrica de descascar e ensacar e ainda um mercador de arroz.[157] Nas informações sobre o Pará era comum cozinhar o arroz como acompanhante da galinha e, para alguns, este era um prato muito refinado, que só poderia ser degustado duas ou três vezes por semana.[158]

---

152   Relatório Dr. Pedro Leão Vellozo. Em 9 de abril de 1867. Para'. Typographia de Frederico Rhossard. Travessa de S. Matheus, casa n. 29. 1867, p. 23.

153   Relatório Dr. Pedro Vicente de Azevedo. Em 17 de janeiro de 1875. Pará. Travessa de S. Matheus. n. 29. 1875, p. 62.

154   VILHENA, *op. cit.*, p. 22.

155   Biblioteca Pública Arthur Vianna. Setor Microfilmagem. Jornal Diário de Noticias. Estado do Pará, sexta-feira 1 de julho de 1892. Num. 142, p. 1.

156   Relatório Exmo. Snr. Vice-Almirante e Conselheiro de Guerra. Joaquim Raymundo de Lamare. Em 15 de agosto de 1867. Pará. Typographia de Frederico Rhossard. Travessa de S. Matheus. casa n. 29. 1867, p. 62.

157   Relatório Dr. Abel Graça. Pará. Typ. do Diário do Gram-Pará. Travessa de S. Matheus. Casa n. 29. 1871, p. 32.

158   Minas Gerais, Rio de Janeiro, São Paulo eram lugares onde o arroz era constante e diário: Thomas Davatz nos arredores de Limeira em 1855 descreve sobre a situação dos colonos doentes da fazenda Ibicaba "(…) e é forçado a limitar sua dieta a um mingau de arroz (…)." Ou ainda Charles Riblyrolles entre 1858-1860 nos arredores de Vassouras no Rio de Janeiro faz o seguinte comentário: "(…) no Quilombo, pequeno hotel da estrada de Vassouras, onde há feijão,

Mas, em número de importância, podemos dizer que o arroz que chegava uma vultosa soma permanecia para consumo local, sendo que, em 1863 chegaram para consumo 59.244 alqueires de arroz com casca e 2.262 alqueires *do dito* pilado.[159] Ou seja, apenas para 1867, a população contava com mais de 50.000 alqueires de arroz com casca e uma porção menor do pilado, o que nos leva a pensar que não era todo o arroz com casca que era exportado, até porque existiam na urbe engenhos de beneficiamento do produto.

O arroz nos anúncios dos jornais e também nas pautas comerciais geralmente aparecia com casca ou pilado. Havia todo um processo de descascamento. O qual foi descrito por Wallace quando esteve nos moinhos de arroz do Maguari do senhor Upton, americano que tinha dois moinhos de limpar arroz um movido a vapor e outro à água. Segundo ele,

> O grão passa inicialmente por entre duas mós, não do tipo chanfrado que se usa para fabricar farinha, mas chatas, pois servem apenas para extrair a casca superficial por atrito. Daí o grão é levado por entre duas tábuas de idêntico formato e tamanho até as pedras. Essas têm em toda sua extensão diversos fios de arame (…) tão juntos que o arroz mal pode passar entre eles. As duas superfícies são extremamente próximas uma da outra, de modo que o grão é obrigado a passar pelos espaços entre os arames, perdendo assim o restante da casca e ficando polido. Entretanto muitos grãos se quebram durante essa operação, de modo que o passo seguinte é o peneiramento através de crivos de diferentes calibres, que separam o pó e os grãos quebrados. Pois o arroz é

milho arroz (…) o serviço foi excelente (…)". Já Saint-Hilaire em 1819 nos arredores do Rio Grande em Minas Gerais observa sobre os fazendeiros criadores de gado: "pois, ali até mesmo as pessoas abastadas só usam na sua mesa feijão, carne de porco, arroz, leite, queijo e canjica". ACAYABA. *op. cit.*, CD-ROM.

159 Foram fornecedores do arroz com casca: Guamá com 3.199 alqueires; Bujarú com 5.221 alq.; Acará com 28.605 alq.; Inhangapy com 3.161 alq.; Capim com 2.700 alq.; Mojú com 2.371 alq.; Abaeté com 11.544 alq.; Igarapé-Mirim com 1.415 alq. E Muaná com 1.028 alq. E do arroz pilado: Acará com 785 alq. E Capim com 1.477 alq. Relatório de Negócios da Província. Presidente Couto de Magalhães. Em 15 de agosto de 1864. Impresso na Typ. de Frederico Rhossard. Pará. 1864.

soprado para que saia o pó restante, passando depois por entre escovas de lã que completam a operação-limpeza, tornando-o comercializado.[160]

Na fazenda São José, do senhor Calisto, no rio Capim tinha um "conjunto de moinhos e silos de arroz".[161] E contava para o trabalho de "cultivo de cana e arroz" com 50 escravos e índios. O arroz era um produto que sempre estava nas pautas de aquisição de diversas instituições o que nos mostra como ele era alimento constante. Em 30 de janeiro de 1851, nos alimentos que figuravam necessários à mesa do estabelecimento dos educandos da Província, o arroz figurava entre os requisitados; o Sr. Antonio Rodrigues de Castro Maria conseguiu ter seus gêneros arrematados e, entre eles, estava "arroz a mil trezentos cinquenta reis a arroba".[162]

Em 1858, o conselho administrativo do Arsenal de Guerra anunciou no jornal *Gazeta Official* que na lista dos produtos que desejavam arrematar para o dispêndio do dito arsenal constava para o fornecimento mensal "3 arrobas de arroz pilado"[163] Ora, para o consumo mensal do Arsenal de apenas três arrobas é possível pensar que o cereal era um complemento e que, em face dos produtos já citados, como o pirarucu, a farinha e a carne seca, ele tinha um gasto menor. O mesmo Arsenal necessitava de 25 arrobas de carne verde e 10 alqueires de farinha, valores bem maiores que o do arroz. Assim, o arroz fazia parte da alimentação como complemento que não era consumido em grande quantidade como a farinha e, na falta dele, podia-se passar com outros substitutos.

---

160   WALLACE, *op. cit.*, p. 32.

161   WALLACE, *op. cit.*, p. 82.

162   Ao lado do arroz contavam açúcar, café, azeite de luz, farinha d'água, vinagre de Lisboa, pirarucu, toucinho, alhos e molhos. Arquivo Público do Estado do Pará. Fundo: Secretária da Presidência da Província. Série: Ofícios do Estabelecimento dos educandos do Pará). 1850-1853. Caixa 40. Doc 56.

163   Grêmio Literário & Recreativo Português. Biblioteca Fran-Paxeco. Jornal Gazeta Official. Anno I, Pará, terça-feira 18 de maio de 1858, p. 3.

Açúcares e aguardentes

O açúcar era um produto que estava presente nas pautas comerciais do Pará e que, apesar da Província em determinados momentos necessitar importar de outras províncias, seu cultivo não era inexistente. O gráfico abaixo salientará as quantidades do açúcar produzido e exportado:

GRÁFICO 2: PRODUÇÃO E EXPORTAÇÃO DO AÇÚCAR
PELOS DIVERSOS INTERIORES (1847-1867)

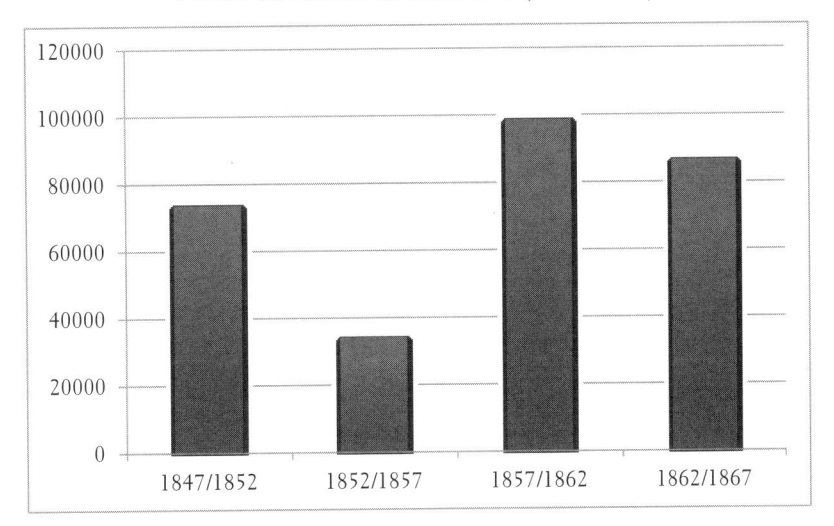

Fonte: Relatório Exm. Snr. Vice-Presidente de Guerra Joaquim Raymundo De Lamare Presidente da Província. Em 15 de agosto de 1867. Pará. Typographia de Frederico Rhossard. Travessa de S. Matheus n. 29. 1867. p. 12.

Pelo gráfico acima entre os anos de 1847 e 1867[164] vieram para a capital 294.020 arrobas de açúcar: entre 1847 e 52 foram 73.974 arrobas; 1852 e 57 foram 34.157; 1857

---

164   Em 1873, ou melhor, no semestre que vai de junho a dezembro do mesmo ano, nas pautas comerciais o açúcar ocupava o quadro dos produtos mais exportados pela província com um valor de 17.729 quilos e em réis de 2.953$553. Relatório. Exmo. Snr. Dr. Pedro Vicente de Azevedo. Em 15 de fevereiro de 1884. Pará. Typographia do Diario do Gram-Pará. Travessa de S. Matheus. n. 29. 1874,. p. 77. Para os gêneros exportados entre 1870 a 1871 o açúcar encontra-se com os

e 62 foram 98.813 e 1862/67 87.076 arrobas. Ora, além do açúcar, era produzido da cultura da cana-de-açúcar, a aguardente, em especial nos municípios de Igarapé-Mirim e Abaetetuba.[165] Ambos fornecedores de aguardente para exportação, inclusive para a capital. No ano de 1861, existiam 46 engenhos assim distribuídos: Vigia, 4 de fabricação de aguardente e 1 de açúcar; Cintra 3 de aguardente; Cametá 6 de aguardente; Bragança 3 de açúcar; Muaná 20 de fabricar cachaça; Macapá 8 de açúcar e Santarém com 1 de fabricação de açúcar e aguardente.[166] A tabela de 1881, ressalta bem a quantidade de municípios que produziam aguardente e açúcar no referido ano:

TABELA III: NÚMEROS DE ENGENHOS DE FABRICAR AGUARDENTE E AÇÚCAR EM 1881

LOCALIDADE	ENGENHOS DE FABRICAR AGUARDENTE & AÇÚCAR
Capital	36
Vigia	6
Igarapé-Miry	116
Cametá	1
Cachoeira	25
Marajó	7
Macapá	1
Breves	5
Santarém	12
TOTAL	209

Fonte: Relatório Exm. Snr. José Colho da Gama e Abreu. Em 15 de fevereiro de 1881. Pará. Typ. do Diário de Noticias de Costa & Campbell. 1881. p. 130.

---

seguintes números: Açúcar Branco 1.047 quilos e o Mascavado com 37.696 quilos. Relatório Presidente de Província Dr. Abel Graça. 15 de fevereiro de 1872. Pará. Typ. Diário do Gram-Pará. Travessa de S. Matheus n. 2. 1872, p. 30.

165 Relatório Dr. Abel Graça. Pará. Typ. do Diário do Gram-Pará. Travessa de S. Matheus. Casa n. 29. 1871, p. 32.

166 Relatório apresentado à Assembleia Legislativa da Província do Pará, feito pelo Dr. Francisco Carlos de Araujo Brusque em 1º de setembro de 1862. Pará: Impresso na Typographia de Frederico Carlos Rhossard, p. 59.

A presença de 209 engenhos espalhados pelo Pará mostra que o açúcar, diferentemente do café ou arroz, tinha uma cultura em desenvolvimento, até porque grande parte dela tinha como destino a produção da aguardente, como é o caso de Igarapé-Miry com cultivo *"n'elle* em grande escala [o] a *canna de assucar"* donde "fabrica-se grande quantidade de aguardente que se exporta para a capital e para as ilhas". E, além disso, uma parte do açúcar produzido em parte era exportada para outros lugares.[167] Santarém que, em 1881, contava com 12 engenhos, em 1861, só tinha 1 engenho de aguardente e açúcar, cuja produção foi de 600 frasqueiras de aguardente e 400 arrobas de açúcar[168] o que, de imediato, nos leva a crer que os seus 12 engenhos de 1881 produziam muito mais.[169] Em 1870, existiam na capital duas fábricas de refinação braçal de açúcar e três mercadores por grosso do dito produto.[170] Assim como os demais produtos nos documentos arrolados não foi possível visualizar a quantidade exata de açúcar que ficava na capital. Mas isto foi possível apenas para o ano de 1863, quando veio para o consumo da capital dos interiores 26.641 arrobas de diversos açúcares. Ou seja, se tomarmos este valor como ponto de referência podemos dizer que, apesar desta ser uma cultura exportável, uma parte considerável do açúcar produzido nos arredores de Belém permanecia para consumo na cidade.[171]

---

167   Relatório apresentado ao Exm. Snr. Dr. Francisco Maria Corrêa de Sá e Benevides pelo Exm. Snr Dr. Pedro Vicente de Azevedo por ocasião de passar-lhe a administração. Em 15 de janeiro de 1875. Pará. Travessa de S. Matheus n. 29. 1975, p. 79.

168   Relatório apresentado. Á Assembleia Legislativa da Província do Pará. Feita pelo Dr. Francisco Carlos de Araujo Brusque. Em 1º de setembro de 1862. Pará: Impresso na Typografia de Frederico Carlos Rhossard.

169   O município de Cintra que não aparece em 1881 vinte anos antes aparece como a existência de engenhos já que vieram, para a capital, uma quantia de 20 frasqueiras de aguardente. Bragança de igual situação produziu e exportou no mesmo ano 92 frasqueiras e ainda Muaná com seus significativos 1.296 frasqueiras com valor de 4.147$000 réis. Bem como Oeiras com 100 frasqueiras somando 500$000 réis. Relatório apresentado à Assembleia Legislativa da Província do Pará, feito pelo Dr. Francisco Carlos de Araujo Brusque em 1º de setembro de 1862. Pará: Impresso na Typografia de Frederico Carlos Rhossard, p. 62.

170   Relatório Dr. Abel Graça. Pará. Typ. do Diário do Gram-Pará. Travessa de S. Matheus. Casa n. 29. 1871, p. 32.

171   Foram responsáveis por esse abastecimento: Guamá com 7.218 arrobas; Acará com 3.412 arrobas; Capim com 433 arrobas; Mojú com 1.967 arrobas; Vigia com 4.876 arrobas e Barcarena com 8.735 arrobas. Relatório de Negócios

A região do Baixo Tocantins, como Igarapé-Miri, Mojú e Abaeté, tiveram destaque na plantação de cana e na existência de engenhos.[172] A cachaça foi um produto deveras importante para o crescimento da lavoura de cana nessas regiões e pode-se afirmar que, desta forma, houve um predomínio da fabricação de aguardente. A principal atividade de lavoura, por isso mesmo bastante presente em várias regiões da província do Pará, em especial, nas de Belém, do Baixo Tocantins e arredores, fora justamente o trabalho nos engenhos e engenhocas. Essas atividades ligadas aos engenhos foram comuns para a região de Abaeté uma vez que, desde fins do século XVIII, surgiram inúmeros engenhos destinados à fabricação do açúcar e, em especial, de aguardente, ou melhor, de cachaça. Essa importância foi tão salutar que foi criado no século XX um monumento em homenagem ao plantador de cana, que ficava no cais da cidade. Assim, através da cultura material encontrada nesses engenhos, tanto de Abaeté como de Igarapé-Miri, bem como de Belém, podemos traçar um provável perfil de como estava construído o trabalho no interior destes ambientes.

Em Abaeté, por exemplo,

> durante todo o século XIX, a presença de engenhos, assim como de sítios, foi deveras importante na sua vida econômica, acontecimento este que não é de todo surpreendente, pois, desde meados de sua colonização, a Freguesia de Abaeté foi local de considerável lavoura. A existência de outras plantações em quantidade significativa mostra-nos que houve também uma preocupação dos senhores voltada a outros cultivos como mandioca, laranjeiras, coqueiros e outros. Todavia, foi através das lavouras de cana que houve a consolidação dos engenhos e com eles os sítios como o de Antônio José da Silva,

---

da Província. Presidente Couto de Magalhães. Em 15 de agosto de 1864. Impresso na Typ. de Frederico Rhossard. Pará. 1864.

172 Sobre os engenhos no Pará ver CRUZ, *op. cit.*; BEZERRA NETO, José Maia. *A vida não é só trabalho*: Fugas escravas na província do Pará (1860-1888). *Cadernos do CFCH*. Belém, CFCH/UFPa, vol12, n. ½, 1993, p. 141-154. E sobre a importância dos engenhos de açúcar, no período colonial ver: KELLY-NORMAND, Arlene. Africanos na Amazônia, cem anos antes da abolição. *Cadernos do CFCH*. Belém, CFCH/UFPa, 1987.

denominado São José, e outros como o Engenho São Francisco do senhor Antônio Francisco Corrêa Caripunas ou o Engenho São José, no rio Capim, de propriedade de Calixto Wallace.[173]

Este senhor Calixto, era o mesmo que tinha os moinhos de arroz e contava com um engenho considerável onde "produzia açúcar e cachaça, especialmente esta, que alcança melhores preços".[174] Na região de Cametá, Wallace encontrou o sr. Gomes, homem que era proprietário de um engenho de produzir açúcar e aguardente.[175] Já o sr. José Antonio Brandão, que era dono de propriedade na Barra do Rio Negro, tinha um engenho de cana.[176]

Em 1850, no inventário do sr. Francisco de Carvalho de Oliveira Pantoja constava que ele era dono de um engenho de moer cana movido por animais no rio Igarapé Miry. O mesmo ainda contava com tachos grandes e pequenos, um alambique de cobre, uma pipa, utensílios próprios da fabricação de aguardente.[177] A família Chermont, que tinham negócios com o abastecimento de gado, também tinha o Engenho Santa Anna localizado na foz do rio Arary, no Distrito de Cachoeira, com "(…) engenho de moer cana a vapor (…) casa de destilação, dois alambiques montados (…) quatorze depósito para garapa (…) casa para o fabrico do açúcar (…)".[178] Todos os utensílios citados eram utilizados tanto no fabrico do

173 MACÊDO, Sidiana da Consolação Ferreira de. *Sítios e Engenhos em Abaeté: Um estudo de Cultura Material (1840-1870)*. Monografia apresentada ao Colegiado de Graduação do Curso de História da Universidade Federal do Pará. Belém. Pará. 2006, p. 15.

174 WALLACE, *op. cit.*, p. 82.

175 WALLACE, *op. cit.*, p. 48.

176 WALLACE, *op. cit.*, p. 117.

177 Arquivo público do Estado do Pará. Fundo: Autos de Inventário e Partilhas. Série: Juízo de Orfãos da Capital. Caixa/Ano: 1848-50, n. 03.

178 Arquivo Público do Estado do Pará. Fundo: Juízo Municipal da Capital. Série: Autos de Testamentos. Caixa: 1868-1870. Doc. 1.

açúcar quanto da aguardente o que demonstra que a família Chermont tinha negócios rentáveis em vários ramos da produção de alimentos.

O trabalho nos sítios e fazendas de cana era realizado em grande parte por escravos e, depois, pelos índios que faziam desde a plantação, colheita e fabricação de açúcar e/ou aguardente. Por exemplo, um dos proprietários de engenho em Abaeté era "o sr. Antonio José da Silva Brabo que contava com 23 escravos que faziam os mais diversos ofícios da carpintaria à fabricação da cachaça".[179] No sítio e engenho São José, "o sr. Antonio José tinha (...) 23 escravos (...) aptos ao trabalho, que, no caso deste senhor, dividia-se entre o engenho, as diversas lavouras, os trabalhos domésticos".[180] O sr. Francisco de Carvalho de Oliveira Pantoja, dono do engenho em Igarapé Miry, tinha 8 escravos.[181] Já d. Inez Lacerda Chermont contava com 138 escravos que trabalhavam entre as fazendas de gado e também engenhos, bem como outras atividades que pudessem ocupar.[182] Assim cultivando, plantando e fabricando açúcar e cachaça os interiores foram se consolidando neste tipo de cultura e reafirmando seus lugares na economia regional.

Cacau

Outro produto importante era o cacau, que sempre chegava a quantidades expressivas nas embarcações que entravam em Belém.[183] Ele já era extrativo desde o século XVII onde era colhido na floresta, denominado de "bravo". A partir de 1678, sua cultura foi autorizada por carta régia.[184] Durante todo o século XVIII, este produto também foi destaque

---

179   MACÊDO, *op. cit.*, p. 31.

180   MACÊDO, *op. cit.*, p. 31.

181   Arquivo público do Estado do Pará. Fundo: Autos de Inventário e Partilhas. Série: Juízo de Orfãos da Capital. Caixa/Ano: 1848-50, n. 03.

182   Arquivo Público do Estado do Pará. Fundo: Juízo Municipal da Capital. Série: Autos de Testamentos. Caixa: 1868-1870. Doc. 1.

183   Sobre o cacau ver o trabalho de ALDEN, Dauril. *O significado da produção de cacau na região Amazônica no fim do período colonial; um ensaio de História Econômica comparada.* Belém: UFPA/NAEA;1974.

184   BARATA, Manoel. *Op. cit.*, p. 308.

na exportação com destino a Portugal. Do período de 1773 a 1786 foram exportados um total de 827.833 arrobas e 15 libras.[185] Entre 1794 e 1802, os números foram de 764.826 arrobas e 30 libras e o ano de 1808 teve 16.465 arrobas. Por fim, no período de 1810 a 1818 calculamos uma soma de 968.164 arrobas e ½ libra.[186]

Essa cultura do cacau chegou ao século XIX com força, nos interiores da capital da província e também do Amazonas originando boas fazendas de cultura do mesmo. Em 1861, entraram na capital 226.248 arrobas de cacau, de onde parte acabava ficando em Belém, sendo que portos da Província do Amazonas e do Pará exportaram para esta cidade nos vapores da Companhia de Navegação e Comércio do Amazonas um total de 229.138$000 réis em cacau.[187]

Das 82.128 arrobas, de cacau, vindos de Óbidos cerca de 18.000 e uma fração[188] ficou na capital; das 40.000 arrobas exportadas de Santarém ficaram em Belém 18.044 arrobas; já de Prainha foram 40 arrobas; das 3.000 arrobas de Gurupá foi um total de 455 arrobas que ficaram na capital; em Breves foram 153 arrobas. De Cametá, das 66.620 arrobas, 55.211 ficaram na capital.[189] Existem ainda os interiores que apesar de aparecerem como exportando esse produto não há indícios nem valores que especifiquem se parte de sua produção ficava na província, ao que parece foram exportados para outros destinos. Entre eles estavam Alenquer com 16.000 arrobas, Muaná com 6.000 arrobas, Baião e Monte

185 A exceção dos anos de 1782 e 1783 que não encontramos dados para exportação do cacau. Supomos que nestes anos não houve. Em 1787, 1788, 1789 e 1805 também não houve exportação. *Ibidem*: nota 186, p. 304-305.

186 BARATA, *op. cit.*, p. 305,306 e 307.

187 Relatório apresentado à Assembleia Legislativa da Província do Pará. Feita pelo Dr. Francisco Carlos de Araujo Brusque. Em 1º de setembro de 1862. Pará: Impresso na Typografia de Frederico Carlos Rhossard.

188 Não foi colocado o número na integra, pois encontra-se ilegível. É possível apenas visualizar que era 18 mil.

189 Os outros municípios citados na tabela não aparecem no quadro como fornecedores desse gênero para a capital. Estamos confrontando os valores a partir de um quadro do relatório do presidente de província que descreve os produtos importados pela capital no ano de 1861 dos Portos da Província do Amazonas e do Pará pelos vapores da Companhia de Navegação e Comércio do Amazonas. Relatório apresentado à Assembleia Legislativa da Província do Pará. Feita pelo Dr. Francisco Carlos de Araujo Brusque. Em 1º de setembro de 1862. Pará: Impresso na Typografia de Frederico Carlos Rhossard, p. 68.

Alegre com 4.000 arrobas, Faro com 2.000 arrobas, Melgaço com 500 arrobas, Itaituba com 600 arrobas, Oeiras com 450 arrobas, Macapá e Mazagão com 400 arrobas.[190]

Além de Óbidos, Santarém e Cametá lideram a lista dos maiores números de arrobas de cacau exportado e como mostramos parte da produção ficava na capital, só de Cametá foram 55.211 restando apenas 11.409 que teve outro destino: de Santarém ficou em Belém um número menor, apenas 18.044 arrobas e de Óbidos foi um total de 18 mil e fração para uma soma de 82.128 arrobas. Não é surpresa tais municípios liderarem a lista dos maiores fornecedores e, consequentemente, produtores de cacau. O dr. Abel Graça, no ano de 1871, foi apontado como um dos principais cultivadores de cacau em Cametá, Igarapé-Mirim, Muaná, Santarém, Alenquer e Óbidos.[191] Com essas cifras, podemos nos indagar: qual a destinação de todo esse cacau? Uma parte provavelmente seguia para as tabernas, mercearias e mesmo feiras para ser vendido e outra seguia para beneficiamento, fosse de chocolates, fosse para elaboração de licores; ainda que somente em 1867, a indústria da província contava com uma fábrica de chocolate e uma destinada a fabricação de licor.[192]

No geral, o cacau era um produto que em grande parte era exportado e o que ficava na capital era empregada na fabrica de chocolate existente. O Dr. Couto Magalhães nos informa que no ano de 1863[193] chegaram à capital 239.717 arrobas do produto das seguintes localidades: Cametá, 110.714 arrobas; Santarém, 96.81; Capital (distritos do interior),

190   Relatório apresentado à Assembleia Legislativa da Província do Pará. Feita pelo Dr. Francisco Carlos de Araujo Brusque. Em 1º de setembro de 1862. Pará: Impresso na Typografia de Frederico Carlos Rhossard.

191   Relatório Presidente de Província Dr. Abel Graça. Pará. 15 de agosto de 1871. Typ. do Diário do Gram-Pará. Travessa de S. Matheus. Casa n. 29. 1871, p. 45.

192   Relatório Exmo. Sr. Vice-Almirante e Conselheiro de Guerra. Joaquim Raymundo De Lamare. Presidente de Província. Em 15 de agosto de 1867. Pará. Typographia de Frederico Rhossard. Trvaessa de S. Matheus, casa n. 29. 1867, p. 10.

193   No ano de 1863 vindos de Manaus e portos intermediários temos uma quantia de 2.398 arrobas com 46 libras já consignados a diversos comerciantes e no mesmo dia 13 de abril foram importados de outros interiores cerca, de 1.703 arrobas. Relatório dos Negócios da Província do Pará. Dr. Couto de Magalhães Presidente de Província. Em 15 de agosto de 1864. Pará. Impresso na Typ. de Frederico Rhossard. 1864.

22.566 arrobas e Gurupá, 1.279 arrobas.[194] No entanto, desses valores "quase todo o ca-cáo e castanha foram exportados para outras províncias, e principalmente para fóra do império, ficando na capital mui pequena quantidade que foi empregada na fabrica de chocolate aqui existente".[195] Talvez a mesma fábrica descrita como única em 1867, pelo Presidente Raymundo de Lamare.

Cametá era considerado um dos municípios mais produtivos, tanto que em relató-rio de 1867 De Lamare, ao comentar sobre a indústria e cultura, salienta o fato de que o cacau era o produto mais importante e que Cametá era responsável pelo fornecimento de metade de todo cacau exportado para a capital.[196] Dez anos depois, em 1877, o Dr. João Capistrano, presidente de província, chamava a atenção para o fato de uma epide-mia de peste ter sido um dos fatores que fez o próprio comércio e lavoura terem sofrido uma queda dizendo o seguinte: "a peste que lavrou em muitos pontos e com intensidade em Cametá, um dos municípios mais *procdutores* e que se avantajava principalmente na cultura do *caçáo*".[197]

Batista em seu trabalho cita com produções significativas justamente o cacau o qual, "apesar de não ter crescido na mesma proporção que a seringa, apresentou vo-lumes exportados, em determinados momentos, maiores que esse *ultimo* gênero".[198] A autora ainda nos diz que foi apenas no período entre 1862-1867 que o produto teve uma queda na exportação, mas que antes desse período o cacau mantinha uma

---

194   Em outra data que vai de julho a dezembro de 1858 a janeiro a junho de 1859 vieram de Cametá para os portos da ca-pital 9.356 arrobas de cacau. Fala dirigida a Assembleia Legislativa da Província do Pará pelo Presidente de Província Manoel de Frias e Vasconcellos. 1 de outubro de 1859. Pará. Typ. Commercial de A. J. R. Guimarães. Travessa de S. Matheus, casa n. 2 AA. Mapa n. 30 C

195   Relatório dos Negócios da Província do Pará. Dr. Couto de Magalhães Presidente de Província. Em 15 de agosto de 1864. Pará. Impresso na Typ. de Frederico Rhossard. 1864, p. 67.

196   *Ibidem.* nota 194, p. 10.

197   Fala apresentada à Assembleia Legislativa da Província do Pará. Feita pelo Dr. João Capistrano Bandeira de Mello Filho. Em 15 de fevereiro de 1877. Pará: Impresso na Typografia do Livro do Commércio Theophilo, Schlogel & Comp. Adm. Antonio Ribeiro dos Santos. 1877, p. 123.

198   BATISTA, *op. cit.*, p. 66.

produção preponderante. Queda que não foi tão brusca já que em relatório de 1867 nos produtos nacionais que foram exportados o cacau depois da borracha lidera os números com de 4.343.964 arrobas e 05 libras.[199] Em 1872, dos gêneros exportados encontramos o cacau com 3.015.019 quilos.[200] A importância do cacau mantêm-se no ano de 1875 segundo encontramos o seguinte comentário: "Cultiva-se, todavia ainda em escala importante, o *cacáu* que tem enriquecido o município e feito suas mais opulentas casas".[201] Vilhena em seu trabalho levanta o seguinte valor para o cacau: nos anos de 1897-1898 com 2.374.034 quilos e entre 1898 a 1899 foram 2.626.559 quilos vindos do interior para a capital.[202]

Através dos dados acima é possível entender que a cultura do cacau (mesmo com a corrida pela borracha) não teve fim, continuou em desenvolvimento. Em todos os anos pesquisados encontramos o cacau fazendo parte da renda provincial de alguma forma, fosse para abastecer a capital, fosse para exportação, e, ao lado da goma elástica, compõe o maior número das rendas. Tal realidade fica evidente quando comparamos os quilos de cacau aos da borracha exportados pela província para fora do império no semestre de junho a dezembro de 1873 onde temos o primeiro num valor de 2.031.359 quilos. Já o segundo semestre temos 3.445.308 quilos, uma diferença de 1.413.949 quilos.[203]

---

199   Relatório Exmo. Sr. Vice-Almirante e Conselheiro de Guerra. Joaquim Raymundo De Lamare. Presidente de Província. Em 15 de agosto de 1867. Pará. Typographia de Frederico Rhossard. Trvaessa de S. Matheus, casa n. 29. 1867. s/ número de página.

200   Relatório do Presidente de Província Dr. Abel Graça. 15 de fevereiro de 1872. Pará. Typ. Diário do Gram-Pará. Travessa de S. Matheus. Casa n. 20. 1872, p. 30.

201   Relatório do Presidente de Província Dr. Francisco Maria Correa de Sá e Benevides. 17 de janeiro de 1875. Pará. Travessa de S. Matheus. Casa n. 29. 1875, p. 81.

202   A autora coloca ainda como um dos motivos para a queda em alguns anos dos produtos regionais uma falta de políticas públicas que estivessem voltados para a agricultura. VILHENA, *op. cit.*, p. 22 e 23.

203   Relatório Exm. Snr. Barão de Santarém 2ª Vice-Presidente de Província. Em 18 de abril de 1873. Pará. Typographia do Diário do Gram-Pará. Travessa de São Matheus. n. 29. 1873, p. 77.

O mesmo Veríssimo que seguia a linha dos críticos à agricultura por falta de bra-ços e também pelo fato de que a população na Amazônia destinava-se apenas ao extra-tivismo, também informa que, nos idos de 1892, o cacau, após a borracha, era o prin-cipal produto da indústria e que o Pará produzia mais do que o Amazonas que tinha como fundamentais os centros produtores de Cametá, Baião, Mocajuba, Santarém e Óbidos. Ou seja, tínhamos interiores produzindo cacau e braços também existiam, pois, se não como explicar que entre 1897 a 1899 chegaram à capital 5.000.593 quilos do produto? E que entre 1886 a 1889 o cacu continuava ocupando o 2ª lugar nas pau-tas exportáveis, com 17.526.674 quilos.[204]

Ainda se fosse uma indústria apenas extrativista, teria que haver pessoas para tirar os frutos e, algumas vezes, beneficiar o cacau. Então não vejo a dita cultura apenas como extrativista e totalmente decadente. Devemos entender antes que tipo de agricultura e pessoas se desejava para a Amazônia, já que as culturas existiam e, na maioria das vezes, formavam uma parcela significativa das rendas provinciais. Até porque o produto não fazia apenas parte das pautas exportáveis, pois tinha outras utilidades na região, como nos informa Veríssimo:

> (…) o cacau, além do seu emprego próprio como matéria-prima do chocolate, forneceria a uma indústria mais adiantada e inteligente outros produtos: a cinza da grande cápsula que envolve as sementes, riquíssima em potassa e *uti-líssima* na indústria da saboaria e congêneres, a manteiga ou banha de cacau, produto medicinal conhecido, e os produtos alcoólicos do suco da polpa das sementes, aguardente, licores.[205]

Em alguns jornais encontramos anúncios de sabão de cacau a venda na capital, bem como da manteiga de cacau e licores, o que explica a utilização do produto na capital.

---

204   VERÍSSIMO, *op. cit.*, p. 174, 190 e 191.

205   VERÍSSIMO, *op. cit.*, p. 184.

Essa informação ratifica que o cacau não era apenas exportado, mas uma parte ficava em Belém onde era empregado em diversas indústrias.

Sobre o beneficiamento do cacau, Avé-Lallemant, em 1859, observava que:

> Por toda parte vicejam na floresta espessos maciços de cacaueiros. De longe brilham as grandes cápsulas amarelas dos seus frutos (…) uma polpa acidulada, que, com açúcar, se conserva sólida ou sob forma gelatinosa. (…) Alcançam com pouco trabalho um preço convidativo e proporcionam sempre bom lucro aos seus apanhadores.[206]

Apesar da cultura do cacau ser vista pelo viajante como extrativista, note-se que existiam fazendas de cultivo a esse gênero no Pará e que o cacu era um produto bastante significativo nas pautas comerciais do período, tanto com a exportação para fora da província como também para a capital.[207] Um dos lugares em que havia o cultivo do cacau era Jambuaçu, sítio do Sr. Seixas, no Tocantins, em que "A floresta que rodeava a casa, na verdade era uma enorme plantação de cacau estendendo-se por algumas milhas para o interior. Havia ali umas 60.000 árvores, todas plantadas".[208]

Em 1868, no inventário de João Antonio Gomes e dona Mathilde Izidia, aparecia como de propriedade um sítio na foz do rio Maracapucú (Baixo-Tocantins) com 2.300 pés de cacau.[209] Já em 28 de outubro de 1875, d. Maria Felipa de Moraes constava em inventário como seus bens de 14.116 pés de cacau.[210] Assim, nota-se que o cacau, apesar de ser um dos maiores produtos que eram exportados, em alguns anos ficando somente

---

206 AVÉ-LALLEMANT, *op. cit.*, p. 41.

207 Alden também trabalha essa perspectiva. Cf. ALDEN, *op. cit.*

208 WALLACE, *op. cit.*, p. 59.

209 Arquivo público do Estado do Pará. Fundo: Autos de Inventários e Pratilhas, Juízo Municipal da Capital. Caixa/Ano: 1868-70, n.03.

210 Arquivo público do Estado do Pará. Fundo: Juízo de Direito da 1ª Vara Cível. Série: Autos Cíveis de Inventário e Partilhas. 28 de abril de 1875. Caixa: 2.

após a borracha nas pautas comerciais, não era apenas exportado. Ao que tudo indica, uma parte significativa ficava na capital onde era utilizada de diversas formas como para fabricação de sabão, nas fábricas de chocolate e outras atividades. Agora vejamos a castanha paraense, que também se destacava nas pautas exportáveis e ainda no consumo local.

A castanha que não era portuguesa, mas paraense

Segundo Kidder, a castanha do Pará era verdadeiramente deliciosa. Podia-se entendê-la como sendo possivelmente um dos mais importantes dos produtos alimentares de origem extrativista, no tocante ao consumo local. Em 1859, Avé-Lallemant exalta que "As castanhas são as nozes triangulares (…) Extrai-se delas também um óleo excelente, como faz por exemplo na cidade do Pará o vice-consul suíço,(…) que mandou vir para isso uma pequena máquina a vapor".[211] No ano de 1858, algumas localidades das províncias do Amazonas e do Pará enviaram a quantia de 1.736 alqueires vindos dos seguintes municípios:

TABELA IV: CASTANHAS DE DIFERENTES LUGARES DAS PROVÍNCIAS DO AMAZONAS E PARÁ EXPORTADA PARA BELÉM EM 1858

PROCEDÊNCIA	QUANTIDADES ALQUEIRES
Manaus (Amazonas)	171 alq.
Serpa (Amazonas)	986 alq.
Óbidos (Pará)	479 alq.
Santarém (Pará)	47 alq.
Gurupá (Pará)	53 alq.
Fonte Boa (Amazonas)	66 alq.
TOTAL	1.769 ALQ.

Fonte: Relatório Vice-Presidente de Província Ambrósio Leitão da Cunha. Pará. Typ. Commercial Antonio José Rabello. 1858. p. 39-41.

---

211 AVÉ-LALLEMANT. *op. cit.*, p. 146.

TABELA V: CASTANHA VINDA DE DIFERENTES LUGARES
DA PROVÍNCIA PARA A CAPITAL EM 1861

PROCEDÊNCIA	QUANTIDADE	VALOR
Cametá	9.086 alqueires	
Macapá	2.500 alqueires	7.500$000
Mazagão	4.000 alqueires	10.000$000
Gurupá	8.000 alqueires	
Porto de Moz	500 potes	1.000$000
Baião	15.000 alqueires	
Melgaço	2.000 alqueires	4.000$000
Portel	800 alqueires	1.600$000
Oeiras	500 alqueires	1.000$000
Santarém	10.000 alqueires	20.000$000
Alemquer	12.000 alqueires	30.000$000
Óbidos		2.400$000
Faro	800 alqueires	1.600$000
Itaituba	120 alqueires	240$000

Fonte: Relatório apresentado à Assembleia Legislativa da Província do Pará, feito pelo Dr. Francisco Carlos de Araujo Brusque em 1º de setembro de 1862. Pará: Impresso na Typografia de Frederico Carlos Rhossard.

Em 1858, baixaram na capital 1.769 alqueires de castanhas vindas de diversos portos, entre eles Serpa e Óbidos, que enviou a maior quantidade. Já na tabela V, em 1861 os números aumentaram significativamente. Foram 65.306 alqueires de castanhas vindas dos interiores à exceção de Óbidos que não contava a quantidade apenas o preço de 2.400$000 réis, o que nos leva a crer que a quantidade estava acima de 800 alqueires, já que Faro, com seus 800 alqueires, fez um valor de 1.600$000 réis. Baião liderava os números da tabela de 1861 com uma quantidade de 15.000 alqueires de castanha, seguido de Alenquer, com 12.000 alqueires, o qual, em 1863 contava com apenas 3.978 alqueires, uma quantia muito menor comparada há dois anos antes. Havia também Santarém que fazia 10.000 alqueires.

Em 1863, mais uma vez, as localidades do Baixo Amazonas estavam entre as principais fornecedoras de castanha para o abastecimento e consumo da capital. O Baixo Tocantins também manteve em alta sua exportação de castanha do Pará para Belém. Vejamos a tabela VI:

TABELA VI: QUANTIDADE DE CASTANHA
E SUA ORIGEM QUE CHEGOU À CAPITAL EM 1863

Origem	Castanha/alq.
Tocantins	18.164 alq.
Santarém	7.751 alq.
Gurupá	5.423 alq.
Óbidos	4.844 alq.
Alenquer	3.978 alq.
Macapá	2.098 alq.
Ilhas de Macapá	1.953 alq.
Breves	1.610 alq.
Oeiras	1.508 alq.
Cairary	1.200 alq.

Fonte: Relatório dos Negócios da Província do Pará. Dr. Couto de Magalhães Presidente de Província. Pará. Impresso na Typ. de Frederico Rhossard. 1864.

A castanha do Pará tinha lá sua importância também por conta da exportação para o estrangeiro. No ano de 1867, foram despachados para o estrangeiro, como Inglaterra, Estados Unidos, França, Portugal e outros, cerca de 465.165$600 réis em castanha.[212] No semestre entre junho e dezembro de 1873, foram exportados 720.454 quilos de castanha num valor de 96.852$760 réis. Em 1876, foram computados 1.842.289 ½ quilos do produto.[213]

Em 1875, alguns interiores mantinham a exportação de castanha, como era o caso de Cametá que as exportava em grande quantidade. Já Portel, que em 1861 enviou 800 alqueires, apresentava-se em 1875 com uma "exportação avultada de castanhas que abundam nas

---

212   Relatório Exm. Snr. Vice-Presidente de Província Joaquim Raymundo de Lamare. Em 6 de agosto de 1868. Pará. Typographia do Diario do Gram-Pará. Travessa de S. Matheus. n 29, p. 23 /25.

213   Relatório Exmo. Snr Dr. Pedro Vicente de Azevedo. Em 15 de fevereiro de 1874. Pará. Typographia do Diário do Gram-Pará. Travessa de S. Matheus. n. 29. 1874. p. 77 & Fala Dr. João Capistrano Bandeira de Mello Filho. Em 15 de fevereiro de 1877. Pará. Typ. do Livro do Commércio. Theophilo, Schoogel & Comp. Adm. Antonio Ribeiro dos Santos. 1877, p. 136.

margens dos rios Pacajá e Anapú".[214] Outro era Faro que, em 1861, havia exportado 800 alqueires e em 1875, mantinha seu comércio de castanha, já que além do peixe que era exportado em grande escala "exporta-se também carne, borracha e castanha em boa quantidade".[215] Em Itaituba, em 1861, se exportou 510 libras com um valor de 2.400$000 réis.[216] Um ano depois, vieram de Chaves para Belém dos municípios de Macapá e Breves cerca de 500 alqueires de castanha e, ainda de Óbidos para Belém, 936 alqueires, provenientes de Óbidos, Santarém, Prainha e Porto de Móz.[217] Esse comércio com os interiores permaneceu entre 1870-1871 sendo exportados 1.554.541 quilos de castanha da terra.[218] Nos idos de 1875, o município de Itaituba e Óbidos mantinham a exportação em larga escala da dita.[219] Nos anos entre 1897-1899 chegaram para o consumo da capital de diversos interiores 141.813 *hect* de castanhas,[220] número bem acima daquele do ano de 1863 quando vieram 41.453 alqueires de castanha.[221]

Feijão era pouco, mas tinha...

Outro produto que chegava à capital produzido nos interiores da província era o feijão. Em 1858, encontramo-lo entre os produtos agrícolas da província exportados para o

---

214 Relatório apresentado ao Exm. Snr. Dr. Francisco Maria Corrêa de Sá e Benevides pelo Exm. Snr. Dr. Pedro Vicente de Azevedo. Em 17 de janeiro de 1875. Pará. Travessa de S. Matheus. n. 29. 1875, p. 82.

215 Relatório apresentado à Assembleia Legislativa da Província do Pará, feito pelo Dr. Francisco Carlos de Araujo Brusque em 1º de setembro de 1862. Pará: Impresso na Typografia de Frederico Carlos Rhossard, p. 85.

216 Relatório apresentado à Assembleia Legislativa da Província do Pará, feito pelo Dr. Francisco Carlos de Araujo Brusque em 1º de setembro de 1862. Pará: Impresso na Typografia de Frederico Carlos Rhossard.

217 Relatório Exm. Snr. Vice-Presidente de Província Joaquim Raymundo de Lamare. Em 6 de agosto de 1868. Pará. Typographia do Diario do Gram-Pará. Travessa de S. Matheus. n 29, p. 23 /25.

218 Relatório Presidente de Província Dr. Abel Graça. Em 15 de fevereiro de 1872. Pará. Typ. Diário do Gram-Pará. Travessa de S. Matheus. Casa n. 20, p. 30.

219 Relatório apresentado ao Exm. Snr. Dr. Francisco Maria Corrêa de Sá e Benevides pelo Exm. Snr. Dr. Pedro Vicente de Azevedo. Em 17 de janeiro de 1875. Pará. Travessa de S. Matheus. n. 29. 1875, p. 85 e 86.

220 VILHENA, *op. cit.*, p. 22 e 23.

221 As castanhas vieram de Santarém 7. 751 alq.; Cabo Norte com 2.093 alq. Cametá com 18.164 alq.; Óbidos com 4.044 alq.; Alemquer com 3.978 alq. E Gurupá com 5.423 alq. Relatório de Negócios da Província. Presidente Couto de Magalhães. Em 15 de agosto de 1864. Impresso na Typ. de Frederico Rhossard. Pará. 1864.

estrangeiro no valor de 12.000 réis.[222] No ano de 1861, chegaram à capital 3.624 alqueires de feijão donde quem lidera a lista com maior número é Bragança, com 3.164, seguida de Santarém, com 200 alqueires, Portel, com 100 alqueires, Muaná e Faro, ambos com 50 alqueires, Macapá, Melgaço e Oeiras, com o número reduzido de 20 alqueires.[223]

Bragança era um dos interiores agrícolas que tinha na sua cultura, além da farinha o feijão. No ano de 1862, o município de Belém contava 1.130 alqueires de feijão, sendo que neste ano o município da Capital contava com 1.437 estabelecimentos dedicados a cultura do feijão, cacau, milho, arroz, café, algodão e fumo.[224] No ano de 1863, vieram para consumo da capital 2.023 alqueires de feijão.[225] Entre os anos de 1897-1899 foram enviados para a capital 218. 338 quilos[226] de feijão de regiões agrícolas do interior, sinal de que nem o feijão desapareceu de nossa agricultura. E, sempre nas épocas de carestia, o feijão era importado ou do Rio de Janeiro ou do Ceará. Era também produzido feijão em Chaves e no Guamá. Todavia, no Mojú, na capital e em Santarém, por exemplo, segundo o presidente Azevedo, a produção era insuficiente. De fato, se observarmos a tabela XVII tirando Bragança, os demais municípios tinham uma produção bem pequena, daí porque o feijão acabava sendo um produto importado do Maranhão e do Ceará quando não do Rio de Janeiro, para equilibrar o abastecimento.

Quero, então, chamar atenção para a importância do comércio entre a capital e os interiores. A existência de produtos que foram citados neste capítulo, os quais vinham em

---

222 Relatório Vice-Presidente de Província Leitão da Cunha. Em 15 de agosto de 1858. Pará. Typographia do Commercial de Antonio Jozé Rabello, p. 32.

223 Relatório apresentado à Assembleia Legislativa da Província do Pará, feito pelo Dr. Francisco Carlos de Araujo Brusque em 1º de setembro de 1862. Pará: Impresso na Typografia de Frederico Carlos Rhossard.

224 Relatório apresentado à Assembleia Legislativa da Província do Pará, feito pelo Dr. Francisco Carlos de Araujo Brusque em 1º de setembro de 1862. Pará: Impresso na Typografia de Frederico Carlos Rhossard, p. 57.

225 O feijão teve procedência de: Guamá 123 alqs.; Bragança com 1.357 alqs.; Capim com 190 alqs. E Santarém com 353 alqs. Relatório de Negócios da Província. Presidente Couto de Magalhães. Em 15 de agosto de 1864. Impresso na Typ. de Frederico Rhossard. Pará. 1864.

226 VILHENA, *op. cit.*, p. 22 e 23.

sua maioria dos interiores, confirma aquilo que defendo: que até fins do século XIX, as fazendas de cultura e pecuária eram capazes de fornecer artigos para o abastecimento da capital e mesmo para a exportação. Batista em seu trabalho já defendia este argumento de que mesmo com o crescimento gomífero, a produção de alimentos não ficou estagnada. A autora chegou a ressaltar que, no início da economia gomífera, a produção de alimentos pode ter sido prejudicada já que "o mercado externo ditava os preços da borracha, e os braços trabalhadores da Província corriam para as áreas de extração da seringa tentando, quem sabe, tirar o seu quinhão dessa economia que se agitava".[227] No entanto, "se forem lidas mais atentamente algumas das fontes disponíveis sobre a exportação de determinados gêneros da Província, pode-se ver que os dados indicam momentos de crescimento no volume dos gêneros agrícolas comercializados".[228]

Através dos dados expostos neste capítulo é possível afirmar que, apesar da economia gomífera ter tido uma grande importância e monopolizado as atenções comerciais, a produção local manteve-se e foi capaz de produzir alimentos para o abastecimento da capital, e mesmo da própria Província. Outro ponto é notar que mesmo os produtos que contavam as pautas de exportação também, em certa medida, eram consumidos na capital, a exemplo do cacau. E por fim, é preciso entender que as tão propaladas crises de carestia que eram constantemente citadas nos Relatórios Provinciais ou ainda pelos representantes do governo poderiam estar relacionadas a outros fatores. Tais fatores serão apresentados e discutidos no capítulo que segue. Logo, dizer que não tínhamos cultura deste produto e que tudo foi dizimado com o alarido da borracha é exagero e, de certo modo, simplifica a análise da organização produtiva dos interiores da Província.

---

227 BATISTA, *op. cit.*, p. 61.

228 *Ibidem* nota 229, p. 65.

Capítulo II

Sobre a falta de víveres: fatores sociais, econômicos, demográficos e "naturais"

Primeiras palavras

EM MEADOS DO século XIX, Ângelo Custódio Corrêa nos informava que o considerado aumento das rendas durante o primeiro semestre de 1850 ocorreu tendo em vista o maior número de gêneros chegados do interior e que tinham como destino os mercados da capital.[1] Ora, através dos números elencados é possível entender que os interiores e/ou sertão estavam produzindo e que este comércio nunca parou por conta da economia da borracha. O abastecimento da capital, então, fazia-se de forma significativa através dos produtos regionais. Todavia não se pode dizer que a capital e alguns interiores ficaram isentos das crises de determinados víveres, sendo preciso discutir determinadas questões sobre o que possibilitavam tais momentos de conjunturas.

Não creio poder dizer que tais crises existiram tão somente pelo *boom* da economia da borracha que tirava os braços das áreas agrícolas e da pecuária. Trabalho com a ideia de que, apesar da borracha ter sido o grande produto para o comércio no período estudado, e ter tido uma grande propagação de braços que foram trabalhar na economia da goma elástica, como alguns presidentes de Província ponderavam, penso que as crises tão propaladas pelos administradores sobre a agricultura tinham outros motivos que levavam aos momentos de carestia onde os produtos agrícolas e alimentares ficavam a preços elevados ou ainda uma procura maior que a oferta. Se

---

1 As informações citadas foram encontradas no trabalho de BATISTA, *op. cit.*, p. 55.

levarmos em conta o significativo crescimento demográfico, vê-se que este contribuiu para que, em muitos momentos, os alimentos não fossem suficientes. Soma-se a esse, os fatores naturais como o clima da região e as enchentes e outros que serão discutidos neste capítulo.

No ano de 1854, o presidente de Província Rego Barros informou que o valor da importação era praticamente o dobro da exportação já que aos seus olhos:

> (...) do preço extraordinário a que tem subido a borracha, e consequentemente do emprego quase exclusivo dos braços na sua extração e fabrico, à ponto de nos ser preciso *actualmente* receber de outras províncias gêneros de primeira necessidade, e que dantes produzíamos até para fornece-lhes.[2]

Batista apontou que essa possível "crise da agricultura provincial" podia ser reinterpretada, uma vez que se "forem lidas mais atentamente algumas das fontes disponíveis sobre a exportação de determinados gêneros da Província, pode-se ver que os dados indicam momentos de crescimento no volume dos gêneros agrícolas comercializados".[3] Também já foi dito que os interiores possuíam significativo comércio com Belém. A próxima tabela, do período entre 1860 a 1864, momento onde a borracha está em crescimento, demonstra que é possível encontrar os produtos agrícolas e, através de seus números, perceber a importância das lavouras de culturas na província paraense e comércio dos gêneros alimentares, entre outros.

---

2   *Apud*, BATISTA, *op, cit.*, p. 63.

3   BATISTA, *op. cit.*, p. 65.

TABELA VII: GÊNEROS EXPORTADOS PELA PROVÍNCIA ENTRE 1860-1864

Gênero	1860-1861	1861-1862	1862-1863	1863-1864
Arroz/Casca	82.562	74.455	67.970	98
Arroz/Pilado	344	573	62	126.431
Açúcar/Bruto	18.688	36.290	28.795	24.871
Cacau	236.762	203.155	263.611	234.537
Grude de Peixe	1.535	1.381	1.422	1.825
Salsa Parrilha	2.833	1.624	2.436	2.269
Urucú	10.827	5.954	4.526	3.190

Fonte: Relatório dos Negócios da Província do Pará. Dr. Couto de Magalhães Presidente de Província. Pará. Impresso na Typ. de Frederico Rhossard. 1864.

Face os números acima e as análises já feitas sobre alguns desses principais produtos, como se pode negar a existência da produção agrícola na Região? Ela não apenas existia, como além de abastecer a capital, ainda permitia a sua exportação. Os produtos listados no gráfico, somam a lista dos mais exportados pela Província juntamente com a borracha. Os produtos que tinham maior consumo têm certo equilíbrio quanto a sua quantidade como é o caso de arroz com casca, arroz pilado, açúcar e cacau.

Basta lembrar, que os produtos de principal consumo na capital, em parte, eram abastecidos pelos interiores, como foi o caso da farinha, do arroz, do feijão, do milho e do açúcar, que, em 1863, tiveram como principais fornecedores o município de Bragança e alguns distritos das comarcas da capital. Muaná forneceu 1.028 alqueires de arroz; Santarém enviou 353 alqueires de feijão e o Marajó 1.083 mãos de milho. Em muitos momentos não houve uma falta de produtos agrícolas e sim vários fatores que não permitiam que os alimentos chegados à capital fossem suficientes para toda a população. Tais fatores serão analisados a seguir.

I – Os fatores que causavam as "crises"

Acredito que o diagnóstico dos períodos de crise talvez fosse presente nas queixas dos presidentes de Província porque não se tinha uma produção agrícola aos moldes europeus, onde havia uma lavoura agrícola em larga escala. Isso é possível de identificar nas falas dos governantes, daí o porquê do incentivo e a esperança de que a colonização europeia mudasse tal quadro.[4] Mas, existiram, igualmente, outros fatores que contribuíam para a carestia de determinados produtos. As crises de carestia não estavam apenas relacionadas à falta ou não de oferta, mais a insuficiência dela ou o elevado preço as quais podiam ser encontrados os gêneros, fato este que, em parte, era resultado dos vários fatores que serão aqui analisados.

Produção versus população

Braudel dizia que falar tão somente da vida material das coisas que compunham a vida do homem não era "a única maneira de avaliar sua existência cotidiana. Também o número dos que partilham as riquezas da terra faz sentido".[5] Já que "vida material são homens e coisas, coisas e homens".[6] Ora, se a quantidade de homens é necessária como uma espécie de indicador para entender a própria vida material. Uma análise sobre o aumento demográfico e o abastecimento da cidade de Belém se torna um indicador fundamental para abranger como as chamadas crises de carestia eram também provenientes do aumento demográfico e não da falta de produtos.

Assim, o crescimento demográfico que a cidade de Belém conheceu na segunda metade do século XIX gerou uma carestia de produtos alimentícios, já que neste período houve uma intensificação da entrada de imigrantes cearenses e europeus. Os cearenses intensificaram a vinda com a "seca dos dois sete" que arrasou negócios e lavouras. Já que

---

4   Luciana em seu trabalho já traz a tona tal preocupação entre as diferenças de produção agrícola entre a Europa e o Brasil. Cf. BATISTA. *op. cit.*

5   BRAUDEL, Fernand, *Civilização Material, economia e capitalismo séculos XV-XVIII. As estruturas do cotidiano.* Trad. Telma Costa. São Paulo: Martins Fontes, 1995, p. 19.

6   BRAUDEL, *op. cit.*, p. 19.

"após a seca de 1877-78 e 1888-89, cerca de 17.000 migrantes nordestinos tinham se deslocado para o Estado do Pará".[7]

Os imigrantes que vinham para o Pará poderiam tanto ir para as colônias agrícolas ou ficar na cidade. Podiam, ainda, se envolver nos seringais de borracha. Faziam a diferença no contingente populacional na Província e em Belém – e, consequentemente no abastecimento, já que "uma sobrecarga ascensorial de pessoas acaba muitas vezes, e antigamente acabava sempre, por ultrapassar as possibilidades de sustento das sociedades (...)".[8] E ainda: "ao agravar-se o surto demográfico acarreta uma deterioração dos níveis de vida, aumenta o número sempre impressionante dos subnutridos, dos miseráveis e dos desenraizados".[9] Assim, as chamadas crises de carestia que as autoridades tanto propalavam, além dos fatores já expostos encontrava no aumento populacional um dos fatores para a insuficiência de produtos alimentícios. O gráfico abaixo ressalta o fluxo do aumento demográfico na cidade de Belém no período:

GRÁFICO 3: POPULAÇÃO DA CAPITAL DO PARÁ NA SEGUNDA METADE DO SÉCULO XIX

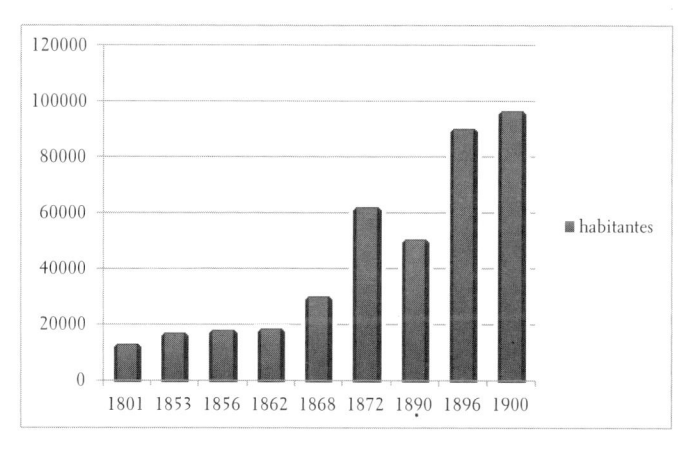

Fonte: CANCELA, Cristina Donza. *op. cit.*, p. 81. & BATISTA, Luciana. *Op. cit.*

---

7 CANCELA, *op. cit.*, p. 84.

8 BRAUDEL, *op. cit.*, p. 21.

9 BRAUDEL, *op. cit.*, p. 21.

Pelos dados, pode-se perceber que, até em 1862, a população se manteve num aumento razoável e que o acréscimo demográfico sofreu grande crescimento no período áureo da borracha. Em 1868 o contingente populacional estava em 30.000 habitantes. Em quatro anos, ou seja em 1872, o número de habitantes dobrou, com 61.997 pessoas. Ora, "neste período, a economia da borracha ascendera, e a renda da província, advinda das taxas de exportação, crescera mais de 100% entre os anos de 1852 e 1865. Neste último ano, a borracha já constituía dois terços do valor das exportações do Pará".[10]

No ano de 1884, a população na capital chegou aos 70.000 habitantes e, ao longo das outras décadas, os números aumentara, com exceção de 1890 quando houve uma queda. Contudo, deve-se ter uma preocupação com alguns dados estatísticos, pois," (…) é necessário que se observem que os números indicadores da população dos censos e relatórios oficiais podem ter diferenças entre si, por vezes acentuadas".[11] No caso do censo de 1890, o número menor de 50.064 habitantes pode ter explicação pela falta da realização de uma estimativa plausível já que segundo o relatório provincial de 1890 houve dificuldades nos métodos adotados para se abranger toda a população.[12]

Além do mais, segundo estudos de Ruth Burlamarqui sobre demografia, outro motivo que pode ser considerado foi "a descoberta de novos seringais no Amazonas, que poderia ter contribuído para o deslocamento de população rumo a essa nova área de expansão, e por fim, a migração de nordestinos para a província do Amazonas, bem como o retorno de alguns deles para seus estados de origem".[13] Para os anos de 1896, os números sobem novamente para 90.119 habitantes. Chegaram, em 1900, a cerca de 96.560 habitantes, o que denota forte crescimento.

Apesar das disparidades relacionadas à população o fato mais significativo é o crescimento da população em índices elevados. Isso acarretava uma necessidade de maior quantidade de alimentos. Até porque, como grande parte destes habitantes residia na

---

10   CANCELA, *op. cit.*, p. 81 e 82.

11   CANCELA, *op. cit.*, p. 79.

12   CANCELA, *op. cit.*, p. 80.

13   *Apud* CANCELA, *op. cit.*, p. 83.

capital,[14] o número de alimentantes seria maior. Provavelmente, alimentos havia, até porque "os tipos de alimentos consumidos pela maior parte da população provincial não parecem ter sofrido grandes impactos pela produção da goma elástica".[15] O que ocorria era que a quantidade de produtos que chegavam à capital em dados momentos não eram suficientes para atender toda a procura. Vejamos os dados abaixo:

TABELA VIII: POPULAÇÃO VERSUS PRODUÇÃO ENTRE 1860-1900

ANO	HABITANTES	PEIXE	CARNE VERDE	GADO	FARINHA
1862	18.305				
1863		28.216		13.565	54.17
1868	30.000				
1872	61.997				
1876		68.117,40	184.719.86		
1884	70.000				
1890	50.064				
1896	90.119				
1897/98		25.674.33	71.53	19.508	1.934,12
1898/99		44.096,73	211	15.725	2.122,840,5
1900	96.402				

Fonte: Relatório do Presidente de Província Relatório dos Negócios da Província do Pará. Dr. Couto de Magalhães Presidente de Província. Em 15 de agosto de 1864. Pará. Impresso na Typ. de Frederico Rhossard. 1864. Fala apresentada à Assembleia Legislativa da Província do Pará. Feita pelo Dr. João Capistrano Bandeira de Mello Filho. Em 15 de fevereiro de 1877. Pará: Impresso na Typografia do Livro do Commércio Theophilo, Schlogel & Comp. Adm. Antonio Ribeiro dos Santos. 1877. VILHENA, *op. cit.*, p. 22 e 23.

Pela tabela acima, é possível chegar a algumas conclusões quando se relaciona o aumento demográfico com a quantidade de produtos chegados à capital. O primeiro

---

14   Cancela em seu trabalho nos informa que durante as décadas de 1870 a 1920 cerca de 20% a 25% da população do Pará vivia em Belém. CANCELA, *op. cit.*, p. 83.

15   BATISTA, *op. cit.*, p. 87.

fato observado é que houve um aumento considerável da população e não houve um acréscimo da chegada de produtos regionais à capital, pelo menos os mais consumidos que eram carne, peixe e farinha. Apesar disso, para alguns produtos como a farinha houve um considerável aumento nas últimas décadas do século XIX. Nesse sentido vamos aos números para melhor análise.

Em 1862, a população da capital estava em torno de 18.305 habitantes e tinha-se para o ano de 1863 cerca de 28.216 arrobas de peixe, 54.171 alqueires de farinha e 13.565 cabeças de gado que estavam destinados ao consumo. Em 1872, a população havia triplicado com relação a 1862 com cerca de 61.997 habitantes. Já em 1876, a quantidade de produtos contava um valor maior para o peixe, quase o dobro, cerca de 184.719,86 arrobas de carne, e 61.117.4 arrobas de peixe.

Em 1863, quando a população havia aumentado em relação ao ano de 1857 o número de reses foi praticamente a mesma de 1857. Vieram, em 1867, 13.565 cabeças de gado, 425 cabeças a mais que1857 num intervalo de alguns poucos anos. Em 1856, por exemplo, um ano antes, a população estava em 17.510 habitantes. O que podemos perceber é um aumento quase insignificante de gado para o abastecimento da população, que havia crescido. No entanto, à medida que chegava o fim do século XIX e a população passava, em 1896 de 90.119 para 96.560, em 1990, não se percebia um aumento considerável na quantidade de produtos. Assim, nos anos de 1897 e 1898, o valor do peixe chegado era de 25.674.33, menor inclusive da quantidade que veio em 1863, que foi de 28.216 arrobas. Apenas entre 1898/99 existiu um aumento considerável, que passou para 44.096,733 arrobas. Essas quantidades, porém, eram inferiores às do ano de 1876, quando os impostos arrecadaram sobre a quantidade de 68.117,4 arrobas e a população era bem inferior a dos anos de 1898/99.

No ano de 1884, a população contava com cerca de 70.000 habitantes e chegaram para o abastecimento cerca de 21.712 bois e 2.406 vacas, um aumento se comparado ao ano de 1857, com 10.978 bois/vacas. Nesse período houve um aumento considerável da população, ainda mais se tomarmos como ponto de referência o ano de 1856, com uma população de 17.510 habitantes que subiu para 70.000 pessoas em 1884. A carne também, em alguns anos, foi ao que pareceu insuficiente, pois existiu uma significativa diminuição na produção. Entre 1897/98 vieram 71.53 arrobas e 19.508 cabeças de gado o que também era um número reduzido para uma população que, dois anos depois, já contava com 96.560 habitantes.[16] E, mesmo as arrobas contavam valores menores que, em 1876, foram de 184.719.86 arrobas em detrimento de 71.53 arrobas entre 1897/98. Já entre 1897/1899, o número de bois foi de 45.188 um aumento de 25.68 cabeças comparado a 1897/98 quando vieram 19.508, só que a população que em 1896 contava com 90.119 habitantes pula em 1900 para 96.560 um aumento de mais de 6.000 habitantes.

Entre os anos analisados no gráfico, prcebemos que houve um aumento na chegada dos alqueires de farinha. No entanto, ela era um produto-base da alimentação da população, o que sugere que este aumento ocorreu, mas não era suficiente. Por exemplo, em 1863 chegaram 54.17 alqueires de farinha, já entre 1897/98 foram 1.934,123 alqueires e entre 1897/98 foi para 2.122,840 alqueires. O aumento populacional foi, portanto, significativo nesse período, quando a população da capital chegou a contar com mais de 96.000 habitantes e os valores dos produtos eram por ano não por mês, nem por dia. Ou seja, é plausível que o número de víveres fosse menor do que em outros anos quando a população era maior. Isso nos faz pensar que o crescimento demográfico alterava de forma significativa o abastecimento e contribuía para as chamadas crises de carestia.

Assim, pelo exposto acima se entende porque, em alguns momentos, os preços dos produtos eram elevados, já que com o aumento populacional a oferta se tornava insuficiente e os produtos encareciam. Batista já fazia referência ao aumento demográfico como um fator do encarecimento de alguns produtos mais não como um único fator já que:

> Belém possa ter experimentado, de fato, um crescimento nas quantias de alguns dos produtos alimentícios consumidos pelos seus habitantes, tanto pelo

---

16   CANCELA, *op. cit.*, p. 81.

ganho populacional que teve (e sua correspondente demanda), quanto por motivos outros que não uma insuficiente produção.[17]

O fato mais significativo de se perceber é que a população crescia em índices elevados e que havia provavelmente uma necessidade de maior quantidade de alimentos. Possivelmente, alimentos havia, até porque "os tipos de alimentos consumidos pela maior parte da população provincial não parecem ter sofrido grandes impactos pela produção da goma elástica".[18] E, se o abastecimento desses produtos não foi abalado com a produção dinâmica da economia gomífera, é evidente que muitos outros produtos, também com o *boom* da borracha, tornaram-se mais procurados pelos novos hábitos e padrões. Esses outros produtos também tinham preço mais elevado, em especial os importados.

Assim, os produtos que chegavam do interior tornavam-se insuficientes, pois com "a chegada de pessoas vindas de outros Estados, atraídos pelo lucro da borracha" a população aumentou significativamente.[19] Logo, entender o crescimento demográfico é estar atento para que este fator fosse uma das principais consequência que culminavam com as crises de carestia. Estas abalavam não apenas a população que ficava obrigada a comprar carne e peixe com preços mais elevados, mas acima de tudo alterava a própria dinâmica da economia na capital, pois o governo tinha que buscar produtos fora da Província para completar o abastecimento. Essa atitude acabava por encarecer o produto, pois os próprios revendedores e comerciantes tinham a árdua tarefa de manter um preço que, ainda elevado, fosse acessível às classes mais desprovidos financeiramente. Mas, para além do aumento populacional e no vai-e-vem de pessoas surgia outra preocupação dos governos e da população no que tange o problema de abastecimento: as epidemias que grassavam vidas, mas também desestabilizavam o abastecimento local.

---

17 BATISTA, *op. cit.*, p. 91.

18 BATISTA, *op. cit.*, p. 87.

19 VILHENA, *op. cit.*, p. 24.

As epidemias não causavam apenas mortes, mas também fome

No seu relatório de 1º de agosto de 1850, Jeronimo Francisco Coelho alertava sobre a epidemia de febre amarela vinda do porto de Pernambuco em 24 de janeiro do mesmo ano e os prejuízos causados:

> As *transacções mercantís pararão*; algumas Repartições Públicas deixarão por algum tempo de funcionar; os navios a carga ficarão sem poder seguir viagem, uns pela perda da maior parte das tripulações, e outros por falta de gêneros, porque os habitantes do interior deixarão de vir á Capital.[20]

Em 15 de outubro de 1855, o então Vice-Presidente Pinto Guimarães chamava atenção para o fato de que: "Perdemos muitas vidas que vão causar grande atraso à nossa lavoura porque esta epidemia (cólera) *affectou* quase exclusivamente á população de cor".[21] No ano seguinte, em 29 de maio de 1856, o então presidente Rego Barros em sua exposição de seu relatório faz referência ao comércio e navegação como seguindo em "marcha ascendente, e ainda entorpecido *actualmente* pela crise sanitária por que passou a Província".[22] Devido a essa enfermidade a falta de abastecimento de víveres, ocasionada pela falta de

---

20   Relatório feito pelo Exmo. Sñr. Conselheiro Jeronimo Francisco Coelho presidente desta Província. 1º de agosto de 1850. Pará. Impresso na Typographia de Santos & Filhos, Rua de S. João canto da Estrada de S. José. 1850. p. 10. De janeiro / julho foram atacados pela epidemia um total de 12.000 sendo computados o número de 506 mortes.

21   Ainda no ano de 1855 a renda do Tesouro Público Provincial foi de 715.634$904 réis uma diferença para menos em consideração ao ano anterior de 78.620$069 e segundo João Maria de Moraes uma das causa segundo o inspetor da repartição era: "(…) a *falencia* de braços e *productos* na calamitosa quadra da epidemia, e a baixa dos preços desses poucos *productos*". Relatório apresentado pelo Exm. Senr. Dr. Henrique de Beaurepaire Rohan. Em 15 de agosto de 1856. Typ. de Santos & Filhos. 1856. Relatório apresentado pelo Vice-Presidente Pinto Guimarães. 15 de outubro de 1855. Publicado como anexos do Relatório 16 de Out. 1855 e da Falla 26 Out. 1855, p. 13.

22   Uma das doenças que atacou a cidade de Belém fazendo muitas vitimas foi o Cólera. Sobre este asunto e para uma leitura mais elucidativa ver o trabalho BELTRÃO, Jane Felipe. *Cólera, o flagelo da Belém do Grão-Pará.* Belém: Museu Paraense Goeldi; Universidade Federal do Pará. 2004. VIANNA, Arthur. *As epidemias no Pará.* 2ª Ed. Universidade Federal do Pará. 1975. Relatório feito pelo Exmo. Sñr. Conselheiro Jeronimo Francisco Coelho presidente desta Província. 1º de agosto de 1850. Pará. Impresso na Typographia de Santos & Filhos, Rua de S. João canto da Estrada

relações comerciais entre a capital e os interiores, levou a um período de carestia como nos informa o Dr. Moraes, presidente provicincial:

> A fome porém, este outro *flagello* desolador ameaçava já seus habitantes, e começava a *augmentar* o horror da situação, pela *escacêz* e alta dos preços dos viveres, *occasionada* pelo terror e estragos da moléstia reinante, que tinha interrompido *quasi* todo o *commercio* do interior com a Capital.[23]

Para tentar sanar o problema o governo provincial recorreu aos principais proprietários de gado do Marajó que juntamente com as fazendas nacionais ficariam encarregados de enviar todo gado que tivessem disponíveis e, da mesma forma, que os lavradores dos rios Acará, Capim e Bragança por sua vez despachassem farinha.[24] E ainda foram enviados pelo Governo Imperial dois Brigues com diversos gêneros alimentícios como auxilio para ajudar no período epidêmico e também para uma possível crise de fome. Assim, o brigue *"Anna Feliz"* trouxe farinha de trigo, carne seca e farinha de "suruhy".[25]

Nesse sentido, não era só a borracha que dificultava a produção de gêneros existiam outros fatores como as epidemias que contribuíam para a falta de produtos de primeira necessidade. Em 1874, na cidade de Vigia, em 14 de agosto, apareceram na dita cidade diversos casos de febre com vômitos e desarranjo de sangue que já havia matado várias pessoas e afetados outros com risco de vida, sendo que a população já se encontrava temerosa de uma possível epidemia.[26] Em 1877, o presidente reclama da diminuição da renda provincial por conta inclusive da peste que destruiu um dos mais rentáveis municípios que era Cametá onde:

---

de S. José. 1850. p. 10. Exposição apresentada pelo Exmo. Senr. Conselheiro Sebastião do Rego Barros, Presidente da Província do Gram-Pará. 29 de maio de 1856. Typ. De Santos & Filho, p. 17.

23   *Ibidem*, nota 23, p. 7 e 8.

24   *Ibidem*, nota 24, p. 8.

25   *Ibidem*, nota 25, p. 15.

26   Arquivo Público do Estado do Pará. Fundo: Secretaria da Presidencia da Província. Série: Ofícios das Câmaras Municipais. Ano: 1870-1875. Paço da Camara Municipal da Cidade da Vigia. Em 14 de agosto de 1874. Doc: 224. Caixa:309.

(...) a peste que lavrou em muitos pontos e com intensidade em Cametá, um dos municípios mais *productores* e que se avantajava principalmente na cultura do *cacáo*; a crise *commercial* que trouxe em resultado a *contracção* do credito; a *fallencia* de importantes casas; e finalmente a suspensão de *transacções* da casa bancária Mauá & C.a que era uma das fontes de crédito nesta *Provincia.*[27]

Cametá entre o início até 31 de outubro de 1855 sofreu considerável perdas humanas, com a grande epidemia de cólera-morbus que afetou inúmeros municípios abastecedores da cidade. Foram 1.336 mortes e mais de 5.000 afetados. Outras regiões foram Salvaterra com 297 mortes, Santarém com 287, Breves com 131 e Óbidos com 122.[28] Todos estes municípios mantinham ligações comerciais com a capital, eram fornecedores dos mais diversos produtos, em especial, os ditos de primeira necessidade como farinha, peixe e carne. Em relatório de 1880 o Dr. José Coelho da Gama e Abreu falava que a varíola apareceu com certa violência em "Cametá, nos núcleos coloniais de Benevides e Tentugal".[29] Em 1886 uma epidemia atacou Muaná e regiões vizinhas como Marajó, Cachoeira e ainda Breves.[30]

Em Belém, no período entre 1850-1900, morreram de varíola 4.526 pessoas; de febre amarela foram 4.227 mortes[31] sem contar o Cólera Morbus que foi uma das piores epidemias que a Província passou. No primeiro trimestre de 1888 o número de mortes na capital foi de

---

27   Fala apresentada à Assembleia Legislativa da Província do Pará feita pelo Dr. Capistrano Bandeira de Mello Filho. Em 15 de fevereiro de 1877. Pará. Impresso na Typographia do Livro do Commércio Theophilo Schlogl & Comp. Adm. Antonio Ribeiro dos Santos. 1877, p. 123.

28   Além dos citados outros que tiveram uma mortandade menor também sentiram a presença das epidemias e eram lugares importantes para o abastecimento como Igarapé-Miri com 50 mortes, Abaeté com 50 mortes, Curuça com 44 mortes, Cintra com 23 mortes, Ourém com 64 mortes, Gurupá com 37 mortes. VIANNA, Arthur. *op. cit.*, p.172.

29   Relatório à Assembleia Legislativa da Província do Pará feita pelo Dr. José Coelho da Game e Abreu. Em 15 de fevereiro de 1880. Pará. Impresso na Typographia do Diário do Gram-Pará. Travessa de S. Matheus.

30   Relatório apresentado à Assembleia Legislativa da Província do Pará feito pelo Dr. João Antonio d'Araújo Freitas Henriques. 6 de outubro de 1886, p. 56.

31   VIANNA, *op. cit.*

286 mortes, por varíola 80 pessoas, febre palustre com 76, *Sarampão* com 60, beriberi 36 e febre amarela 34. Desta última foram 30 de homens e 26 mortes com homens maiores de 20 anos. Em 1888 a varíola fez apenas em Belém 747 mortos e em 1900 foram 466 mortos.

Vale destacar que não eram apenas os números de mortos em si, que era um fator de desequilíbrio dos lugares produtores, as epidemias não grassavam só vidas e não era somente a mortandade que figura o caos, o próprio fato de que havia uma epidemia muitas vezes dificultava a agricultura e produção bem como a manutenção das relações comercias eram desestabilizados. As regiões que tinham epidemias ficavam de quarentena, ou seja, tornava-se um risco comercializar com estes lugares. Assim, as epidemias não só eram prejudiciais ao tirar vidas, mas eram responsáveis pelo atraso da produção e mesmo perdas de relações comerciais. Talvez algo pior que as doenças que o governo sabia como tratá-las, prova disso é o aumento de campanhas de vacinação pelo governo, inclusive pelos interiores torna-se frequente outro problema que ocupava a preocupação dos criadores e consumidores e mesmo as autoridades: a usurpação indevida de produtos essências ao comércio, como o gado, que surpreendia os fazendeiros que, na maioria das vezes, não sabiam o que fazer ou ainda como combater.

O roubo de gado, contrabando e a carestia de carne verde

Outro motivo eram os roubos de gado, como ocorria com o gado nas fazendas do Marajó.[32] O roubo de gado acabava sendo um fator que contribuía para os momentos de crise quando somos informados pelos relatos governamentais que eles afetavam: "os nossos mais *vitaes* interesses, porque *elles occasionão* a carestia de carnes verdes que não

---

32   Sobre um estudo mais aprofundado dos problemas que dificultavam o abastecimento pela capital por parte do Marajó têm-se o trabalho Eli Napoleão Lima que discute a ilha do Marajó como um núcleo subsidiário onde ele levanta os mesmos problemas aqui discutidos para a Província enfatizando a deficiência do Transporte e o roubo do gado bem como as epidemias que assolavam o gado. LIMA, Eli Napoleão. *Extrativismo e produção de alimentos: Belém e o "núcleo subsidiário" de Marajó. 1859-1920*. Revista Estudos Sociedade e agricultura, 7 de dezembro de 1996, p. 59/89. http:// bibliotecavirtual.clacso.org.ar. Batista em seu trabalho já ressaltava tais fatores como aqueles que contribuíam para as crises de carestia. BATISTA, *op. cit.*

se poupe o emprego de todo e qualquer meio para que venhamos a conseguir *satisfactorio* resultado".[33] Já na crise de 1856, uma das atitudes do presidente foi mandar uma comissão com liderança de Victorio de Figueiredo Vasconcelos comprar o maior número possível de gado na ilha do Marajó. A preocupação maior é com o fato de que

> (…) uma delas, a meu ver é estar habilitada a *Presidencia* com mais alguns meios que já tem sido por mim requisitados ao Governo Imperial para impedir o roubo e exportação do gado do Marajó; outra é a necessidade de serem mais bem conhecidas pelos fazendeiros de gado as vantagens de uma criação cuidadosa, do transporte de uma maneira mais digna da *civilisação* da Província, e finalmente que o capricho e o mal entendido interesse particular não continuem a *intrometter-se* em uma questão de tanta monta para o bem estar da população.[34]

Nesse relato se percebe várias razões para que o abastecimento da província pela ilha do Marajó se torne precário: o roubo do gado atrelado ao fato de que o gado era em sua maioria exportado para fora da Província e que os próprios fazendeiros estariam mais preocupados com os lucros do que com a situação da população, ao ponto do Presidente ter que recorrer ao abastecimento do mesmo em outras províncias como o Ceará. Rego Barros, ainda em 1854, já expunha a questão do roubo de gado e como o Regulamento da Portaria de 16 de dezembro de 1852, o qual garantia os fazendeiros contra os roubos constantes, não estava surtindo efeito e que tal situação poderia ser resolvida se ali fosse criada uma Comarca e a compra de um vapor que "ponha em mais freqüente e fácil communicação alguns pontos da mesma Ilha entre si e

---

33   Relatório feito pelo Exmo. Sñr. Conselheiro Jeronimo Francisco Coelho presidente desta Província. 1º de agosto de 1850. Pará. Impresso na Typographia de Santos & Filhos, Rua de S. João canto da Estrada de S. José. 1850. Exposição apresentada pelo Exmo. Senr. Conselheiro Sebastião do Rego Barros, Presidente da Província do Gram-Pará. 29 de maio de 1856. Typ. De Santos & Filho, p. 30.

34   Exposição apresentada pelo Exmo. Senr. Conselheiro Sebastião do Rego Barros, Presidente da Província do Gram-Pará. 29 de maio de 1856. Typ. De Santos & Filho, p. 21 e 22.

com esta capital" a "prover-nos de carne boa e abundante".[35] Tal situação, também foi visível no relatório datado de 1866 pelo Barão de Arary quando este denúncia

> O vicio do roubo de gado em Marajó *apezar* das providencias tomadas no regimento do 1º de agosto de 1863, não *poude* ainda ser convenientemente, reprimido, e ultimamente recrudesceu tanto no *Municipio* da Cachoeira que julguei necessário mandar ali um Delegado com oito praças, para conter tais crimes.[36]

Eram justamente tais roubos que muitas vezes deixavam a população com falta de um dos gêneros mais procurados e que compunha a lista dos mantimentos de primeira necessidade. No ano de 1864 os problemas provenientes do roubo do gado passam a enquadrar o quadro de causas que impedem o desenvolvimento da atividade pastoril. Sobre a situação, o Presidente Couto de Magalhães salientava que nenhuma indústria aguentaria já que: "O furto de gado ali tem sido elevado á *cathegoria* de industria licita, de forma que os bons *fasendeiros* dão-se por muito felizes quando referem que durante tal *anno* só perderão mil cabeças de gado".[37] Dez anos passados, em 15 de junho de 1874, no Paço da Câmara Municipal de Cachoeira no Marajó na pauta das necessidades mais urgentes a serem sanadas encontra-se uma reclamação que circulava em torno da "garantia de propriedade; o roubo diz-se e escreve-se, tem assumido em Marajó proporções assustadoras".[38]

Atrelado aos roubos em outros momentos havia as doenças que em determinadas épocas assolavam os animais. No ano de 1885 "(…) *appareceu* na ilha do Marajó epidemia no gado

---

35   Fala que o Exmo. Sr. Conselheiro Sebastião do Rego Barros Presidente de Província. Em 15 de agosto de 1854. Pará. Imp. Na Typ. da Aurora Paraense por Joaquim Francisco de Mendonça, 1854, p. 54.

36   Relatório da Presidência do Pará. Exmo. Sr. Vice-Presidente Barão de Arary. Em 1 de outubro de 1866. Pará. Impresso na Typographia do Jornal do Amazonas. 1866, p.36.

37   Relatório dos Negocios da Província do Pará. Presidente de Província Dr. Couto de Magalhães. Em 15 de agosto de 1864. Pará. Impresso na Typografia de Frederico Rhossard, p. 9.

38   Arquivo Público do Estado do Pará. Fundo: Secretária da Presidência da Província. Série: Ofícios das Camâras Municipais. Em 15 de junho de 1874. Ano: 1864-1874. Doc. 24.

vaccum".[39] Lima faz referência a uma dessas doenças que recebia o nome de epizootia a qual "passou a afetar os cavalos (…) ainda em 1874, ela continuava a fazer estragos. Durante cerca de 36 anos a Assembleia Provincial fez esforços para combater a moléstia". E ainda, "a existência dos mondongos, onde se atolavam e morriam muitas crias e vacas enfraquecidas".[40]

Em 1885, todavia, continuava a preocupação em reprimir com maior urgência o crime do roubo de gado. Dois anos, depois, um abaixo-assinado no qual os proprietários e criadores de gado recorriam à presidência para tentar resolver dois problemas que estavam dizimando muitas cabeças de gado que eram o roubo de gado e a peste dos cavalos solicitando uma melhor atenção com relação ao primeiro problema, já que "visto que as autoridades, a quem compete vigiar pela sua execução, não tendo a sua disposição uma força militar de primeira linha, quase nada podem fazer para obstar os roubos de gado". E ainda, "A peste quebra-bunda é um dos males que muito tem concorrido para o aniquilamento das fazendas".[41] Havia muito forte a "indústria" de roubo de gado, pois se utilizava a carne do mesmo para o salgamento e assim o abastecimento de moradores da própria ilha, de outros interiores e ainda da capital. Isso explica a grande constância em tal delito, até porque existiam pessoas que passaram a viver do gado alheio e o fato dos fazendeiros ocultarem determinadas epidemias provavelmente com medo de haver perdas econômicas acabavam dificultando o seu combate e aumentando os prejuízos.

Soma-se a isso o fato de que havia a opção dos fazendeiros e produtores de gado que muitas vezes não priorizavam o abastecimento da capital. Como bons capitalistas buscavam o que rendia mais. Em 1884 têm-se o seguinte comentário do Visconde de Maracaju sobre o fato do governo provincial dar apoio aos proprietários do Marajó, já que: "é sabido que Marajó exporta na *actualidade* para Caiena não menos de duzentas rezes *mensaes*". Ou seja, não convinha ao governo privilegiar a proposta do cidadão carioca Collatino Marques de Souza em fornecer tal gênero, pois, assim corria o risco até que a indústria pastoril do Marajó "naturalmente se

---

39   Relatório Exmo. Sr. Dr. João Lourenço Paes de Souza. Primeiro Vice-Presidente de Província. 16 de setembro de 1885. Pará. Typ. de Francisco da Costa Junior. Travessa 7 de setembro de 1885, p. 6.

40   LIMA, *op. cit.*, p. 13.

41   Arquivo Público do Estado do Pará. Fundo: Secretária da Presidência da Província. (Documentação avulso). Série: Abaixo-Assinados. Ano: 1886-1889. Em fevereiro de 1887. Doc. 118/124.

desgostaria e descrente da boa vontade do governo para consigo iria vender seu gado ao estrangeiro em maior escala, e assim o principal gênero alimentício escaceando no mercado, *attingiria* alto preço".[42] Alguns governantes tinham essa política de incentivar os fazendeiros dando a eles vantagens para que estes não optassem por fazer comércio para fora da província, uma vez que sendo estes já monopolizadores ficava difícil a manutenção da carne fresca na capital.

Dessa forma, o abuso da exportação provocado pela instabilidade com que alguns fazendeiros buscavam no comércio exterior melhores vantagens, atrelado à falta de produção com exclusividade ao consumo interno e ainda à deficiência ao transporte do gado. Em 1882, o Dr. João José Pedrosa, fala sobre tal monopólio: "(...) já tem-se procurado animar essa industria, que aliás, por ora, quase toda esta concentrada ma ilha de Marajó e nas mãos de poucos fazendeiros, que por assim dizer *monopolisão* o abastecimento da carne fresca no mercado".[43] E quando os fazendeiros de gado abasteciam a capital com carne outro problema se faz presente o transporte do gado até o curro era muitas vezes sofrível para os donos de gado, o governo e para a população que dependia desta condução para que a carne chegasse.

---

42   Fala Exmo. Snr. Presidente de Província General Visconde de Maracajú. Em 7 de janeiro de 1884. Pará Typ. do Diario de Noticias. 1884, p. 25.

43   Fala Dr. João José Pedrosa. Em 23 de abril de 1882. Pará Typ. Francisco da Costa Junior. Travessa 7 de Setembro, p. 16.

Ás vezes transportar era difícil

Qualquer lugar que produza para exportação necessita de meios de transporte para levar seu produto nas praças comerciais, a falta ou deficiência dele resulta num difícil abastecimento, falta de desenvolvimento e perdas comerciais. Ainda mais, se a região em questão apresenta uma vastíssima bacia hidrografia como é o caso da Amazônia onde a comunicação com a capital naquele momento fazia-se pelos rios. O transporte não apenas do gado, mas das mercadorias em geral foi em determinados momentos um obstáculo ao desenvolvimento e ao próprio abastecimento de Belém.

MAPA II DA PROVÍNCIA DO PARÁ: RIO AMAZONAS E SEUS PRINCIPAIS AFLUENTES

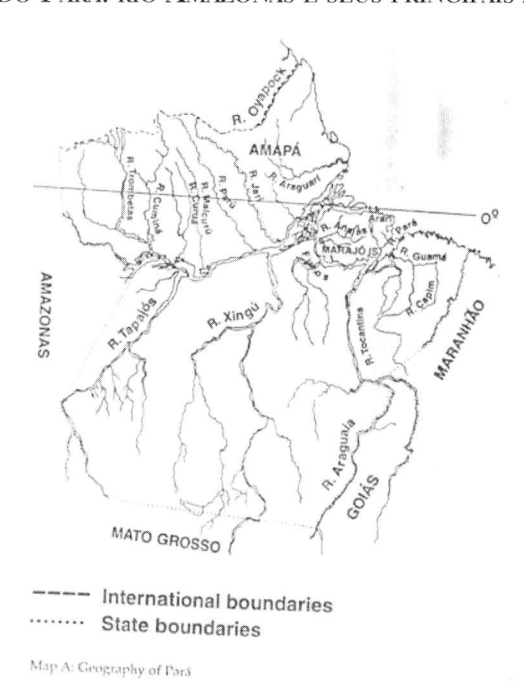

Map A: Geography of Pará

Fonte: ANDERSON, Robin L. *Colonization as Exploitation in the Amazon Rain Forest, 1758-1911.* University Press of Florida. 1999. Map A: Geography of Pará, p. 145.

O mapa demonstra bem como a Província do Pará era uma região de rica bacia hidrográfica o que limitava o comércio através destes rios como o Capim, o Guamá, o Tocantins, diversos furos o próprio arquipélago do Marajó e ainda os que comunicavam com outras áreas produtoras e fornecedoras como Amazonas com o rio Tapajós, o Xingú e tantos outros. A frase de Ruy Barata: *"Este rio é minha rua"*,[44] expressa bem a importância dos rios, furos e afins para a Província do Pará. Uma vez que os rios e afluentes tornavam--se meios para o fluxo do transporte, tanto das pessoas quanto para a produção, fonte para obtenção de alimentos como a pesca. Assim os sítios, fazendas, engenhos e áreas de cultivo em geral estavam localizados próximos ou entre furos e rios.

Muitos dos interiores reclamavam sobre a dificuldade de fazer comércio pela falta de transportes apropriados. É comum encontrar ofícios, relatórios e abaixo-assinados, que comentam tal realidade e/ou buscam sanar esse problema ou com a construção de pontes, ou com criação de linhas a vapor. São várias as tentativas de melhorar o tráfego e com isso o próprio comércio, em um abaixo-assinado datado de 20 de janeiro de 1857 os signatários negociantes estabelecidos em Bragança solicitavam providências para desobstrução dos canais Arepepó, Sermanby, Pagé e a vila de Salinas para melhor atendimento da capital, assim como havia um pedido para a desobstrução do rio Arary na Ilha do Marajó, o qual não permitia saída do gado das fazendas nacionais para o abastecimento.[45]

Em 1868, por sua vez, os empregados públicos, comerciantes e proprietários residentes na vila de Alenquer solicitavam a presidência a contratar com a Companhia do Amazonas ou quem melhor oferecer vantagens para estabelecer a escala de vapores no local, pois, os seus interesses estavam prejudicados sem escalas que pudessem levar seus produtos a Belém, salientando que além de não ficarem muito atrás em população das cidades de Santarém e Óbidos concorriam, ou melhor, "rivalisa, proporcionalmente, com estas em produções de cacau, e outros diversos gêneros e drogas bem como peixe

---

44   BARATA, Ruy. Revista *Ver-o-Pará*. Amazônia. Abaetetuba. Ano X. N. 23, março/ 2002.

45   Arquivo Público do Estado do Pará. Fundo: Secretária da Presidência da Província. (Documentação avulsa). Série: Abaixo-assinados. Ano: 1851-1859. Cx 03. 20 de janeiro de 1857.

que abunda em seus imensos lagos, e faz um dos fortes ramos do seu comércio". E ainda: "Seus vastos e criadores campos *apascetam* considerável número de gados vacum, cavalos e outros".[46]

O referido documenta deixa claro que em algumas regiões ficavam prejudicadas pela falta de transporte, ou melhor, de uma escala na região já que muitas vezes sem ter como mandar seus produtos deixava-os impedidos de contribuir com o crescimento econômico e abastecimento. Como foi a queixa da Câmara Municipal da Vila de Cachoeira no Marajó que em 29 de setembro de 1870 pedia a limpeza e desosbstrução do rio Arary já que do jeito que se encontrava acabava impedindo "(...) a livre navegação das canoas e embarcações que nele navegam, com grave prejuízo dos habitantes do município, principalmente dos criadores". A dita limpeza se tornava necessária uma vez que "este rio um dos melhores canais para a condução de gado que na mesma capital se consome".[47]

No ano de 1886 havia um comentário de Tristão de Alencar que demonstra bem o que venho dizendo:

> Faltam estradas que comuniquem esta região com as províncias *creadoras*, d'onde nos podia vir gado ao mercado em condições favoráveis e, enquanto formos abastecidos por via fluvial ou marítima, como presentemente *succede* (...).[48]

Ora, além de alguns municípios ficarem impossibilitados de fazer comunicações com a capital pela falta de transportes apropriados, a carne muitas vezes chegava em

---

46   Arquivo Público do Estado do Pará. Fundo: Secretária da Presidência da Província. (Documentação avulsa). Série: Abaixo-assinados. Ano: 1860-1869. Cx 04. 31 de janeiro de 1868.

47   Arquivo Público do Estado do Pará. Fundo: Secretaria da Presidência da Província. Série: Ofícios das Câmaras Municipais). Província do Pará – Paço da Câmara Municipal da vila de Cachoeira em Marajó. Em 29 de setembro de 1870. Ano: 1870-1875. Doc: 17. Caixa: 309.

48   Fala Exmo. Sr. Conselheiro Tristão de Alencar Araripe Presidente de Província. Em 25 de março de 1886. Pará. Belém. Diário de Notícias. 1886, p. 8.

má qualidade, pois, com o transporte precário e muitas vezes demorado isso repercutia no alimento que chegava até mesmo estragado e também como a população já estava maior havia necessidade cada vez mais de um número maior de mantimentos. Em 1877, alguns cidadãos existentes e estabelecidos na vila de Marapanim já haviam então requerido:

> (…) um melhoramento dos correios mensais já que tendo em vista o rio Caeté que deu nome a esta vila é depois do rio Caeté comercialmente falando o mais importante de toda costa marítima desta Província, sendo a sua exportação superior a 14.000 alqueires de farinha, além de outros produtos, com que abastece o mercado da capital.[49]

Os mesmos necessitavam que o melhoramento se fizesse para um mais perfeito desenvolvimento do próprio município e manutenção das relações comerciais com a capital. Em 1881 no Relatório José Coelho da Gama Abreu também salienta que a precariedade da carne que chegava a capital dava-se as dificuldades com o transporte:

> (…) a carne que comemos é péssima, nem póde deixar de o ser, attendendo que o gado creado livremente, bravio quase todo, é, depois de cançado em corridas, laçado e arrastado ao ponto de embarque, onde é brutalmente suspenso e atirado dentro do barco, alli, mal nutrido e mal accommodado, chega esfameado e pisado á cidade, onde novamente suspenso e atirado á água, é recolhido ao curro, onde não encontra alimentação, e quando a encontra não a aceita, pois que o gado preso ou levado para fora da carência, ordinariamente recusa a alimentação, depois de mais ou menos dias é que é morto, já se vê, em péssimas circunstancias.[50]

---

49   Arquivo Público do Estado do Pará. Fundo: Secretária da Presidência da Província. (documento avulso). Série: Abaixo – assinados. Ano 1876-1879. Pará 10 de março de 1877. Doc. 62.

50   Relatório Exmo. Dr. José Coelho da Gama e Abreu. Em 15 de fevereiro de 1881. Pará. Typ. Do Diário de Noticias de Costa & Campbell. 1881, p. 126.

Soma-se a esse problema a questão da falta de estrutura no curro tanto que desde 1872 por ato foi nomeada um comissão que tinha como função um minucioso exame no curro e ainda "declarar si o local em que se acha *elle* situado *actualmente*, é ou não o mais conveniente". A dita comissão após análise chegou a conclusão que dentre outras coisas "uma *canalisação* d'água no estabelecimento, é a primeira medida a tomar-se para *aquelle* fim".[51]

Em 9 de janeiro de 1880 outros moradores e residentes desta vez da vila de Faro e seu município solicitaram ao então presidente de Província:

> (...) o contrato para que os vapores, ou um dos vapores da Companhia do Amazonas Limitada façam escala pelo porto desta infeliz vila (...) cuja palpitante medida virá certamente remover os grandes obstáculos que fazem no abismo das maiores dificuldades com que luta abrindo uma prasenteira e nova época de incontestável progresso, facilitando ao comércio e lavoura, já bastante adiantados (...) que se acham privados pela falta de vias de comunicação fluvial direta que forçam as autoridades, empregados públicos, comerciantes e proprietários a procederem viagens positivas e mensalmente a cidade de Óbidos em busca de entrega pontual de seus gêneros para os vapores (...).[52]

A vila de Faro como já foi dito tinha comércio significativo com a capital e mesmo assim dependia do vapor que passava por Óbidos, além do mais, estas viagens de abastecimento eram apenas uma vez ao mês e de certa forma nada econômica. Igual situação vivia o núcleo de Santa Izabel em 1883, quando os lavradores e colonos tendo notícias que os engenheiros da Companhia da Estrada de Ferro de Bragança estariam passando por perto do povoado pediam "que se digne ordenar para que seja proferida a linha que passa por este povoado,

---

51   Relatório 5 de novembro de 1872.

52   Arquivo Público do Estado do Pará. Fundo Secretária da Presidência da Província. (Documentação Avulsa). Série: Abaixo-Assinados. Ano 1880-1882. Em 9 de janeiro de 1880. Doc. 70/73.

visto melhor servir dos nossos interesses agrícolas, aumentando a renda do tráfego".[53] Assim, a população e os negócios em certa medida dependiam dos transportes já que para uma região com uma vastíssima hidrografia que muitas vezes tornava-se um verdadeiro empecilho diante do abastecimento. Além do que não somente os transportes tinham que ser adequados mais acima de tudo a natureza também era um obstáculo e com ela não dava simplesmente para tentar melhorá-la mais sim se adequar aos fatores climáticos e naturais da região e quando não fosse possível apenas aceitar.

Os fatores climáticos e naturais e a carestia dos alimentos

Incluindo todos esses fatores citados, ainda se tinha o próprio clima da região que contribuía para perdas de produtos, uma vez que as enchentes e alagamentos em determinados pontos culminavam na perda de toda ou parte dos víveres que abasteciam a capital da Província. Silva em seu trabalho ao falar da Amazônia esclarecia que a colonização na região era um caso singular, uma vez que, "devido as condições naturais desfavoráveis, caracterizada por uma mata espessa e semi-aquatica, submetida a um regime fluvial que, com o enorme volume das águas, alaga áreas imensas e arrasa qualquer lavoura";[54] e que, portanto, segundo seus argumentos, o extrativismo parecia a melhor opção. Se o extrativismo era a melhor opção ou não, esta discussão não cabe a nosso trabalho. O fundamental de perceber é que do período colonial para o século XIX, as questões ambientais continuavam a afetar o abastecimento e com isso as relações comerciais entre a capital da província e os diversos interiores.

O relatório do Vice-Presidente de Província, de 1º de outubro de 1859, nos diz que nos meses de maio a junho o rio Amazonas alagou mais do que o provável inundando pastagens de gado, plantações de cultura e ainda nos diz que:

---

53   Arquivo Público do Estado do Pará. Fundo: Secretária da Presidencia da Província. (Documento Avulso). Série: Abaixo-Assinado. Ano 1883-1885. Caixa 07. Santa Izabel 22 de outubro de 1883. Doc. 94.

54   SILVA, Paula Pinto e. *Entre Tampas e Panelas por uma etnografia da cozinha no Brasil.* Dissertação de Mestrado apresentada ao departamento de Antropologia da Faculdade de Filosofia, Letras e Ciêncais Humanas da Universidade de São Paulo, p. 56 e 57.

Avalia-se a perda do gado a *vaccum* em Monte Alegre, Santarém, Óbidos e Gurupá em cerca de 50.000 cabeças, e em 500 a do *cavallar* do Municipio de Óbidos. A perda de *cereas*, de cação, de café, de mandioca, é incalculável! *Recêa-se* que o gado que escapou não chegue para a alimentação dos habitantes *d'aquelles* municípios, e que o mesmo suceda com os poucos *cereaes* que ainda poderam ser aproveitados.[55]

O viajante Biard quando esteve no Pará entre 1858/59 fez o seguinte comentário: "Fornece ainda a ilha do Marajó o gado para o abastecimento do Pará. Foi adverso aos bois o ano de 1859: as inundações do Amazonas destruíram os rebanhos quase por completo".[56] Em 1859, Avé Lallemant também, ao passar por um povoado em Óbidos, enfatiza que as enchentes eram responsáveis por prejuízos que iam das casas dos moradores até o gado. Ele dizia que os criadores perdiam número considerável com essas inundações naturais "onde havia grandes rebanhos, quando faltavam terras altas na vizinhança, foram completamente destroçados. Milhares de reses morreram afogadas. Nós mesmos vimos muito gado morto, levado rio abaixo pela corrente".[57] Buscava-se, portanto, construir as colônias[58] em locais tidos como mais elevados para que a produção não sofresse danos com as

---

55 Fala dirigida a Assembleia Legislativa da Província do Pará pelo Presidente de Província Manoel de Frias e Vasconcellos. 1 de outubro de 1859. Pará. Typ. Commercial de A. J. R. Guimarães. Travessa de S. Matheus, casa n. 2 AA, p. 64.

56 F. BIARD. *Dois anos no Brasil.* Tradução Mario Sette. Companhia Editora Nacional. Brasiliana. Série 5ª volume 244. 1945, p.167.

57 O viajante ainda observa que "Em novembro e dezembro, quando o sol volta do norte e traz consigo ainda mais calor para a região quente, aludes começam a derreter-se n a cordilheira. As águas das montanhas descem então em grande quantidade e enchem cada vez mais os afluentes do Amazonas; os aguaceiros desabam dos céus com mais frequência e mais abundantes; tudo corre para o Amazonas, que engrossa cada vez mais até atingir seu máximo em abril e manter-se nele por semanas. 'De 8 de junho em diante as águas começam a baixar', disseram-me muitas vezes, quando me informava das condições (…) realmente a 23 de junho já baixara três pés". AVÉ-LALLEMANT, *op. cit.*, p. 85.

58 As colônias foram espaços onde houve a introdução de imigrantes destinados as lavouras com o intuito do desenvolvimento da região e em especial da própria produção agrícola, uma delas foi a de Benevides criada em 1875, com o passar do tempo elas vão aumentando, a maioria das colônias foram se edificando em fins do século XIX para o XX. Falarei das colônias mais adiante.

inundações. Esse foi o caso da colônia de Nossa Senhora do Ó, na Ilha das Onças que se apresentava onde:

> (...) não se deve dar mão á empresa, por que reservados os lugares mais eleva-dos, que devem naturalmente ser preferidos para a edificação, restará unica-mente proceder com tino na escolha dos gêneros, que devem formar a indus-tria capital da colônia. E demais, sabemos que, no *intervallo* das *innundações*, *vegetaes* há que podem ser plantados e colhidos, sem que o agricultor tenha *soffrido* o menor estorvo.[59]

A preocupação com as inundações levavam à busca de lugares mais elevados, bem como a estratégia de cultivar no intervalo de tais alagamentos para que os agricultores pudessem não ter perda dos vegetais e que provavelmente essa situação culminaria em uma carestia àqueles municípios em especial quanto ao gado: "Ricas pastagens cobertas de gado, plantações de arvores *fructiferas* e de *cereaes*, tudo *emfim* quanto não se achava em terrenos altos foi destruído ou deteriorado",[60] relatou o presidente provincial.

Em 1871 quando a capital passava por uma crise de abastecimento o presidente de província, Dr. Abel Graça, esclarece que grande parte da responsabilidade pela falta de víveres era o: "inverno que alaga todos os campos das fazendas, não permitindo, uma e outra causa, fazer-se o transporte regular dos bois necessários ao consumo da capital".[61] Exatos 11 anos findos, os problemas referentes as inundações são existentes e preocupantes quando temos a seguinte proposta por parte do governo provincial de "desobstrução dos

---

59 Falla do Presidente de Província Exmo. Sr. Tenente-Coronel Manoel de Frias e Vasconcellos. Em 1 de outubro de 1859. Pará. Typ. Commercial de A. J. R. Guimarães. Travessa de S. Matheus, casa n. 02 AA, p. 64.

60 *Ibidem.* nota 60, p. 12.

61 Relatório Presidente de Provincia Dr. Abel Graça. Em 15 de agosto de 1871. Typ. do Diário Gram-Pará, Travessa de S. Matheus. Casa n. 29. 1871, p. 52.

seus rios e igarapés como meio de prevenir inundações, terrível *flagello* que *desima annu-almente* milhares de cabeças de gado".[62]

Falar dos fatores naturais é importante ao se analisar a região Amazônica, pois os próprios hábitos alimentares são uma relação entre o meio em que a população vive com cada habitante. Um dos principais alimentos era o peixe, ora a natureza favorecia essa realidade já que como nos informa Veríssimo: "O meio *affeiçôa* o homem: o indígena da *Amazonia* é principalmente *ichthyophago* e, conseguintemente, pescador".[63] Ora, em uma região onde a variedade de peixes é significativa existiam "quase duas mil espécies de peixe".[64] E onde "A prodigiosa rede de *canaes* – rios, furos, igarapés, *igarapémiris*, lagos, ligados uns aos outros e aos rios próximos –";[65] possibilitava a relação homem e natureza de forma mais integrada. Assim, o homem amazônico ao conhecer a região sabia perfeitamente que a natureza quando não 'permitia' através de sua força natural destruía plantações, matava gados e desalojava pessoas. Logo, os "fatores naturais" comuns à região ao dificultar o transporte, alagar plantações e inundar pastos contribuía para os problemas de abastecimento e consequentemente de carestia. O governo nestes momentos tentou criar soluções para o problema, uma dessas medidas seria a criação das colônias agrícolas que tinham o objetivo de incentivar a produção.

Da carestia e algumas soluções: menos impostos e mais incentivo à produção

Um dos motivos da falta de determinados produtos ocorria já que o "governo não so-lucionava o problema da alimentação, procurando sempre aparentar que tudo estava em ordem",[66] em fins do século XIX tinha-se a seguinte situação:

---

62   Relatório Exmo. Snr. Presidente de Província Dr. Manuel Pinto de Souza Dantas Filho. Em 4 de janeiro de 1882. Typ. Liberal do Pará. Largo das Merces. N. 4. 1882, p. 118.

63   VERÍSSIMO, *op. cit.*, p. 9.

64   VERÍSSIMO, *op. cit.*, p. 8.

65   VERÍSSIMO, *op. cit.*, p. 9.

66   VILHENA, *op. cit.*, p. 21.

Belém nestes anos consumia produtos que vinham do interior, mas ao chegarem na capital, precisavam pagar impostos, isto encarecia mais ainda a mercadoria, que ao chegar nas mãos do assalariado, o preço era alto demais, gerando uma grande carestia de gêneros de primeira necessidade.[67]

Ora, não bastava que o produto viesse da capital era preciso que a população tivesse acesso a ele. De fato, desde 1851 já havia uma discussão na Assembleia Provincial relacionada aos impostos sobre um dos produtos de primeira necessidade a farinha de mandioca. Em 3 de setembro de 1851 o *Jornal Correio dos Pobres* trazia a seguinte notícia "no dia 29 do passado teve lugar no recinto d'Assembleia Provincial a 2ª discussão do Projeto n. 309 em que *isentava* de pagar os direitos a nossa farinha (vulgo *d'agoâ*)".[68] O mesmo autor da notícia intitulado o "Contra Mestre do Barquinho" ainda dizia com clareza que no dia da 3ª discussão estaria presente para tomar os nomes daqueles que votassem contra tal projeto. Passados 8 dias no dia 11 de setembro o mesmo "Contra mestre" publicou um artigo intitulado "A Assembleia Provincial e a Farinha", no qual defende o projeto de isenção do imposto sobre a farinha de mandioca salientando que os lavradores pobres em partidas de 10, 15 e 20 alqueires teriam perdas ao pagar o imposto.[69]

O assunto continua, tanto que em 15 de setembro o Proeiro do Barquinho publica artigo no qual ressalta que a farinha "por artes de berliques-berloques continuou a pagar meio dizimo. Mas que resta saberem que o *mui* digno patriota Sr. *O'parlou* muito para que a farinha, feijão e milho pagassem dizimo inteiro".[70] O que mostra que apesar de naquele momento já existir uma discussão para reduzir os impostos sobre os principais produtos esta não era bem aceita por unanimidade. Até a década de 90 a discussão não saía da teoria para a prática e o problema

---

67 *Ibidem*; nota 67.

68 Correio dos Pobres. 3 de setembro de 1851. n. 7, p. 3.

69 Correio dos Pobres. 11 de setembro de 1851. n. 8, p. 3.

70 Correio dos Pobres. 15 de setembro de 1851. n. 9, p. 4.

não sumia. Em 05 de julho de 1893 o jornal *Correior Paraense* trazia uma manchete sobre o imposto de gêneros alimentícios com o seguinte comentário sobre as saídas para a carestia:

> Um deles é a extinção, ainda que temporária do impostos que são atribuídos os gêneros de primeira necessidade que teem entrada e venda no nosso mercado público, tais como a farinha, o peixe, legumes, vísceras, galináceos etc… A extinção desse imposto, ao passo que pouco fará decrescer a renda municipal, irá certamente beneficiar a população, cujo alcance ficarão os gêneros alimentícios, livres assim do ônus do tributo.[71]

Na realidade, as medidas adotadas pelo governo não tinham como objetivo eliminar ou baixar impostos sobre os produtos ainda que estes fossem de primeiríssima necessidade, mas fazer contratos com pessoas ou companhias para o abastecimento local. Em 1855 pela resolução n. 251 de 27 de setembro foi firmado contrato com os comerciantes João Augusto Corrêa & C.a para que estes transportassem o gado do Maranhão e Ceará. Em 1868, Jacques Gaensly, pela conformidade da lei n. 527, de 5 de outubro de 1867, foi contratado para o abastecimento de peixe fresco o qual, "teve execução este *contracto*, e por algum tempo foi o mercado abastecido de *excellente* pescado fresco *d'agua* salgada conservado em gelo". Porém, no fim de dois anos este foi cancelado tendo em vista que o contratante rescindiu o mesmo. Em 1871, pela lei n. 645 de 24 de outubro de 1870, o Dr. Joaquim de Assis e Manoel Roque Jorge Ribeiro celebraram contrato para conduzir em barcos a vapor o gado da ilha de Marajó mediante a subvenção anual de 60:000$000 réis. Sendo anos depois o contrato transferido aos comerciantes Mello & Ca.[72]

Muitos outros contratos houveram para transporte, abastecimento de peixe e carne fresca inclusive trazendo de outras províncias como Goiás, no entanto, grande parte destes contratos acabou sendo reincidida. Não havia, por parte dos poderes públicos, medidas

---

71   *Apud.* VILHENA. *op. cit.*, p. 21.

72   Falla Presidente de Província do Pará Dr. João Silveira de Souza. Em 18 de abril de 1885. Pará. Impresso na typ. da Gazeta de Noticias, p. 6 e 16.

que de fato fossem amenizar a falta ou encarecimento de determinados produtos e muito incentivar ou ajudar os donos de lavoura para que aumentassem a produção. Estes não eram levados em conta. Os contratos eram feitos aos grandes e médios comerciantes que muitas vezes não chegavam nem a terminar os contratos firmados.

Entretanto, não podemos dizer taxativamente que não foram tomadas medidas para o aumento da produção, fosse agrícola ou industrial, por exemplo, um dos grandes projetos que tinham tal intenção foram as chamadas colônias agrícolas que surgiram como uma das formas de conter o que as autoridades chamavam de falta de produção. Por parte do governo houve a criação das colônias agrícolas[73] que surgem como uma forma de civilidade e ainda de disciplina do trabalho agrícola. O mito do extrativismo e que não havia produção agrícola eram fatores que geravam a fundação de tais colônias como nos expõe Lacerda:

> A noção de despovoamento do Estado e da falta de produção tão presente nos pronunciamento dos poderes públicos, se por um lado revela a intensidade de uma economia extrativista, por outro indica ainda um desconhecimento do próprio Pará, na medida que os grupos indígenas, por exemplo, não são pensados nesse contexto, e nem tão pouco os lavradores paraenses com '*pequenas áreas de plantações* ' de cacau, tabaco, cereais em lugares como Bragança, Abaeté, Igarapé-Miry, Ácara, Óbidos, Santarém, Cametá.[74]

Desde o início da segunda metade do século XIX, os governantes colocavam como maior responsável pelos problemas de abastecimento a falta de braços e de colonização, um maior incentivo ao que eles chamavam de agricultura incipiente. Em 1867 o então

---

73   Sobre as colônias agrícolas ver CRUZ, Ernesto. *Colonização do Pará*. Belém: Conselho Nacional de Pesquisa/ Instituto Nacional de Pesquisas da Amazônia, 1958. Muniz, João de Palma. *Estado do Grão-Pará. Imigração e Colonização Estatística 1616-1916*. Belém: Imprensa Oficial do Estado do Pará. 1916. SANTOS, Roberto. *História econômica da Amazônia (1800-1920)*. São Paulo: T. A. Queiroz, 1980. WEINSTEIN, Barbara. *A borracha na Amazônia: expansão e decadência, 1850-1920*. Trdução Lólio Lourenço de Oliveira. São Paulo: HUCITEC: Editora da Universidade de São Paulo, 1993.

74   LACERDA, Franciane Gama. *Migrantes Cearenses no Pará: faces da sobrevivência (1889-1916)*. Universidade de São Paulo, 2006, p. 266.

presidente de Província Pedro Leão Velozo dizia: "a primeira condição para o desenvolvimento e prosperidade de um *paiz*: o trabalho *assiduo*, constante e *intelligente*. É somente de braços que precisa o Pará, e estes elle não pode esperar senão da emigração europeia (…)".[75] Outro presidente que defende a imigração é o Dr. João Alfredo Corrêa de Oliveira que em 17 de abril de 1870 ressalta: "a Província do Pará grande, *immensa*, como é, tendo tudo para tornar-se um *paiz* felicíssimo e faltando-lhe somente população e trabalho em número e *gráo* correspondentes ao *seos* recursos *naturaes*".[76] Assim, sempre houve o mito do extrativismo e que a única solução para Belém seria a colonização de imigrantes que através da disciplina do trabalho iriam produzir para o abastecimento da região. Como nos mostra Lacerda:

> A virada do século XIX para o século XX foi marcada no Pará (…) pela euforia dos negócios da borracha e igualmente por uma preocupação com a produção agrícola. Para os poderes públicos, a maneira de alcançar tal intento foi à ocupação e colonização do vasto território paraense.[77]

Assim desde 1875 quando surge o primeiro núcleo colonial em Benevides o próprio estado busca trazer imigrantes para plantarem feijão, arroz e outros produtos inclusive engenhos de moagem de cana. Em 1881 o Dr. José Coelho da Gama e Abreu chamava a atenção ao colono italiano Monte Fosco que:

> (…) este homem é o *symbolo* do imigrante útil ao *paíz* a que se acolhe, pois no *commercio* e na agricultura, *elle* com o vigor de seus braços, tem, além

---

75   Relatório Dr. Pedro Leão Velozo. 9 de abril de 1867. Pará. Typografia de Frederico Rhossard. Travessa de S. Matheus, caza n. 20, p. 19.

76   Relatório Dr. João Alfredo Corrêa de Oliveira. 17 de abril de 1870. Pará. Typografia do Diário do Gram-Pará. Travessa de S. Matheus, caza n. 29. 1870, p. 29.

77   LACERDA, *op. cit.*, p. 261.

> dos *proprios* haveres *aumengtado*, (…) fazendo *fructificar* o solo e em pouco pretende montar *machinas* para sua industria agrícola.[78]

Outra destas colônias era a de Benjamim Constant, onde em 1898 encontra-se o cearense Antonio Caetano Vianna que contava com "uma grande zona aberta e plantada de cana, mandioca, arroz, milho e feijão".[79] Assim, as plantações nas colônias que tinham como principal objetivo o abastecimento da cidade de Belém giravam em torno de plantações de milho, feijão, café, mandioca, cana-de-açúcar e outros, ainda que muitas vezes só abastecessem os colonos devidos as dificuldades vivenciadas nestes lugares.

Assim, nem todos os colonos contavam com a realidade de Antonio Caetano, para alguns faltavam as provisões que o governo distribuía, falta de recursos para o trabalho com a terra dentre outras questões que não permitiam um desenvolvimento de alguns núcleos. Lacerda chama atenção para essa realidade chegando ao afirmar que: "a saída dos imigrantes das colônias sempre foi pensada como um problema de incapacidade do imigrante de se adaptar, e não como uma falha de infra-estrutura desses espaços".[80] Chega um momento em que Paes de Carvalho salienta que a necessidade não apenas de braços para o trabalho, mas também:

> "de industrias alimentadas com os capitais de emprezas idôneas, que aqui encontraram todas as facilidades para auferir lucros certos e fabulosos, quer aplicando-se as industrias extractivas, actualmente grosseiras e primitivas, quer na agricultura que continua estacionária nos processos de cultura dos tempos coloniaes".[81]

---

78   Relatório Dr. João Alfredo Corrêa de Oliveira. 17 de abril de 1870. Pará. Typografia do Diário do Gram-Pará. Travessa de S. Matheus, caza n. 29. 1870.

79   *Apud* LACERDA. *op. cit.*, p. 289.

80   LACERDA, *op. cit.*, p. 286.

81   Relatório feito pelo Governador do Estado Dr. José Paes de Carvalho. 1 de fevereiro de 1900. Pará. Belém. Typografia do Diário Official. 1900, p. 69.

Era significativo o número de colônias no final do século XIX, o que demonstra que elas não foram responsáveis por resolver os problemas relacionados aos períodos de carestia, pois até o colono chegar, se estabilizar e plantar em "larga escala" decorre um tempo, em que ele produzia a si próprio, o que deixa uma lacuna no que tange o abastecimento em larga escala. É notório que as colônias não vão suprir as tais carestia mas as décadas de 80 e 90, pois, os relatos nos relatórios provinciais sobre carestia de carne verde, por exemplo, ou de alguns gêneros como farinha, persistiam porque o problema não estava somente na produção e sim nos tantos pontos que já discuti. O problema maior fazia parte de uma falta de estrutura e interesses além das condições climáticas que não favoreciam o abastecimento.

Não se pode pensar que na segunda metade do século XIX não havia um importante comércio entre os interiores e capital, por conta de que os gêneros alimentícios estavam sendo importados da Europa ou porque as crises de abastecimento deixavam a população sem os tão consumidos produtos regionais, mas, ao contrário, estes continuavam abastecendo a região. Sendo que a importação de produtos alimentícios atendia uma determinada demanda. Não se pode também entender as crises de abastecimento da província como apenas consequências diretas da extração da borracha e sim dos diversos fatores acima expostos. Portanto, é preciso entender de que crise de abastecimento está se falando motivada por uma série de fatores que não a evasão de braços das atividades agrícolas para os seringais. E nada impedia que um interior que tivesse produção da borracha também mantivesse suas culturas. Por exemplo, Weinstein afirma que apesar do Pará ser um grande produtor e exportador da borracha em 1880, a partir de 1870 sofre quedas dessa produção e que nos primeiros anos apenas uns poucos município paraenses entre eles Breves, Anajás, Melgaço e Gurupá, eram os que mais produziam borracha.[82] Ao longo deste período estes municípios sempre estão presentes exportando para a capital seus produtos. O que ocorria era que muitas vezes pelas diversas razões já aqui expostas os produtos não chegavam à quantidade suficiente não por que não estavam sendo produzidos, mas, sobretudo porque vinham em quantias que se tornavam insuficientes. Daí porque o comércio com as províncias tornar-se muitas vezes a única opção para amenizar as carestias. Por

---

82 WEINSTEIN, *op. cit.*, p. 71.

outro lado, o governo tentou sanar o problema da carestia. Uma dessas formas foi o fomento das colônias agrícolas, entretanto tais colônias, de fato, só passam a contribuir de forma mais abundante com seus produtos no século XX, uma vez que grande parte de tais colônias foram criadas em fins do século XIX. Outra medida que tentava resolver a situação foi a proposta de redução ou eliminação de impostos sobre os produtos de primeira necessidade como a farinha, mas que não eram atendidos em sua plenitude. Tal realidade vai fazer com que o comércio com as outras províncias e mesmo com os países estrangeiros se acentue. É o que será analisado no próximo capítulo.

Capítulo III

Vende-se manteiga inglesa, bacalhau português, queijos flamengos… café do Rio, dito do Ceará: importados e seu consumo em Belém

Introduzir é preciso

À MEDIDA QUE os gostos apuram-se a cozinha refina-se em Belém da segunda metade do século XIX, em função dos novos padrões de consumo que passam a vigorar na capital, em especial no período áureo da borracha, que modifica os hábitos introduzindo novos modelos de consumo. Na capital paraense se conhece, então, um fluxo de mercadorias e um aumento significativo do próprio comércio local, comércio este que havia de permitir o refinamento da cozinha de "alguns".

Determinados artigos de consumo constituíam e simbolizavam poder e luxo, como que fatores de distinção entre seus consumidores do restante da população, ainda que alguns produtos importados fossem de grande necessidade como eram os casos do trigo e do sal, sendo estes consumidos mais largamente. Em contrapartida às frutas, vinhos e outros tidos de luxo. A posição de "cidade-mundo" que Belém passa a exercer em parte dava-se pelas relações comerciais com outras províncias brasileiras e especialmente com o estrangeiro.[1] O comércio regional era a base propulsora da economia, mas o negócio de importados tinha sua importância local. Assim houve a necessidade de se reorganizar para as novas transformações econômicas oriundas da economia e essa deu-se também na

---

1   Desde 1847 o Pará figura entre as cinco Províncias do Império com maior rendimento. As principais províncias entre 1847 e primeiro semestre de 1851 eram: Rio de Janeiro com 29.535.890 $; Bahia com 9.757.477 $; Pernambuco com 9.472.871$; Maranhão com 2.343.789 $ e o Pará com 1.290.942 $. Proposta e Relatório Apresentado pelo Ministro e Secretário d'Estado dos Negócios da Fazenda Joaquim Rodrigues Torres. Rio de Janeiro. Typ. Nacional. 1851.

alimentação, as mudanças nos hábitos e padrões alimentares intensifica-se com o período áureo da borracha. Neste ponto, Sarges observa a necessidade de se "criar todo um processo de modernização da cidade de forma a facilitar o escoamento da produção e de divisas para os países centrais".[2]

Esse novo tempo que exalava requinte com casas com azulejos e implementos importados; lojas de departamento com perfumes; roupas francesas ou ainda as óperas e peças ressaltando o caráter refinado e o tempo de ouro da Paris nos Trópicos, acaba por refletir também na alimentação da urbe. Couto em seu trabalho sobre alimentação no Brasil e em Portugal no século XIX enfatiza que desde 1808 com a chegada da família real no Brasil o país começa a viver em busca de civilidade, de certa forma, aos moldes europeus e que está tem inicio no Rio de Janeiro onde um dos pontos que se desejava enquadrar nos padrões civilizatórios era justamente a alimentação, já que: "como parte integrante das observações sobre a cultura de um povo, os hábitos alimentares dos brasileiros inserem-se também neste contexto de civilização.[3] Ou seja, o refinamento da alimentação refletia diretamente neste contexto civilizatório exigido para um país que procurava selar seu ingresso no seleto clube de países ditos civilizados.[4]

O Rio de Janeiro, na visão dos viajantes Spix e Martius, era avaliado com certo grau de civilidade pela presença de alimentos importados, já que: "(…) é avaliado, entre outros fatores, pelos alimentos importados, presentes nas mesas abastadas, cujo afluxo torna-se intenso a partir da abertura dos portos e que, ao lado dos produtos nativos, abastecem o

---

2   A autora ainda salienta que: "Na dinâmica da cidade de Belém foram projetados além do Porto de Belém, O mercado Municipal do Ver-o-peso (1901) (…) [havendo] 43 fábricas (incluindo chapéus e perfumaria), 5 bancos, 4 companhais seguradoras, além da implantação da iluminação a gás, sob responsabilidade da Pará Eletric Railway Lighting (…)". SARGES, Maria de Nazaré. *Belém: riquezas produzindo a belle—époque.* (1870-1912). Belém: Paka-Tatu, 2002, p. 137.

3   COUTO, Cristiana Loureiro de Mendonça. *Alimentação no Brasil e em Portugal no século XIX e o que os livros de cozinha revelam sobre as relações entre colônia e metrópole.* São Paulo: PUC-SP, Dissertação de Mestrado. 2003, p. 68.

4   ELIAS, Norbert. *O Processo Civilizador. Uma História dos Costumes.* Trad. Ruy Jungmann. Ed. Jorge Zahar Editor. Rio de Janeiro. 1990.

mercado da capital".[5] Apesar da realidade ser do Rio de Janeiro do início do século XIX, essa ideia também cabe para Belém, já que há uma entrada intensa de determinados produtos europeus e americanos, bem como pelo fato de que o comércio local também era abastecido tanto por produtos nativos quanto pelos importados.

Neste contexto, inclusive, houve o surgimento de algumas fábricas ligadas aos setores de bebidas e alimentos. Em 1862, Belém contava com as seguintes fábricas: uma de vinho de caju; uma de chocolate;[6] três de beneficiamento de arroz e uma de café.[7] Na última década do século XIX, segundo Sarges surgiram 25 fábricas, entre elas a Palmeira (1892) que fabricava biscoitos, pão e caramelos; a fábrica de cerveja Paraense em 1905 e uma de licor em 1906.[8] Industrialização que será consolidada para as décadas iniciais do século XX.[9]

Bem, antes, contudo, outro fator que beneficiou o comércio de importados foi a introdução da navegação a vapor em 1853, que diminuiu consideravelmente as distâncias e aumentou as oportunidades do próprio comércio de porte médio e grande e de longa distância. Sobre a importância da navegação a vapor Ernesto Cruz salientou o diagnóstico de Joaquim Raimundo de Lamare, presidente provincial do Pará, em fins da década de 1860. Lamare nos diz o seguinte:

> Até essa época (1853) todo o tráfico de gêneros do comércio era morosamente feito em canoas, que raras vezes realizavam uma viagem redonda, de Belém a Manaus, em menos de 5 meses, viagem que hoje se efetua em 13 a 15 dias, quando muito, compreendidos os 5 dias de demora em Manaus e nos dez portos intermediários.

---

5   COUTO, *op. cit.*, p. 68 e 69.

6   Em 1870 continuava a existir um fabricante de chocolate em Belém. Relatório Dr. Abel Graça. Pará. Typ. do Diario do Gram-Pará. Travessa de S. Matheu. N. 29. 1871. p. 33.

7   SARGES, *op. cit.*, p. 20.

8   *Ibidem*, nota 7, p. 21.

9   Sobre a memória da Indústria Paraense Cf. MOURÃO, Leila. *Memória da Indústria Paraense*. Fiepa. Belém: (Federação das Indústrias do Estado do Pará. Sesi, Senai, Idepar, IEL.1989.

> Os fretes que eram caros nos barcos à vela, sendo calculados de *acôrdo* com os comerciantes carregadores para a navegação a vapor, ficaram muito reduzidos: as distâncias *quasi* desapareceram; as comunicações tornaram-se mais ativas (...) e o vale do Amazônas viu enfim, entra por suas portas a riqueza, a prosperidade e a civilização, há tantos séculos esperada.[10]

Embora não desaparecendo canoas e batelões, a navegação a vapor inaugurou novas oportunidades para o comércio e assim para a entrada em maior escala de produtos importados, pois, houve a intensificação da circulação de produtos inter-regionais, interprovinciais e entre países e a província paraense. Afinal, com a redução do tempo de viagem passam a circular nas praças comerciais novos produtos que antes não podiam, já que tinham uma deterioração mais rápida. Juntando-se à navegação a vapor, se têm a abertura do rio Amazonas à navegação estrangeira ocorrida em 7 de setembro de 1867, medidas que vão abrir as portas para os novos padrões e costumes alimentícios que muitas vezes acabavam sendo importados da Europa.

Franco em seu livro acerca da civilização material no Brasil afirma que a civilização só poderia chegar nessas paragens através dos rios onde "tornou-se evidente que o progresso na Amazônia e o intercâmbio interno do centro do Brasil com o norte dependiam da franquia fluvial".[11] Não apenas o comércio interno necessitava do transporte fluvial, também por vias marítimas o comércio internacional fazia-se. Tanto que o primeiro navio a vapor a chegar a Belém em 1826 vinha dos Estados Unidos, chamado de *Amazon*, todavia, o governo da província não permitiu que naquele momento o tráfego fosse aberto a outros países.

Não havendo problemas com o transporte das mercadorias, então, logo fica a questão: quem eram os consumidores destes produtos importados? Quando se diz que a alimentação com produtos importados era consumida por parte da população, entendo que as novidades chegavam a uma parcela da sociedade, pois, assim como havia pessoas que

---

10   *Apud* CRUZ, Ernesto. *História da Associação Comercial do Pará*. 2ª Ed. Rev. e ampl. Belém: EDUFPA, 1996. p. 108.

11   FRANCO, Afonso Arinos de Melo. *Desenvolvimento da Civilização Material no Brasil*. 3ª edição. Rio de Janeiro: Ed. Topbooks, 2005, p. 146.

podiam comprar o azeite doce, o vinho, o bacalhau e as massas finas, por exemplo, outras pessoas em alguns momentos sentiam dificuldade em comprar os produtos locais. Nesse sentido, Sarges ressalta que:

> (...) tornou-se por hábito das elites paraenses consumirem (...) uma gama de produtos importados da Europa e dos Estados Unidos (...). Importavam-se biscoitos e champanha Franceses, vinagre português, azeitonas portugue-sas, vinhos portugueses, franceses e espanhóis, manteiga inglesa, sabão ame-ricano e até chá de Pequim e uma série de produtos considerados supérfluos numa cidade em que a maior parte da população não podia sequer comprar o peixe da região.[12]

Não se deve pensar que o grupo da população consumidora de produtos importados na capital era restrita somente à classe dos que detinham o poder e riqueza, como era o caso dos barões da borracha, comerciantes e proprietários de bens em termos significativos; ou seja, as pessoas que tinham dinheiro e que através dele podiam ostentar seu *status* comprando produtos refinados e que eram tidos como caros, que, portanto, não faziam parte do trivial, o que os colocavam como consumidores diferenciados dos demais, formando uma classe dos que podiam ter uma mesa requintada e moldada nos padrões de refinamentos.[13] No entanto, na capital também havia pessoas que apesar de não serem ricas, constituíam camadas médias urbanas que podiam consumir gêneros refinados, como funcionários públicos e profissionais liberais que ao consumir um produto importado se reconheciam como parte de um determinado grupo seleto.[14]

---

12   SARGES, *op. cit.*, p. 160.

13   Burke ao delimitar a estrutura de uma elite o faz a partir de três pontos: status, poder e riqueza. BURKE, Peter. *Veneza e Amsterdã um estudo das elites do século XVII*. Apresentação: Edgard S. De Decca. Trad: Rosaura Eichemberg. São Paulo; Editora Brasiliense. 1991, p. 24.

14   Ainda sobre a elite paraense na economia e sociedade da borracha ver: CANCELA, Cristina Donza. *Casamentos e Relações Familiares na economia da Borracha (Belém 1870-1920)*. Universidade de São Paulo: Faculdade de Filosofia Letras e Ciências Humanas. Departamento de História. Programa de Pós-Graduação em História Econômica. USP-SP. 2006, p. 27 e 28.

Também existiam grupos de pessoas que apesar de não serem abastados tinham acesso a determinados produtos tidos como apurados. Em 1851, na lista de produtos arrematados para a Escola dos Educandos para o mês de março constava chá, vinagre de Lisboa e o azeite doce.[15] Assim, os educandos tinham a oportunidade de degustar determinados produtos tendo em vista que o governo pagava tais custos, mas não se vê outros produtos como frutas importadas ou mesmo a manteiga, pois se comprava o que era necessário à alimentação. Obviamente, a maior parte da população não consumia tais produtos.

O que dizer ainda das pessoas que moravam nos subúrbios da capital, já que muitas vezes não tinham condições de ir ao mercado diariamente comprar seus alimentos. Em 1866 essa era a realidade de muitas famílias que para suprir a falta dos gêneros frescos acabavam recorrendo ao peixe salgado, à carne salgada ou seca que poderiam ser expostos em vários lugares nos subúrbios. Se de fato estas pessoas não tinham condições de ir ao mercado comprar o trivial dada sua pobreza, imagine se poderiam ser abastecidas com os produtos importados.[16]

Wallace quando de sua viagem teceu comentários sobre alimentação e que seria possível entender as "diferenciações existentes entre formas de consumo pertencentes a grupos sociais diferentes". E que "(...) é plausível que as diferenças expostas entre os mencionados grupos ['população branca' e 'índios e negros'] relativas aos seus padrões alimentares, estavam ligadas a culturas de consumo distintas".[17] Acredito que um dos principais fatores que justifique em certo modo a cultura de consumo diferenciada foi à crescente economia gomífera já que:

---

15   Arquivo Público do Estado do Pará. Fundo: Secretária da Presidência da Província. Série: Ofícios do estabelecimento dos educandos do Pará. Ano: 1850-1853. Caixa 140.

16   Sobre a questão, ver pedido de alguns fazendeiros e criadores de gado que solicitam ao Presidente que vete a medida que estipulava que na falta de carne verde está deveria ser concentrada nos talhos do mercado público para que todos tivessem oportunidade de comprá-la. No entanto, com o fim da escassez no dito ano de 1866, onde havia grande oferta de carne verde, estes pediam que a carne pudesse voltar a ser espalhada pelos talhos ao longo da cidade, já que havia sobra de carne, pois as pessoas que não tinham condições de vir ao mercado todos os dias substituíam este gênero por carne salgada e/ou seca. No geral, eram as pessoas que moravam nos subúrbios que mais sofriam com tal medida. Arquivo Público do Estado do Pará. Fundo: Secretária da Presidência da Província. Série: Abaixo-assinados. Ano: 1860-1869. Caixa: 04.

17   BATISTA, *op. cit.*, p. 83.

As rendas provinciais cresciam, em grande medida por causa do comércio de exportação que passou a ter um produto bastante procurado por países estrangeiros; o poder de compra de, pelo menos, parte da sociedade local, também dá a impressão de ter tido algum aumento.[18]

Tal realidade, que gerava entre aqueles que tinham o poder de compra novos padrões de consumo, é perceptível que ainda na década de 1850. Os jornais noticiam a venda e anúncios sobre produtos estrangeiros numa quantidade bem inferior as décadas seguintes, o que demonstra que os anos de maior crescimento da economia da borracha aumentaram o poder de compra de parte da sociedade, o que foi um fator responsável pelo aumento de produtos alimentícios de outros países.

Enfim, é possível pensar os costumes como ligado a uma estrutura política das classes em face dos seus hábitos alimentares, tal como nos aponta o conceito de *Habitus* de Bourdieu,[19] cuja importância cabe para a alimentação, já que ele parte da cultura para as representações dos indivíduos e suas práticas. Ou seja, existiam pessoas que se adequavam aos padrões em voga, pois este refletia poder, ostentação e *status*. Poder comer frutas importadas, produtos caros, ou mesmo consumir um vinho vindo de Bourdex ou qualquer outro produto podem ser tomados como exemplos que refletiam mais do que dinheiro, mas um símbolo de poder social; ou seja, come presunto português quem tem poder econômico e hábitos mais refinados, os outros se satisfaziam com farinha e uma posta de peixe seco.

Quando se fala em produtos importados caros e, portanto, não consumíveis por grande parte da população faço referência aos queijos, carne, bolachas, legumes, chá, champagne, frutas como castanhas portuguesas, amêndoas passas, as quais eram inclusive oferecidas como presente em datas festivas. Por lado, é verdade também que nem todos os produtos importados eram supérfluos, ao contrário, existiam aqueles que vinham para abastecer o consumo, mas

---

18   BATISTA, *op. cit.*, p. 61.

19   *Apud.* BURKE, Peter. *O que é história cultural.* Tradução: Sérgio Goes de Paula. – Rio de Janeiro: Jorge Zahar Ed., 2005, p. 76 e 77.

básico, como é o caso do trigo ou mesmo do sal. Na região amazônica não existia a produção de trigo, então cabia ao estrangeiro o abastecimento de um produto necessário ao comércio nas padarias, restaurantes e afins ou mesmo nas casas para elaboração de bolos, pratos e etc.

O sal também era outro dos importados de necessidade básica, já que ele era utilizado tanto nas casas como tempero da comida e conservação dos alimentos, como também nas indústrias de salgamento de carnes. Ao lado desses produtos mais básicos, outros ostentavam riqueza e refinamento como a manteiga inglesa ou francesa, bolachas, chás entre outros. O comércio com outros países tende a aumentar em paralelo aos negócios da borracha e tais interesses vão originar receita à Fazenda.

Nesse setor de refinamento não faltou quem almejasse conseguir seu espaço na preferência de seus fregueses e não era somente os produtos importados que refletiam tal postura. Os produtos locais também tentavam passar ar de bom gosto como foi o caso dos biscoito produzidos na Fábrica Palmeira, que num catalogo de propaganda exaltava seus artigos que, como não eram estrangeiros, tinham pelo menos no nome e em seus ingredientes a ideia de refinados, se tomarmos como refinado aquilo que vinha de outros países como é o caso dos biscoitos seguintes:

> Albert: levemente adocicado e próprio para chá; Almond Nut: Acentuado e agradável paladar de amêndoas; Cream Cracker: De massa folhada e paladar muito agradável; Five o'Clock Tea: Levemente doce. Delicioso e grandemente apreciado; Ginger Nut: Pronunciado e excelente paladar de Gengibre; Jam Sponge: Esponjosa e deliciosa massa de ovos; Limon Nut: Agradavel, com fino sabor de limão; Petit Beure: É mesmo uma manteiguinha. De apurado e finíssimo paladar, é um biscoito muito apreciado; Sugar Waters: Uma verdadeira maravilha. Estes saborosos biscoitos, grandemente apreciados com sorvetes, constituem uma de nossas especialidades; Sandwich: Uma pareciada creação de nossa fábrica; Table: É outro biscoito preferido pelas creanças.[20]

---

20 Biblioteca Pública Arthur Vianna. Seção: Obras Raras. *Fábrica Palmeira. Catalogo da Secção de Bolachas e Biscoitos.* Pará. Brasil. Jorge Corrêa & Ca. não numerada. n: 017.681.1 (811.51). F 122 f.

A fábrica Palmeira, apesar de ser local, não contava diligência para levar aos seus fregueses biscoitos que seriam refinados e alguns, de certo modo, com preço mais alto do que os simples. Além de colocar produtos importados como as amêndoas, ainda tinha um biscoito que lembrava o costume dos ingleses ao chá das cinco, pois tem o nome de Five o'Clock Tea, e outros biscoitos citados que eram descritos com adjetivos a ressaltar sua aprimoramento e qualidade como "levemente adocicado, agradável, *excellente* paladar finíssimo e uma verdadeira maravilha".[21] Ao que tudo indica, tais produtos atendiam a um público com certo poder aquisitivo, pois a mesma fábrica produzia biscoitos para atender fregueses menos exigentes e com menos dinheiro. Entre eles estavam o "popular" que segundo o catálogo era "preferido pela sua qualidade e módico preço" e ainda o 'popular moreno' que era "de preço popular e *agradavel* paladar de chocolate".[22]

FIGURA 1 E 2: BOLACHAS DOCES DA FÁBRICA PALMEIRA INCLUSIVE A TEA E A OUTRA DE ARARUTA COM O NOME DA FÁBRICA[23]

Nesse sentido, deve-se pensar a economia da borracha como um propulsor da entrada de novos padrões e ainda com o aumento de poder de compra de determinados setores

---

21   *Ibidem.* nota 20.

22   *Ibidem* nota 20.

23   Figuras retiradas de FONTES, Edilza Joana de Oliveira. *O pão nosso de cada dia: trabalhadores e indústria da panificação e a legislação trabalhista (Belém 1940-1954).* Belém: Paka-tatu, 2002.

gerando uma busca por produtos de paladar apurado em especial os importados. Assim alguns produtores locais para fazer frente ao comércio de importados tiveram que incrementar seus produtos para quem sabe assim atender as exigências dos mais acurados paladares.

Logo, a economia da borracha foi importante para o desenvolvimento regional e o crescimento do comércio uma vez que: "os rendimentos proporcionados pelos rendimentos da borracha, em parte, eram aplicados no melhoramento material e no crescimento da cidade".[24] Logo, ao falar em consumo dos produtos importados deve-se antes abrir uma análise dos valores de importação e exportação ao longo da segunda metade do século XIX, período que houve o crescimento em larga escala da economia da borracha.

I – OS CIFRÕES DE UMA HISTÓRIA: IMPORTAÇÃO, EXPORTAÇÃO E SEUS VALORES

Os produtos chegados do estrangeiro não substituíram os regionais, até porque existia um "padrão de produtos estrangeiros" que tinham como destino a província e a própria capital. Para compreendermos os tipos de mercadorias que circulavam em maior escala é preciso tomar como ponto de referência o comércio interprovincial e acima de tudo regional. Visualizemos a tabela abaixo:

TABELA IX: VALORES SOBRE OS IMPOSTOS DE IMPORTAÇÃO E EXPORTAÇÃO NO PERÍODO DE 1848 A 1851[25]

ANO	IMPORTAÇÃO	EXPORTAÇÃO
1848-1849	1.039.629$728	1.311.731$367
1849-1850	1.555.742$087	1.484.915$657
1850-1851	2.291.953$995	1.986.542$173
TOTAL	4.885.325$810	4.783.190$613

Fonte: Tabela adaptada do Relatório do Presidente de Província Dr. Fausto Augusto d'Aguiar. 15 de agosto de 1851. Typographia Santos & Filhos. Rua de S. João canto da estrada de S. José. Pará. 1851. Mapa sem número.

---

24 BATISTA, *op. cit.*, p. 61.

25 Aqui não está especificado quanto desse valor era dos países estrangeiros e quanto era de outras províncias, a mesma coisa para a exportação.

Entre 1848 a 1851 se têm um valor de 4: 885.325$810 réis importados enquanto que de exportação foram 4:783.190$613 uma diferença a favor da importação de 102.135$613 réis. No entanto, entre 1848/50 a exportação apresenta valores maiores que a importação, essa era a realidade, pois, desde a década de 1850 o Pará figurava ao lado de Rio de Janeiro como um dos lugares que mais gerava receita oriunda da exportação. Para os anos entre 1851 a 1852 a importação por sua vez tem maiores valores como fica evidente na próxima tabela.

TABELA X: VALORES SOBRE OS IMPOSTOS DE IMPORTAÇÃO E EXPORTAÇÃO (1851-1854)[26]

ANO	IMPORTAÇÃO	EXPORTAÇÃO
1851-1852	2: 589.299$599	1: 928.411$914
1852-1853	3: 094.747$443	2: 661.397$732
1853-1854	4: 908.384$164	5: 338.513$575

Fonte: Fala que o Presidente de Província Exmo. Snr. Conselheiro Sebastião Rego Barros. 15 de agosto de 1854. Pará. Typ. da Aurora Paraense. Imp. por J. F. de Mendonça, 1854. Tabela n. 24.

Até 1852 os valores sobre a importação superavam os da exportação; no entanto, em 1853/4 a diferença sobe em 430.129$ 411 réis sobre as importações. Essa diferença vai se acentuando nos anos seguintes.

TABELA XI: VALORES DE IMPOSTOS SOBRE IMPORTAÇÃO E EXPORTAÇÃO (1858-1864)

ANOS	IMPORTAÇÃO	EXPORTAÇÃO
1858-1859	3: 946.363$957	3: 917.103$688
1859-1860	4: 709.895$560	5: 912.860$040
1860-1861	5: 704.745$464	5: 341.303$713
1861-1862	3: 818.976$206	4: 602.299$657
1862-1863	4: 471.313$653	5: 573.768$971
1863-1864	5: 227.895$281	5: 827.243$079

Fonte: Relatório do Presidente Couto de Magalhães. 15 de agosto de 1864. Livraria do Povo. 65 Rua de S. José 67. Casa de Quatro Portas. Rio de Janeiro. 1864. Biblioteca Nacional do Rio de Janeiro.

---

26   Para a exportação foi levado em consideração à exportação por cabotagem e comércio geral por concorrência.

Na tabela XI, nota-se que entre os anos de 1858/59 e 1860/61 é que a importação mantém vantagem sobre a exportação; entre 1858/59 os valores são de importação 3: 946.363$957 e para a exportação com 3: 917. 103$688. Também entre 1860/61 a importação é maior e em ambos os anos a diferença entre os valores é pequena. Nos demais anos os valores invertem-se e a exportação lidera as pautas e as diferenças tornam-se maiores e somando as cifras dos anos citados temos a exportação com 21: 916.171$747 réis contra 18: 228. 080$700 réis de importação. Assim em determinados momentos a exportação dos produtos do país para o estrangeiro tem sustentado um valor maior do que a importação direta dos gêneros estrangeiros. As exportações crescem a partir da década de 1850 por conta da borracha.

Para os anos de 1861-1862 existe uma queda na importação. Segundo o presidente Couto de Magalhães, tal situação não se dava apenas pela "prosperidade do *commercio*, mas a excesso de importação superior ao consumo regular do país".[27] Nos anos seguintes os valores de exportação continuam superiores que os de importação podendo-se listar vários fatores que justificam um número maior de exportação. Um deles poderia estar ligado ao aumento dos direitos sobre os da importação, como nos menciona o Dr. Domingos José da Cunha Júnior em 1873.[28]

Ou ainda pelo fato de que os gêneros exportados tinham o valor de mercado que eram semanalmente regulados devidos os preços correntes, ao passo que os das mercadorias importadas estavam organizados em tarifas para produtos importados, que eram diferentes das de exportação. E o fato de economia crescente da borracha vai elevar em grande medida os valores de exportação, em especial sobre a borracha. É bom lembrar que um dos principais fatores que limitavam em alguns anos os números da importação, em especial nos anos iniciais ao "*boom*" gomífero ocorria, pois havia um limite de consumo para os produtos estrangeiros, bem como um padrão dos produtos que aqui chegavam. Ou seja, eram determinados produtos que compunham a lista dos mais importados como manteigas, bacalhau, frutas, trigo, sal entre outros.

---

27   Relatório do Presidente Couto de Magalhães. 15 de agosto de 1864. Livraria do Povo. Rua de S. José 67. Casa de Quatro Portas. Rio de Janeiro. 1864. Biblioteca Nacional do Rio de Janeiro, p. 48.

28   Relatório Exmo. Snr. Dr. Domingos José da Cunha Júnior. 31 de dezembro de 1873. Pará. Typographia do –Diário do Gram-Pará-Travessa de S. Matheus. n. 29, p. 43.

Com limite de consumo ou não, a cada década posterior a 1870 os valores de imposto sobre os produtos importados aumentam as rendas geradas pelo comércio. Santos salienta que de 1889 a 1899 somente o Pará contribuía com a receita bruta federal com cerca de 3 a 8%. Ou seja, com a economia da borracha atrelada ao crescimento econômico que o Pará e consequentemente a cidade de Belém passa a vivenciar, reflete no aumento de rendas entre elas de importação e assim um volume maior de produtos do estrangeiro.[29] No ano de 1876 foram despachadas para consumo na capital um total de 7. 451:875$087 réis em mercadorias importadas.[30] Aumentando a diferença entre os valores de exportação versus importação e em alguns anos posterior a 1869/70 os valores arrecadados com impostos sobre a importação são bem mais expressivos do que os com a exportação como retrata a tabela abaixo:

TABELA XII: VALORES DE IMPOSTOS ARRECADADOS SOBRE EXPORTAÇÃO E IMPORTAÇÃO (1869-1885)

Anos	Importação	Exportação
1869-1870	2,552: 516$107.	1,208: 531$562
1870-1871	3,585: 660$359.	1,082: 492$500
1871-1873	3,491: 039$497.	1,137: 607$055
1873-1874	2:403: 352$505	1: 140: 305$594
1874-1875	2:000: 669$971	963: 270$214
1879	3,889: 222$047	1,948: 038$943
1883-1884 1884-1885	3,522: 544$791 988: 478$614	1,080: 988$158 407: 370$483

Fonte: Relatório do Presidente de Província em 1º de julho de 1873. Relatório de Presidente de Província em 15 de fevereiro de 1877. Relatório Dr. José da Gama Malcher, em março de 1878. Pará. Typ. Guttembrg. 1878. Relatório do Presidente de Província José Coelho da Gama e Abreu, em 15 de fevereiro de 1880.

---

29   SANTOS, Roberto. *História econômica da Amazônia (1800-1920)*. São Paulo: T. A. Queiroz, 1980.

30   Deste valor ocupava o primeiro lugar como fornecedora de mercadorias com 4, 183:804$924 réis a Grã-Bretanha, em 2ª lugar com os Estados Unidos com 1, 265:414$890 réis, seguido de Portugal com 1, 141:900$721, em 4ª a França com 850:389$613 réis, no 5ª lugar Alemanha com 3:281$531 e por último, a Espanha com 3:083$408. Cf. Relatório de Dr. José da Gama Malcher primeiro Vice-Presidente, em 9 de março de 1878. Pará. Typ. Guttemberg. Praça de Pedro II, Esquina da Rua do General Gurjão. 1878, p. 124.

Pela tabela é possível chegar a alguns pontos: à medida que a economia da borracha esta em franca expansão os valores da importação sobre exportação eram bem mais significativos. Desde 1869/70 até 1884/85 os valores de importação são maiores sobre a exportação. Em alguns anos a diferença é bem significativa como em 1870/71 quando a importação foi de 3, 585:660$359 sobre 1, 082:492$500 de exportação e no ano entre 1874/75 quando a importação foi de 2,000: 669$971 sobre a exportação de apenas 963:270$214.

É bom lembrar que nestes anos a borracha ocupa os principais lugares nas pautas de exportação, então se pode supor que os produtos alimentícios exportáveis estavam saindo em menor escala. Além do mais a importação não girava apenas em torno de produtos voltados para a alimentação, ao contrário, diversos tipos de produtos chegavam à capital dos países estrangeiros como produtos de perfumaria, vestuário entre outros. Assim pelas tabelas é possível pensar que nos anos de crescimento da economia gomífera em diversos momentos os valores de importação estavam maiores que os de exportação, tal situação ressalta que a possibilidade de poder de compra com a ascensão da borracha estava maior.

De fato, a cidade de Belém com seu porto cosmopolita, mantinha relações comerciais com as mais diversas nações. Eram comuns navios ingleses, americanos, portugueses, franceses, holandeses, hanoverianos, dinamarqueses, russos, prussianos, hamburgueses, holsteinenses e suecos. Destes o comércio era mais forte com os ingleses, americanos, portugueses e franceses que traziam e levavam mercadorias. Entre 1855 à 1859 entraram 423 navios com 105.915 toneladas dos seguintes portos: Grã-Bretanha, Bélgica, cidades hanseáticas, França, Espanha, Portugal, Estados-Unidos, portos ingleses na África, portos portugueses na África, portos franceses na América e portos do Império.[31] É adequado observar que a presença significativa de navios estrangeiros já existia desde a primeira metade do século XIX.

---

31   Relatório do Exmo. Snr. Vice-Almirante Joaquim Raymundo De Lamare, em 6 de agosto de 1868. Pará. Typographia do Diario do Gram-Para. Travessa de S. Matheus. n. 29. p. 29. Fala Coronel Manoel de Frias e Vasconcellos. Em 1 de outubro de 1859. Pará. Typ. Commercial de A. J. R. Guimarães. Travessa de S. Matheus, casa n. 2 AA. n. 35.

TABELA XIII: ORIGEM DAS EMBARCAÇÕES QUE TRAZIAM
MERCADORIAS PARA A CAPITAL ENTRE 1850-1883

ANO	INLGATERRA	ESTADOS UNIDOS	FRANÇA	PORTUGAL
1850/51	15	25	13	22
1854/55	18	25	17	15
1861	19	47	16	22
1863/64	64	2	22	26
1876/77	68	33	11	16
1883	129	54	41	———

Fonte: Fonte: Relatório do Presidente de Província Visconde de Maracajú, em 24 de junho de 1884. Pará. Typ. de Francisco da Costa Junior. Travessa de 7 de Setembro, p. 27 e 28.

Pela tabela acima, nos anos referidos, o comércio com Inglaterra superava todos os outros num total de 313 embarcações, seguida dos Estados Unidos com 186, em terceiro a França com 120 e por fim os portugueses com 101. O comércio com a Inglaterra já existia na primeira metade do século XIX. Durante o movimento da Cabanagem os comerciantes ingleses com temor da reação dos cabanos, em 24 de agosto de 1835, enviaram documentos ao governo brasileiro solicitando segurança em especial aos seus comércios já que "A perda que os negociantes britânicos hão de sofrer tanto nos bens já roubados, como também nos que ainda podem perder (...)".[32] Dentre os comerciantes que aqui residiam e que assinavam o documento estavam A. Campbel, Henry Dickenson, S. Phillips Junr, John Clark, Iwo O. Ouwen, Edward Ebele, Hugh Goodair, H. Zalconer, Corbett, Thos. Fletcher, Ias Campbell, Robert W. Collock, Ias Blashfield e Joseph Deillon.[33] Assim, tanto existia a presença de comerciantes ingleses na cidade, bem como as relações comercias entre a Inglaterra e a capital do Pará era significativa. Como parte desse comércio, importava-se da Inglaterra muita manteiga, cerveja, queijos londrinos e outros.

---

32   CRUZ, *op. cit.*, p. 131.

33   CRUZ, *op. cit.*, p. 131.

Já o número de embarcações com os Estados Unidos fazia-se em escala significativa tanto para a importação quanto para exportação. É comum os manifestos de entrada de navios americanos no porto trazendo mercadoria: importava-se farinha de trigo e outras vezes sal, além de outras miudezas. O número de embarcações francesas era de 120 ocupando o terceiro lugar, mostrando que apesar da França de sido o ideal de urbanização e civilidade que se almejava para Belém em determinados momentos, o número de navios era menor; todavia da França importava-se de tudo um pouco: da champagne aos biscoitos, havendo, portanto, um comércio bem variado.

Os navios traziam diversos produtos alimentares, muitos deles já consignados aos comerciantes da praça como nos mostra as informações: carga do vapor inglês *'Cearense'* vindo da Europa, de Lisboa e Hamburgo, com cargas consignadas as respectivos comerciantes: a Santos Sobrinho e C: vinho 40 *brs*;[34] Araújo e C: azeite de Lisboa 10 *cxs*.[35] Hamburgo: arroz 25 *sacs*;[36] bacalhau 40 *cxs*. M. J. Gonçalves e C: vinho 80 *brs*. Hamburgo: bacalhau 25 *cxs*, *phosphoros* 75 *dts*.[37] Freitas Santos e C: vinho 25 brs. Lopes Braga e C: vinho 10 brs. Joaquim H. Vidigal: vinho 20 *brs*. Antonio Ferreira Pinto: vinho 10 *brs*. J. L. de Oliveira Moura: vinho 10 *brs*. (…).[38] Tais produtos alimentícios vinham juntamente com outros produtos como fazendas, sabão, ferragens, chapéus, obras de madeira, papel, camisas, couros, tecidos, vidros, obras de folha de flandes entre outros.[39] Vê-se, então, no decorrer do século XIX um aumento desses produtos importados e consequentemente do seu consumo, sendo incluídos nos lares e hábitos das famílias paraenses que tinham condições para tal, embora esses produtos importados em maior escala não tenham no conjunto das práticas alimentares substituído por completo os produtos regionais na capital. Assim,

---

34 A abreviatura brs, era de barris.

35 A abreviatura cxs, era de caixas.

36 A abreviatura sacs, era de sacas.

37 A abreviatura de dts, era de ditas.

38 *Jornal Diário de Noticias*. 08/01/1891, p. 1 col 1,2. n. 5. & 09/01/1891, p. 1.

39 *Ibidem* nota 38.

os produtos importados que tinham maior entrada na província devem ser enfatizados, pois ao listá-los é possível entender o perfil das pessoas que os consumiam. Quais seriam os produtos tidos como mais refinados?

Imagem 1: A Vendeda de Leite fresco nas ruas de Belém, nas portas das casas, ainda no inócio do século XX, retratada em cartão postal. GERODETTI, João Emílio; CORNEJO, Carlos. Lembranças do Brasil: as capitais brasileiras nos cartões postais e álbuns de lembranças. São Paulo: Solaris Edições Culturais, 2004. p. 224.

Imagem 2: Barraca de venda de açaí, em Belém, 1879. Charles Scribners Sons. Apud: BASTOS, Vera Burlamaque, CRISPINO, Luís Carlos Bassalo & TOLEDO, Peter Man. (Organizadores). As origens do Museu Paraense Emílio Goeldi: Aspectos históricos e Iconográficos (1860-1921). Belém: Paka-Tatu, 2006. p. 99.

Imagem 3: Vendedora ambulante uma negra com seu tabuleiro na cabeça no Largo do quartel em Belém no século XIX (detalhe de gravura do Largo do Quartel, de Joseph Leon Righini).

Imagem 4: Largo do Quartel, num dos momentos cotidianos à direita a vendedora ambulante, ao centro as lavadeiras com suas roupas e retirando água e a vida acontecendo em Belém. (gravura do Largo do Quartel, de Joseph Leon Righini).

Imagem 5: Vendedora de Tacacá, cabocla de feições indígenas com flores de jasmim ao cabelo, Tela de Antonieta Santos Feio: Vendedora de Tacacá de 1937.
(Acervo do Museu de Arte de Belém/ MABE/ FUMBEL/PMB).

Imagem 7: doca do Ver-O-Pesa.

Apesar de o postal ser de 1910 a paisagem não é muito distinta do que era no século XIX; uma profusão de embarcações que todos os dias atracavam na Doca do Ver-O Peso, para o abastecimento da cidade de Belém e também para o comércio com o exterior.[40]

---

40   GERODETTE, João Emelio. CORNEJO, Carlos. Lembranças do Brasil: as capitais brasileiras nos cartões postais e álbuns de lembrança - São Paulo: Solaris Edições Culturais, 2006, p. 226.

Imagem 8: O movimento na doca do Ver-O-Peso

Pela imagem acima vê-se que as canoas eram parte do cenário da Doca do Ver-O-Peso. Entre as canoas e produtos é possível visualizar o fluxo intenso de pessoas que iam desde o carregador até os comerciantes donos das mercadorias. Desde aquela época o Ver-O-Peso já destacava-se como o que Osvaldo Orico denomina de feira ao ar livre.[41]

---

41   GERODETTE, João Emelio. CORNEJO, Carlos. Lembranças do Brasil: as capitais brasileiras nos cartões postais e álbuns de lembrança - São Paulo: Solaris Edições Culturais, 2006, p. 224.

Imagem 9: Mercado de Ferro e a confluência de embarcações. Cartão Postal, nas
mediações da doca Ver-O-Peso, no início do século XX[42]

---

42 GERODETTE, João Emelio. CORNEJO, Carlos. Lembranças do Brasil: as capitais brasileiras nos cartões postais e álbuns
de lembrança - São Paulo: Solaris Edições Culturais, 2006, p. 224.

PARÁ — Vendedor de peixe

Imagem 10: O vendedor de peixe, que percorre ruas de Belém, em 1906[43]

43   In: Belém da saudade: a memória de Belém no início do século em cartões postais. Belém; Secult, 1996, p. 252.

Imagem 11: Uma cozinheira, retratada em cartão postal de Belém, no início do século XX[44]

---

44   Belém da saudade: a memória de Belém no início do século em cartões postais. Belém; Secult, 1996, p. 353.

II – DA MANTEIGA INGLESA AO BACALHAU PORTUGUÊS: OS PRODUTOS IMPORTADOS ESTRANGEIROS EM BELÉM

Na capital, o consumo era variado quanto à origem dos produtos, pois havia lugar para os produtos regionais, de outras províncias e mesmo de outros países. A diferença não se fazia apenas na quantidade e sim na natureza dos produtos. Através dos produtos listados nas tabelas que seguem, entendo que os produtos estrangeiros chegavam atendendo a um padrão como os chás, vinhos, cerveja, bacalhau entre outros.

TABELA XIII: GÊNEROS IMPORTADOS À VENDA NA CAPITAL DA PROVÍNCIA EM 1852

BEBIDAS	PEIXES	DERIVADOS ANIMAIS	MASSAS	FRUTOS	OUTROS
Chá Hycson Chá Preto Vinho Branco/ Tinto/ Verde Cerveja Preta/ Branca.	Bacalhau Sardinhas	Presuntos Toucinhos Chouriços Manteiga	Macarrão Talharim Massas sortidas Massas finas	Nozes Passas Ameixas Figo	Azeitonas

FONTE: JORNAL O MONARCHISTA PARAENSE. BIBLIOTECA FRAN-PAXECO/ GRÊMIO LITERÁRIO PORTUGUÊS. ANÚNCIOS: JANEIRO A SETEMBRO 1852. ANO I. N. 1 AO 18.

Tomando a tabela acima como um ponto de partida é possível analisar alguns dos produtos que circulavam na capital da província na segunda metade do século XIX, tais como a manteiga inglesa, o bacalhau, os chouriços, o vinho do porto a cerveja preta ou cerveja branca. Assim dos 16 anúncios datados de 1852 e publicados no jornal *Monarchista Paraense* ofertando produtos alimentícios, em seis deles (37,5%) é possível encontrar produtos estrangeiros. Na taberna defronte do Sr. Braga (Barateiro),[45] por exemplo, encontrava-se à venda *Chá Hycson* que ao que parece tinha lá seu público, pois, é possível vê-lo com certa frequência. Além desta bebida têm-se ainda vinho branco e tinto, o último

---

45   *Monarchista Paraense*, 29 de março de 1852, p. 3.

vindo de Lisboa. Massas finas como talharim e macarrão que compunham itens mais refinados; a manteiga que não era apenas inglesa, mas igualmente francesa; chouriços; cerveja; presuntos e até mesmo frutas como passa, ameixas e caixas de figo.

Em outra taberna que ficava em frente da botica do senhor Augusto Marcolino Farias, havia vinho de Lisboa, talharim, manteiga inglesa, macarrão e frutas como passas, nozes e ameixas. Por sua vez, no estabelecimento do senhor Fulgêncio Jozé Pinto era possível comprar sardinhas em latas e azeitonas. Parte dos produtos acima citado também se encontra nas tabelas abaixo, além de outros introduzidos em nossa lista de análise, como vê-se a seguir:

TABELA XIV: GÊNEROS IMPORTADOS DO ESTRANGEIRO ENTRE 1857-1858
(IMPORTAÇÃO DIRETA)

GÊNERO	VALOR (EM MIL RÉIS).
Farinha de Trigo	206.815,376.
Sal	106.397,700.
Manteiga	81.554,847.
Vinhos	46.131,042.
Bebidas Espirituosas	43.021,058.
Queijos	31.368,301.
Carne	27.116,743.
Azeite	25.847,965.
Bacalhau e outros peixes	21.240,682.
Chá	16.230,417.
Bolachas, biscoitos e roscas	13.692,115.
Tartaruga em rama e em obras	10.761,736.
Batata	7.203,285.

Fonte: Relatório lido na abertura da Assembleia Legislativa pelo Ex. Sr. Vice-Presidente da Província Ambrósio Leitão da Cunha. 15 de agosto de 1858. Typ. Commercial de Antonio Jose Rabello, p. 32.

TABELA XV: GÊNEROS IMPORTADOS DO ESTRANGEIRO POR CABOTAGEM 1857-1858

GÊNEROS	VALOR (EM MIL RÉIS)
Vinhos	16.911,840
Manteiga	11.383,200
Farinha de Trigo	8.487,722
Bacalhau e outros peixes	4.644,393
Carnes	2.315,638
Bebidas Espirituosas	1.959,800
Queijos	1.892,000
Tartaruga em rama e em obras	1.804,375
Bolachas, biscoitos e roscas	1.697,604
Azeites	1.050,800
Chá	435,000
Batatas	325,343
Sal	195,400

Fonte: Relatório lido na abertura da Assembleia Legislativa pelo Ex. Sr. Vice-Presidente da Província Ambrósio Leitão da Cunha. 15 de agosto de 1858. Typ. Commercial de Antonio Jose Rabello, p. 33.

Na importação direta temos a farinha de trigo com 206.815.376 réis; sal com 106.397.700 réis; manteiga com 81.554.847 réis; vinhos 46.131.042 réis e em quinto lugar com 43.021.058 as bebidas espirituosas. Na cabotagem, os cinco maiores valores em réis são: vinhos; manteiga; farinha de trigo; bacalhau, outros peixes e carnes. Através dessas tabelas nota-se que existia um padrão de alimentos importados na capital. No geral, os alimentos consumidos na capital giravam em torno de produtos classificados como aqueles que não estavam no dia-a-dia de grande parte da população, mas que podiam ser degustados de acordo com os padrões a partir dos marcadores sociais de classe, gênero e origem. A falta deles não causaria crise de fome, daí porque não houve substituição dos produtos regionais pelos importados.

Parte dos produtos importados era muitas vezes consumido em festas ou momentos importantes e por isso não tinham consumo cotidiano; entre eles as nozes, as castanhas, as geleias, as passas, os figos. Ou ainda, pensar também a importação de determinados produtos pelo viés do caráter de origem, ou seja, muitas das famílias que tinham condições e podiam comprar os produtos estrangeiros, eram portugueses, espanhóis ou descendentes. Com relação aos portugueses também existe um comércio forte e constante até porque o número de imigrantes portugueses nestas paragens era um dos mais significativos na segunda metade do século XIX, quanto ao número de imigrantes o Pará perdia apenas para o Rio de Janeiro. E para o período estudado os portugueses "dominavam" o comércio no Pará. Eram proprietário de lojas, tabernas, vapores e ainda mercearias. Coelho enfatiza bem a presença dos portugueses no comércio local em especial com a fase crescente do extrativismo da borracha a partir da década de 1850, já que:

> A borracha, sabe-se, se constitui um dos pólos mais expressivos da economia brasileira ao longo da segunda metade do século XIX, observando-se, em função das exigências da cadeia produtiva do *látex*, um elevado crescimento no setor comercial em Belém, setor historicamente marcado pela ascendência portuguesa.[46]

O autor ainda salienta que na década de 1870, cerca de 30% da população de Belém era constituída por portugueses. Assim, com um número de portugueses significativo entende-se por que havia a importação expressiva de produtos portugueses como bacalhau, castanhas, nozes, vinho e outros justamente para atender as exigências dos estrangeiros que na capital fixavam residência sem, contudo, perder de vista suas raízes, ainda mais que para determinados produtos não havia similares na região como o bacalhau, as castanhas portuguesas, passas, ameixas e outros.

---

46 COELHO, Geraldo Mártires. *O violino de Ingres. Leituras de história cultural.* Belém: Paka-tatu, 2005, p. 354.

Em anúncio da Mercearia Amazônia no canto da Travessa das Mercês havia variada oferta nesse sentido: "Recebeu para as festas de natal, castanhas, nozes, amêndoas, figos, passas, queijos flamengos e londrinos, e magnífica geleia de cereja, morango, groselha, framboesa, *marmello* etc...". Ofertando ainda "cerejas e morangos em cauda e magníficos xaropes de groselha, próprios para refrescos, vinhos de *Bourgonhe* de primeira qualidade e com 4 anos chegados ao Pará"; assim como, "Whiskey americano de melhor marca, sardinhas magníficas em azeite e tomate e outros tantos artigos de qualidade superior".[47]

É válido pensar, então, que o padrão de consumo aos produtos importados ia além de se querer alcançar os requintes e bons modos europeus pelos simples fato de usufruí--los, era também certo luxo, que para muitos era usufruído nas datas festivas e/ou comemorativas de formas esporádicas e não no cotidiano. Em 1884 se encontra na fala do senhor Visconde de Maracajú o que estou expondo, falava o presidente da província das frutas, ainda mais as conservadas, que não compunham os gêneros ditos de principal para a alimentação, quando ao fazer o balancete dos principais produtos nas pautas comercias da província no que dizia sobre as frutas conservadas "Achamos ocioso *fallar* das *fructas* conservadas que não constituindo o principal alimento, não merecem fixar *attenção* dos poderes públicos".[48]

Enfim, quais os produtos que compunham o padrão de consumo alimentício de importados na capital? Quero começar tomando como referência um produto que sempre estava nas pautas comercias dos importados e com valores elevados, era o trigo. Pois bem, pelas tabelas o valor importado de trigo entre 1857-1858 foi de 215: 303.098 réis, em

47   *Apud* VILHENA, Sandra Helena Ferreira. *Belém: O Abastecimento de gêneros alimentícios, através das mercearias (1890-1900)*. Universidade Federal do Pará. Centro de Filosofia e Ciências Humanas. Departamento de História e Antropologia. Laboratório de História. 1990. Belém. Pará, p. 19. A fonte citada pela autora é o jornal *Diário de Notícias*. 05-01-1893, p. 3.

48   Fala Exm. Snr. Presidente de Província General Visconde de Maracajú. Em 7 de janeiro de 1884. Impresso na Typ. do Diário de Noticias. 1884, p. 26.

1856 chegaram ao porto da capital 80 barricas com farinha de trigo no brigue português Tarujo,[49] no mês de janeiro de 1869 vieram de Nova York 216 barricas de farinha de trigo.

A farinha de trigo era um produto que só podia chegar à província se fosse importada, já que não havia a cultura deste cereal, mas ele era um gênero de importância tanto para as padarias, fábricas de biscoitos com para a cozinha doméstica. Por muito tempo a falta da farinha era suprida pela mandioca, já dizia Debret: "O emprego generalizado da farinha de mandioca em lugar da farinha de trigo fazia da profissão de padeiro uma indústria de luxo no Brasil (...)".[50] Era justamente a mandioca que por muito tempo ocupou o lugar do trigo. No entanto, a partir da melhora nos transportes a longo curso com a introdução do navio a vapor ficou mais fácil a importação deste produto e cada vez mais ele era consumido em Belém e interiores. Bates observa que, em Belém, em 1859 "A farinha de mandioca, o pão da região, era tão escassa, tão cara e tão ruim que as classes mais pobres de naturais passavam fome. E fomos obrigados a comer pão de trigo, feito de farinha americana (...)".[51] Pelo seu comentário vemos que a farinha de trigo americana era uma das que figuravam no cenário gastronômico da região.

Dos produtos estrangeiros a farinha de trigo era um dos mais importantes e não constituía um produto de luxo, que além de ser uma substituição da mandioca quando necessário se tornava parte essencial para a indústria local, pois, somente na capital no ano de 1870 havia 40 padarias e um dono de confeitaria que pagavam impostos.[52] Ou seja, já havia um numero significativo de padarias o que justifica as somas elevadas de trigo que

---

49 *Treze de Maio*. Belém do Pará. 4 de janeiro de 1856. N. 628, p. 4.

50 DEBRET, Jean Baptiste. *Viagem pitoresca e histórica do Brasil, t. 1, vol. 1 e 2, p. 260. Apud* Arquivo Ernani Silva Bruni. *Equipamentos da casa Brasileira usos e costumes*. São Paulo: Museu da Casa Brasileira, CD-ROM.

51 BATES, Henry Walter. *Um Naturalista no rio Amazonas*. (1850-1859). Vol. II, São Paulo, Companhia Editora Nacional, 1944, p. 395. In: Arquivo Ernani Silva Bruni. *op. cit.*, CD-ROM.

52 Naquele ano sobre imposto de indústria e profissões a capital contava com 1.277 estabelecimentos, dos quais 1.055 estavam sujeitos a impostos e 222 isentos, sendo 394 nacionais e 883 estrangeiros. E ainda 82 eram da industria mercantil com um valor lucrativo na importação de 349:842.5000 rs. Cf. *Relatório do Presidente de Província Dr. Abel Graça*. Pará. Typ. do Diario do Gram-Pará. Travessa de S. Matheus. Casa n. 29. 1871, p. 31/34.

aportavam na cidade. Em 1859, no jornal *A Epocha* tem-se o seguinte anúncio "Na padaria da rua S. Vicente continua à vender-se o seguinte: Farinha de milho a 120 rs. e pão de
dito ao sahir do forno depois das 10 horas".[53] Além da farinha de trigo utilizava-se a farinha
de milho, mas esta era em menor escala e em parte era fornecida por alguns interiores que
tinham tal cultura. No entanto, a preferência de fato era pela da farinha de trigo. Wallace
quando de sua estada em Belém faz o seguinte comentário: "O pão é feito de farinha de
trigo importada dos Estados Unidos".[54]

Outro produto que se pode classificar como de primeiríssima necessidade para estas
localidades era o sal, já que a necessidade de salgar os alimentos era para muitos a garantia
da sua alimentação. Ele também servia como tempero básico dos alimentos, para dar o
gosto. Bates quando estava no rio Cupari, no Pará, faz o seguinte comentário sobre como
os caboclos comiam os ovos de iguana: "Os homens comiam-nos crus, misturados com
farinha e uma pitada se sal".[55] Segundo o jornal *A Epocha* em 1858, havia chegado no
brigue português *Feliz Ventura* 107 moios[56] de sal e no armazém da *Costa Batalha e Ca.*
havia sal português a venda pelo preço de 800 rs., cada alqueire.[57] Em 1856 uma quantidade de 141 moios de sal vindos de Lisboa no brigue *Tarujo* para o Sr. Joaquim Roberto
da Silva,[58] somando 106.597.100 réis em 1857/58. Já em 1869 foram 52 moios. Em 1868
Manoel Joaquim de Faria vendia a bordo de sua embarcação sal.[59] Em 30 de junho de
1874 o capitão do patacho alemão *Reil* procedente de Setúbal deu entrada no porto da

---

53   *A Epocha.* 03 de janeiro de 1859. N. 01 a 291. Anno II. Anúncios.

54   *Apud* SANTOS, Roberto Araújo de Oliveira. *op. cit.*, p. 126.

55   BATES, *op. cit.*, p. 16.

56   O sal geralmente vem especificado em unidades de móis, é preciso ressaltar que 1 moio equivale a 60 alqueires. http://
     br.geocities.com/jcc5002/unidadesantigas.htm.

57   *Epocha.* Ano I. 9 de setembro & 14 de junho de 1858. Pará. Imp. no Pará na Typ. do Observado Rua do E. Santo casa
     n. 16 L. A. Pinheiro 1858

58   *Treze de Maio.* Belém do Pará. 4 de janeiro de 1856. n. 628, p. 4.

59   *Diário de Belém*, quinta-feira, 13 de agosto de 1868, p. 3; Anúncios.

capital com carregamento de sal.[60] Apesar de não haver uma produção de sal na capital, o comércio deste produto era significativa, tanto que, em 1870, havia na capital dois depósitos para armazenar sal e ainda dois mercadores para a venda, o que demonstra que a importação deveria ser bem importante.[61]

Já a manteiga importada também tinha seus degustadores. Pelas tabelas chegaram aos portos num valor em réis de 92.938.047 réis. Em 1869, no vapor inglês *Augustine* vindo de Liverpool vieram 23 barris com manteiga. Este produto de fato era um dos produtos mais vistos nos leilões à venda na capital, sendo a manteiga inglesa uma das preferidas. A manteiga no geral tinha duas origens: ou era inglesa ou francesa, tendo um predomínio maior da primeira. O agente Carvalho em 12 de maio de 1858 anunciava leilão no armazém dos Srs. Francisco Joaquim Pereira & Ca. de uma partida de superior manteiga inglesa vindas no navio *Shark*;[62] no mesmo ano, desta vez em casa do Sr. Antonio Pereira Macedo, em 18 de maio, haveria leilão de uma partida de barris e meio de manteiga francesa.[63]

No jornal *Diário de Belém* de 1868 ela também era presença nos anúncios dos dias 22 e 25 de agosto de 1868, com dois armazéns anunciando leilão desse artigo: "O agente Almeida fará leilão em seu armazém,... uma partida de barris com manteiga *ingleza*"; ou ainda, "Lima e Calheiros farão leilão em seu armazém... d'um variado sortimento de gêneros d'estiva, uma partida de barris com manteiga *ingleza*".[64] Em 16 de janeiro de 1869 no navio inglês *Augustine* chegaram 23 barris com manteiga.[65] E já em fins do século, no ano de 1891, no jornal *Diário de Noticias*, é possível encontrar diversos anúncios de leilões do dito produto como é o caso do armazém dos srs. Martins Pintos & Alves de manteiga

---

60   Arquivo Público do Estado do Pará. Fundo: Secretária da Presidência da Província. (Documentação Avulsa). Série: Abaixo-assinados. Ano: 1870-1879. Cx 05.

61   Relatório Dr. Abel Graça. Pará. 1871. Typ. do Diario do Gram-Pará. Travessa de S. Matheus. n. 29, p. 33.

62   *Gazeta Official.* Pará, quarta-feira 12 de maio de 1858. Número 3, p. 4.

63   *Gazeta Official.* Pará, sexta-feira 14 de maio de 1858. Número 3, p. 4.

64   *Diário de Belém.* quinta-feira, 13 agosto de 1868, p. 2.

65   *O Liberal do Pará.* 16 de janeiro de 1869, p.5.

Bretel. Esta manteiga também estava sendo vendida no armazém dos Srs. M. M. Nogueira & Ca. no mesmo ano.[66]

A manteiga desde a primeira metade do século XIX já era encontrada no mercado na capital. Ela constituía em um artigo de luxo e fazia frente à manteiga de tartaruga. Não apenas na capital, mas em todo Pará havia o consumo da manteiga importada. Em 1859, nos arredores de Óbidos, Avé-Lallemant fazia a seguinte observação: "Come-se cada vez menos essa manteiga de tartaruga, de preferência usada como óleo para iluminação, importando-se manteiga da Europa".[67] Também em Óbidos, em 1849, Bates ao fazer referência ao café servido na casa de um proprietário de condição abastada salientava que: "Depois de tomar café com broa quente e manteiga, vestiu-se e foi a missa (…)".[68] Se para Óbidos essa já era a realidade, para a capital a importância e consumo da dita manteiga era muito mais comum. Pois, era a partir de Belém que os novos padrões eram propalados. Sobre o uso da manteiga na cidade, Wallace aufere: "A população branca da cidade geralmente faz uso de manteiga, irlandesa ou americana, e outros produtos importados do estrangeiro".[69] Wallace, portanto, ao falar da população branca, que geralmente fazia uso da manteiga, sugere que não era toda a população.

Os vinhos eram diversos e vinham de vários lugares como de Lisboa, Porto e Bordeaux. Apenas para um pedido feito pelo senhor Joaquim Roberto da Silva o brigue português chegado na capital no dia 1 de janeiro de 1856 trouxe 325 barris com vinho e vinagre.[70] Entre os anos de 1857-58 foram importados cerca de 63.042.882 réis em vinho; em 1869 o brigue português *Ligeiro* vindo de Lisboa trouxe uma quantidade significativa do produto: 31 ½ pipas, 314 barris, 50 ancoretas e 25 caixas de vinho já consignados a diversos

---

66   *Diário de Noticias*. 14 de janeiro de 1891, p. 1. Col 4.

67   AVÉ-LALLEMANT, Robert. *Viagem pelo Norte do Brasil em 1859*. Vol I. Rio de Janeiro. Ministério da Educação e Cultura/ Instituto Nacional do Livro, 1961, p. 84-85. *Apud* ACAYABA, *op. cit.* CD-ROM.

68   BATES, *op. cit.*, p. 271.

69   *Apud* SANTOS, *op. cit.*, p. 126.

70   *Treze de Maio*. Belém do Pará. 4 de janeiro de 1856. N. 628, p. 4.

comércios, ou seja, pela quantidade se nota que este produto era bastante degustado e consumido na capital paraense. Em 1858, na casa do dito Antonio Pereira Macedo também se oferecia vinho tinto aos seus fregueses.[71]

No gênero das bebidas de teor alcoólico, as cervejas tinham uma aceitação não apenas na capital do Pará, mas ao longo do Brasil. Exemplo disto era a cerveja de origem inglesa vinda no vapor inglês *Augustine* oriundo de Liverpool em 1869, com um carregamento de 20 caixas e 20 barricas. Em 1869, ainda, na casa do Sr. Antonio Pereira Macedo, em 1858, havia cerveja marca *India* para leilão.[72] Aliás, segundo Soares, fábricas de origem alemã e inglesa desse produto foram sendo instaladas no Brasil já que a "cerveja ganhava a preferência do brasileiro comum e tornava-se cada vez mais popular".[73] No entanto, não posso dizer ainda a partir de quando no Pará essa bebida torna-se de pessoas comuns, o que posso dizer é que no brigue *Ligeiro* vieram 25 volumes de cevada constantemente utilizadas para o fabrico da cerveja.[74] A importação de cevada demonstra que Belém não era apenas importadora desta bebida, pois, em 1870 existiam em Belém 4 fabricantes de cerveja, sinal de que não havia só importação.[75] Ainda tratando das bebidas havia o chá cujo valor entre os anos 1857-1858 importou em 16.665.417 réis. Quase uma década depois, em 1869, o brigue inglês *Augustine* trouxe 10 caixas e por cabotagem vinda de Nova York foram 27 caixas importadas do produto.[76]

O azeite também fazia parte dos produtos importados, isto é o azeite doce. Por exemplo, em 4 de janeiro de 1856, no jornal *Treze de Maio* no brigue português *Tarujo* 3ª, vindo

---

71 *Gazeta Official.* Pará, sexta-feira 14 de maio de 1858. Número 3, p. 4.

72 *Gazeta Official.* Pará, sexta-feira 14 de maio de 1858. Número 3, p. 4.

73 LEAL, Maria Leonor Macedo Soares. *A história da Gastronomia.* Rio de Janeiro: Senac Nacional, 2007. 144p. il, p. 84/85.

74 *O Liberal do Pará.* Belém do Pará. Mês de janeiro de 1869, p. 5.

75 Relatório Dr. Abel Graça. Pará. Typ. do Diario do Gram-Pará. Travessa de S. Matheu. N. 29. 1871, p. 33.

76 Sobre os valores do ano entre 1857-1858 foram obtidos em Relatório lido na abertura da Assembleia Legislativa pelo Ex. Sr. Vice-Presidente da Província Ambrósio Leitão da Cunha. 15 de agosto de 1858. Typ. Commercial de Antonio Jose Rabello, p. 33. E os valores de 1869 foram retirados do jornal *O Liberal do Pará.* Belém do Pará. Mês de janeiro de 1869, p. 5.

de Lisboa, consignado ao Sr. Joaquim Roberto da Silva, vieram 2 bilhas com azeite.[77] Nos anos entre 1857-1858 foram importados 26.898.765 em réis do tal azeite; em 1869 foram 80 barris de azeite doce, bem como 50 volumes de banha no iate americano *F. G. Davis*, produtos que eram utilizados na própria cozinha ocupando o lugar que hoje é destinado ao óleo de cozinha.[78] Ou como diz ainda Soares, enfatizando a influência portuguesa em especial a partir da chegada da corte da Família Real ao Brasil: "o azeite doce dominou nas cozinhas, principalmente em frituras". Os números acima mencionados ressaltam que esse produto não permaneceu apenas no Rio de Janeiro o seu uso e consumo, considerando ainda a significativa presença da imigração portuguesa em Belém, propagou-se.

Saindo dos líquidos, há os legumes, os quais eram trazidos do estrangeiro, como é o caso das batatas que obtive o valor de 7.528.528 réis tanto por cabotagem quanto direta. Em 1869, o brigue português *Ligeiro* trouxe 350 caixas com batatas.[79] Mas, não só batatas. Além delas outros tipos de legumes foram encontrados no mesmo brigue: vieram 150 caixas de cebolas e 140 sacas de legumes, não especificado o tipo.[80] No ano de 1856 o brigue *Tarujo* trouxe 5 barricas e 2 sacas com legumes, 1 caixa com calda de tomate, 50 restias com cebolas e 550 molhos de cebolas.[81] Décadas depois, em 1891 *O Centro Commercial Reductoense* recebeu castanhas do porto, nozes, amêndoas e repolhos, para a venda. Esta casa provavelmente atendia uma clientela mais abastada já que também tinha a venda tamancos do Porto simples e bordados.[82]

77   *Treze de Maio*. Belém do Pará. 4 de janeiro de 1856. n. 628, p. 4.

78   *O Liberal do Pará*. Belém do Pará. Mês de janeiro de 1869, p. 5.

79   *Treze de Maio*. Belém do Pará. 4 de janeiro de 1856. n. 628, p. 4.

80   *Diário de Notícias*. Belém do Pará. janeiro de 1891.

81   *Treze de Maio*. Belém do Pará. 4 de janeiro de 1856. n. 628, p. 4.

82   *Diário de Noticias*. Em 04 de janeiro de 1891. n. 3, p. 4. Col. 5.

FIGURA 3: ANÚNCIO DO CENTRO COMERCIAL REDUCTOENSE EM 1891.

No quesito frutas, em 1852 houve a venda em estabelecimento da capital de passas, ameixas, caixas de figo e nozes. No ano de 1856 fora consignado ao Sr. Joaquim Roberto da Silva uma caixa com frutas secas; 40 ditas com figos; um barril com amêndoas; 8 *condeças* com frutas e 16 caixas com castanhas,[83] ao que parecem essas frutas vinham em quantidades expressivas. No ano de 1869 viera no *Ligeiro* 750 caixas com passas, 830 com figos, 30 de nozes e ainda 10 de amêndoas.[84] As frutas importadas constituíam um artigo de luxo sendo inclusive um tipo de mimo que poderiam ser presenteados nas festas de Natal, os quais vinham em caixas bonitas que completavam a riqueza do presente. Para tanto, em 1891, na *Mercearia Amazonia* temos o seguinte anúncio:

> Recebeu para as festas de Natal o seguinte: Lindas caixinhas de *fructas crysta-lisadas*, mimosos *bouquets* de amêndoas, trabalho primoroso e alta novidade,

---

83   *Treze de Maio*. Belém do Pará. 4 de janeiro de 1856. n. 628, p. 4.

84   *O Monarchista Paraense*. Janeiro a setembro 1852. Ano I. n. 1 ao 18. E para os dados de 1869 em *O Liberal do Pará*. Belém do Pará. Mês de janeiro de 1869, p. 5.

passas em caixinhas de papelão, amêndoas nozes, uvas e uma infinidade de artigos próprios para mimos.[85]

Também em 1891, na *Casa de Riscas* de D. J. Antunes na rua Santo Antonio, havia para a venda de Natal e Ano Novo "*Fructas crystalisadas* em vidros e bocetas *infeitadas*, queijo da Serra da *Estrella*, passa e figos *infeitados*, broas do Natal e Queijadas de Cintra, nozes amêndoas, castanhas e muitas outras novidades". Logo, entendo que tais frutas compunham um artigo caro, já que eram tidos como presentes, e o fato de estarem sendo vendidas em lojas luxuosas ratifica que não faziam parte dos produtos populares.[86]

FIGURAS 4 E 5: ANÚNCIOS DA MERCEARIA AMAZÔNIA E DA CASA DE RISCAS EM 1891

---

85   *Diário de Noticias.* Em 01 de janeiro de 1891, p. 4. Col 1.

86   *Diário de Notícias.* 08 de janeiro de 1891, p. 3. Col 4.

Além das frutas havia também o queijo da Serra da Estrela e a queijada de Sintra que ao lado de caixinhas e presépios de Natal compunham a lista de presentes. Os queijos também ocupavam as embarcações e prateleiras espalhadas pela capital. Ainda com base nas tabelas têm-se um valor de 33.260.301 réis. No vapor *Augustine* foram 66 caixas de queijos e durante os leilões anunciados nos jornais a presença de tal produto era constante.[87]

O bacalhau era um dos produtos que fazia parte dos produtos importados que chegava à capital. Vinha da Europa onde era um produto bastante procurado desde fins do século XVI, sendo a exploração deste peixe concorrida entre bascos, franceses, holandeses, ingleses e ao redor dele tinha todo um comércio e métodos de preparação.[88] Tal pesca foi um dos principais comércios da Europa e rendeu muito lucro para Espanha e França. Aqui sua participação é constante e apesar de virem outros peixes como as sardinhas de Nantes, entre os seus consumidores o bacalhau era preferência. Em 1856, o brigue *Tarujo* trouxe 10 caixas e 90 barricas de bacalhau então consignado ao senhor Joaquim Roberto da Silva.[89]

A tabela do ano entre 1857-1858 dá um valor de 25.885.074 réis, tanto da importação direta, quanto por cabotagem. Em 1869, chegaram no brigue português *Ligeiro* 120 caixas com o produto.[90] Já no armazém dos Srs. Francisco Gaudencio da Costa & Filhos na Rua do Imperador, em 15 de maio de 1858, temos uma partida de superior bacalhau em barricas.[91] Em janeiro de 1884 o então presidente da província reclamou do fato de que ultimamente "tem-se vendido aqui peixe conservado em gelo, vindo de

---

87   *O Monarchista Paraense*. Janeiro a setembro 1852. Ano I. n. 1 ao 18. E para os dados de 1869 em *O Liberal do Pará*. Belém do Pará. Mês de janeiro de 1869, p. 5.

88   BRAUDEL, Fernand. *Civilização Material, economia e capitalismo séculos XV-XVIII*; tradução Telma Costa. – São Paulo: Martins Fontes, 1995, p. 192.

89   *Treze de Maio*. Belém do Pará. 4 de janeiro de 1856. N. 628, p. 4.

90   *O Liberal do Pará*. Belém do Pará. Mês de janeiro de 1869, p. 5.

91   *Gazeta Official*. Pará, sexta-feira 14 de maio de 1858. Número 3, p. 4.

longe, industria que *convem* animar por meio de prêmios ou auxílios".[92] No entanto, em boa medida, tanto a carne quanto o peixe eram essencialmente de origem regional e em determinados momentos provincial.

Destaco agora a presença de dois ítens nas tabelas. O primeiro é o presunto. Este produto tem ampla entrada em Belém, em especial o tido de origem portuguesa. No ano de 1852 o vapor *Augustine* trouxe 2 barris deste produto. Além do presunto também se trazia a carne. No ano de 1869 temos 10 barris de carne, vindos de Nova York. Em 1891 temos a venda no *Centro Commercial Reductoense de* Presunto de Lamego.[93] Ainda têm-se o consumo do toucinho tanto em 1852. Ele já aparecia à venda em 1869 quando se tem notícia da chegada de 185 barris.[94]

As bolachas e biscoitos também constavam entre os importados. Entre 1857-1858 foram 15.389.719 réis desse item e no ano de 1869 no vapor inglês *Augustine* tem-se 12 caixas com bolachas.[95] Estes itens quando importados eram como as frutas um luxo, mas, se fossem franceses: em 1891, *A Jeune France* de L. Fluteau localizada na Rua 13 de Maio trazia para as festas de Natal " *biscouits Francezes, Nonnettes,* Marrons glacês, *assucar* de maças, cerejas e *croquettes* glacês a *La vanille*".[96] Ao que tudo indica, está era uma loja com artigos comestíveis de luxo e assim como a *Mercearia Amazonia* oferecia caixinhas de papelão vazias, para que os fregueses enchessem com produtos importados com capricho.

92   Relatório Exm. Snr. General Visconde de Maracajú Gustavo Galvão. Em 24 de junho de 1884. Pará. Typ. de Francisco Costa Junior. 1884.

93   *Diário de Noticias.* Em 04 de janeiro de 1891. n. 3, p. 4, Col. 5.

94   Jornal O *Monarchista Paraense.* Janeiro a setembro 1852. Ano I. n. 1 ao 18. E para os dados de 1869 em O *Liberal do Pará.* Belém do Pará. Mês de janeiro de 1869, p. 5.

95   Sobre os valores do ano entre 1857-1858 foram obtidos em Relatório lido na abertura da Assembleia Legislativa pelo Ex. Sr. Vice-Presidente da Província Ambrósio Leitão da Cunha. 15 de agosto de 1858. Typ. Commercial de Antonio Jose Rabello, p. 33. E os valores de 1869 foram retirados. Jornal O *Liberal do Pará.* Belém do Pará. Mês de janeiro de 1869, p. 5.

96   *Diário de Noticias.* Em 06 de janeiro de 1891. n. 4, p. 3.

FIGURA 6: ANÚNCIO DA LA JEUNE FRANCE DE 1891

Além desses produtos, ainda aparecem nos anúncios e cargas das embarcações as massas. Em 1852 têm-se o anúncio de massas sortidas; em 1869 vieram num brigue português 185 caixas de massas. Havia ainda, em quantidades menores, a importação de conservas em 42 caixas e 116 volumes, ambas vindas de Lisboa, bem como cominho em 49 barricas, a erva-doce com 21 barricas, a pimenta com 20 sacas e o vinagre em 3 pipas e 70 barris, todos já consignados.[97] O brigue *Tarujo* trouxe ainda ao Sr. Joaquim Roberto da Silva, também de Lisboa, 1 caixa com conservas e 4 sacas com cominho.[98]

Enfim, sobre a venda dos produtos alimentícios importados em Belém, os anúncios nos jornais são indicadores importantes deste consumo, como, por exemplo, na seção de avisos diversos do jornal *Treze de Maio* no qual em 4 de janeiro havia anúncio de leilão de produtos

---

97   *O Liberal do Pará.* Belém do Pará. Mês de janeiro de 1869, p. 5.

98   *Treze de Maio.* Belém do Pará. 4 de janeiro de 1856. N. 628, p. 4.

chegados no último dia 1º no brigue Português *Tarujo* e na barca *Emily*: "*huma* partida de barris com manteiga *Ingleza* nova, caixa com queijos novos, barricas com *bacalhão portuguez* e outros *objectos* que se porão em Leilão às 10 horas".[99] E também se anunciava que: "O agente Alvarenga fará leilão no armazém dos Senrs. Singleuster Miler & C.a de um grande sortimento de molhados".[100] E no *A La Jeune France* na Rua Treze de maio para as festas natalinas de um rico sortimento de conservas de *salchicharia*, peixes, aves, legumes, salame de *Lorrane*, de Ailes e Lyon. E ainda *Choucroute* em barril e latas. Bem como licores de Xéres, Malaga, Fkontignan (Muscate), Madeira, Alicante, Malvasia e Grenache.[101]

Ou seja, não se pode esquecer que os produtos em geral vinham de países que mantinham relações comerciais constantes com Belém e que entravam e saíam carregados de produtos. Logo, os produtos estrangeiros podem não ter substituído os produtos regionais, mas faziam parte do comércio e dos lucros obtidos e arrecadados pelo governo e que estes eram significativos.

Já no ano de 1852 os produtos passam a ser vistos com maior frequência nos anúncios dos jornais que circulavam na província como é o caso do bacalhau, sardinhas de Nantes, vinho do Porto, manteiga inglesa, chá inglês e outros.[102] A esse respeito lembre-se que:

> No século XIX, os produtos importados invadem o Brasil, substituindo locais que não eram do gosto dos habitantes de origem europeia ou dos brasileiros urbanizados. Importava-se de tudo: champagne, conhaque, vinhos de Espanha, Portugal, França, Itália e Tenerife, diversos tipos de cerveja alemãs e inglesas, chá da China, maça e toucinho norte americanos, gelo, manteiga irlandesa, pêra do Uruguai, lingüiças e presuntos de Alentejo, queijos

---

99   Entre 1862-1863 entraram 49 navios com 27.860 toneladas. Já em 1863-1864 entraram no porto 57 embarcações vindas dos portos do império com 26.945 toneladas. Cf. Relatório de Negócios da Província. Presidente Couto de Magalhães. Em 15 de agosto de 1864. Pará. Impresso na typ. de Frederico Rhossard. 1864, p. 52.

100   *Ibid*, nota. 133, p. 4.

101   *Diário de Noticias*. Em 06 de janeiro de 1891. n. 4, p. 3. Col. 5.

102   *O Monarchista Paraense*. Ano I. Pará, 7 de fevereiro de 1852. n. 13 e 14. Série 2ª, p. 7.

portugueses, franceses e holandeses, rum, sal de Angola, cebolas de Portugal, biscoitos ingleses, e até mesmo 'as raramente em falta sardinhas em lata' (ou "as eternas sardinhas de Nantes").[103]

Aliás, uma das casas que vendiam os produtos importados com anúncio de 1915, era o estabelecimento denominado de *Casa Carvalhaes* que foi fundado em 1860 e ao que tudo indica permanecia vendendo os mesmos produtos, apenas incorporando elementos que, para o início do século XX, era novidade como uma câmara frigorífica de sua propriedade. A dita casa tinha à venda licores, champagnes, vinhos finos, conservas finas, frutas, queijos e legumes, produtos que vinham direto dos vapores da Europa e América do Norte.[104]

Na *Mercearia Fafeense* na Travessa das Mercês, em frente à *Casa Africana*, em 1883 havia para a venda presuntos de Lamego, toucinho de Lisbôa, bacalhau, batatas, azeitonas, ervilhas francesas, *bolaxinhas*, vinhos do porto, verde, branco e de mesa e ainda chá preto e verde tido de superior qualidade.[105] Em 1869, era anunciado no jornal *O Liberal do Pará* o "champagne verdadeiro o melhor que tem vindo a este mercado; (Champagne doce *superiosissima*)".[106] Alguns anos antes, em 1858, na casa do Sr. Vasconcellos & Ca. na Rua da Praia era vendido: "uma partida de barris com manteiga *ingleza* superior qualidade, latas de *bolaxinhas*, vidros com conservas".[107]

Em 1891, aliás, já havia na cidade reflexos da industrialização, ainda que incipiente, para determinados alimentos. Um deles era um leite liquido que estava sendo vendido na *Mercearia Amazonia*, casa importadora e bastante conhecida na cidade. O leite era de origem suíça e vendida em latas de litro *"sem igual no mercado"*. Ora, neste período ainda era comum a venda de leite pelos leiteiros nas ruas, indo nas casas das pessoas (ver **Imagem**

---

103 ACAYABA, *op. cit.*, p. 37.

104 Annuario de Belém em Comemoração do seu Tricentenário 1616-1916. Eng. Ignacio Moura. E. U do Brasil. Estado do Pará. Imprensa Official, 1915, p. 62.

105 *Diário de Notícias*. 5 a 25 de julho de 1883. Domingo, 22 de julho de 1883, n. 165, p. 3.

106 *O Liberal do Pará*. n. 20 a 40. Em 2 a 28 de fevereiro de 1869. Em 2 de fevereiro de 1869, p. 3.

107 *Gazeta Official*. Pará, Sabbado, 15 de maio de 1858. n. 5, p. 4.

1). Outros produtos que estavam a venda no mesmo ano eram a farinha láctea e o leite condensado *Nestlé*. Eram produzidos na Suíça pela fábrica *Nestlé*, a farinha láctea tinham como público alvo as crianças já que "*Suppre* a *insufficiencia* do leite maternal e facilita o desmamar, com seu uso não há *diarrhea* nem vômitos e sua digestão é fácil e completa", sendo seu consumo indicado também aos que estiverem "convalescentes que tem estômago delicados". Já o leite condensado era anunciado como "Verdadeiro leite puro de *vaccas suissas*, tendo conservado seu aroma e todas suas qualidades nutritivas", que, além de ser utilizado em hospitais e no exército, cada vez mais vinha ganhando as casas e alimentação dos particulares onde "*ella* assegura um leite agradável, *saudavel* e natural".[108] O mesmo anúncio dizia que não havia mais apenas um único agente para a venda no Brasil, mas que já era possível encontrá-lo nas principais casas importadoras.

Logo, tanto o leite suíço como a farinha láctea e o leite condensado faziam parte da composição do padrão das indústrias que cresciam no mercado de alimentos e também dos novos padrões de cultura alimentar, já que a própria *Nestlé* fazia campanha em que o leite materno deveria ser substituído pelo leite condensado. Sobre o papel da *Nestlé* Amorim ressalta que "Com a fabricação do leite condensado no final do século XIX, na Suíça, a indústria de lacticínios conseguiu um desenvolvimento tecnológico que marcou, no início do século XX".[109]

Agora não bastava mais a ama de leite portuguesa, mas, o leite condensado surge como um substituto mais eficaz e higiênico. A esse respeito a farinha láctea também ocupou o papel da ama de leite como ressalta Fontes que "desde o ano de 1873, a falta de amas-de-leite 'boas e sadias' e o seu preço elevado serviu de mote publicitário para um anúncio da farinha láctea *Nestlé*. Tal anúncio informava que as mães poderiam ficar despreocupadas, pois o dito produto era garantia de saúde aos seus filhos e com ele as crianças não corriam

---

108   *Diário de Notícias*. Em 03 de janeiro de 1891, p. 4. Col 2.

109   Sobre a discussão a alimentação infantil e a indústria do marketing do leite no Brasil ver o trabalho de AMORIM, Suely Teresinha Schmidt Passos de. Alimentação Infantil e o Marketing da Indústria de Alimentos no Brasil (1960-1988). In: *História: Questões & Debates*, Curitiba, n. 42, p. 95-111, 2005. Editora UFPR.

o risco de adoecer ao tomar "um leite fraco, doente ou pouco".[110] A ideia das concepções mais higiênicas, que em fins do século XIX passam a aflorar cada vez mais, bem como o pudor em não utilizar mais as amas de leite e sim um produto.

Entre as passas, amêndoas, sal, trigo, bacalhau figuravam mais que produtos, refletiam também um padrão de consumo que variava entre produtos que vinham para atender uma parcela da população, que desejava refinar seus hábitos, bem como produtos que chegavam para saciar a vontade de conterrâneos que para estas paragens vieram. À medida que a economia gomifera crescia os valores de importação de gêneros alimentícios também, torna-se lugar comum nos jornais os anúncios de alimentos importados. Todavia, determinados produtos eram de preço elevado tanto que viravam presentes como no caso das amêndoas, passas e frutas cristalizadas.

Em contrapartida existiam produtos estrangeiros que não eram de luxo mas necessários para a manutenção da vida alimentar da cidade como o trigo e o sal. Logo, os produtos estrangeiros não concorriam com os locais e não houve substituição de um pelo outro, pois, os produtos importados de outros países, muitas vezes com preço mais elevado, não estavam no orçamento de uma parcela da população da capital. Acredito que eles podiam completar as refeições e que a presença de produtos estrangeiros não alterou a preferência muitas vezes pelo alimento regional, onde ambos podiam estar presentes quando possível.

Produtos estrangeiros e seu consumo na Província

Parte dos produtos estrangeiros não ficava na capital sendo reexportados, ou seja, enviados da capital para os interiores. O que demonstra que não era apenas a capital que consumia os produtos importados, que as possibilidades econômicas de aquisição de tais produtos também existiam no interior e que uma parte considerável dos que chegava aos portos do Pará acabava sendo redistribuída. Nos anos de 1860/61, os valores em réis da renda proveniente de produtos de fora do Império e despachados para o consumo na capital

---

110 FONTES, *op. cit.*, p. 81.

foi de 5.232.001$244 e deste valor cerca de 13. 948$500 réis[111] foram reexportados e despachados para consumo nos interiores, lembrando, todavia, que além da reexportação de produtos de outros países havia também os de outras províncias brasileiras.

Weinstein nos informa que parte dos produtos que chegava no porto de Belém era reexportado. Inclusive, produtos de outras províncias como a farinha, que vinha do Maranhão e tinha como destino Manaus.[112] Isto é, produtos originados do comércio interprovincial e do estrangeiro, tinham tal destino. Assim, se pode constatar que parte dos produtos eram redistribuídos e tinham como destino alguns interiores da província paraense e da província amazonense. Daí por que se pode afirmar que as barricas e sacas com mercadorias diversas que vinham do estrangeiro não ficavam apenas em Belém, elas eram distribuídas pelos interiores.

Entre estes interiores estava Santarém. Nesta cidade do Baixo Amazonas, em 1850, no seguinte anúncio no jornal *Quatro de Maio*: "He quase dado. Joze Rodrigues dos Santos Almeida, tem para vender Bacalhau de muito superior qualidade pelo miserável preço de 120 réis a libra 12$000 a Barrica".[113] Com igual situação Cametá. Em 27 de setembro de 1858 a partir da tabela de fretes para a 3ª linha da Companhia de Navegação e Comércio do Amazonas, entre a capital e Cametá, dá para se saber sobre produtos negociados: o azeite doce, cujos 8 barris pagavam uma taxa de 800 réis e as caixas com 12 garrafas 300; azeitonas com ancoretas de 16 libras a 100 réis cada uma; o bacalhau onde cada barricas pagava 800; batatas onde cada arroba nas canastras custava 160 réis; bolacha cada uma barricas 800 réis; bolacha de soda cada lata com 12 libras taxado em 120 réis; cebolas e alhos cada libra de barrica 800; cerveja cada arroba de barrica 1000 réis; cada alqueire das caixas de chá 25 réis; farinha de trigo cada palmo cúbico de barricas 1000 réis; manteiga cada um dos barris 320 réis; massas sortidas cada arroba das caixas 300 réis; sal cada

111   Relatório dirigido a Assembleia Legislativa da Província do Pará pelo Exm. Sr. Dr. Francisco Carlos de Araújo Brusque Presidente da Mesma Província. 17 de agosto de 1861. Pará. Typ. Do Diário do Gram-Pará, p. 12.

112   WEINSTEIN, Barbara. *A borracha na Amazônia: expansão e decadência, 1850-1920*. Tradução Lólio Lourenço de Oliveira. São Paulo: HUCITEC: Editora da Universidade de São Paulo, 1993, p. 237.

113   *Quatro de Maio*. Província do Pará. Santarém, quarta-feira, 03 de fevereiro de 1850, p. 4.

alqueire de saco 300; vinagre cada um barril de 5 a 1.100 réis.[114] Os valores dos fretes mostram que tais produtos eram constante nos interiores, motivo pelo qual existiam um valor específico para cada um deles.[115]

Em 1867, nas mercadorias despachadas de Belém para Cametá contavam farinha de trigo; bolachas, vinagre e vinho.[116] No mesmo ano, desta vez para a linha Belém e Chaves[117] temos os seguintes produtos reexportados: bolachas; farinha de trigo; manteiga; sal; vinagre e vinho. Para Óbidos foram: bolachas; farinha de trigo; manteiga; sal; vinho e vinagre.[118] Dez anos depois, em 1878 nas mercadorias para Manaus na primeira linha com saída de Belém estavam azeite doce; farinha de trigo; manteiga; vinagre e vinho.[119] Através dos dados nota-se que parte dos produtos estrangeiros ia para os interiores para serem comercializados nas casas comerciais, para o consumo local. Um desses interiores que tinha uma freguesia certa era Cametá. No balanço da casa de José Ferreira de Mello Irmão, localizada no 3ª *districto*, em 31 de dezembro de 1875 encontrava-se a venda ao lado de produtos regionais como pirarucu, mapará e sabão de cacau: "7 garrafas de vinho do porto, 8 garrafas de vinho Bordeux, 4 dezenas de cerveja, 10 ½ frascos azeite doce, 14 8/24 dezenas Cerveja marca Castelo, 2/3 vinho tinto, 2/3 vinho branco".[120] Em outro documento da mesma casa e do mesmo ano, datado de 31 de dezembro de 1875, tinha ainda

---

114 Arquivo Público do Estado do Pará. Série: Ofícios e Ofícios das Companhias de Navegação. Ano de 1856-1859. Caixa 205. Escritório da Gerência da Companhia de Navegação e Comércio do Amazonas em Belém, 27 de setembro de 1858. Gerente Manoel Antonio Pimenta Bueno.

115 Entende-se a linha de Cametá fazendo escalas em Abaeté, S. Domingos e Cametá. Ou seja, os produtos ficavam espalhados por tais municípios.

116 *Ibidem*, nota 222. Anexo/Mapa n. 20.

117 Entende-se por Belém e Chaves os municípios de Muaná, Boa vista, Curralinho, Breves, Macapá e Chaves.

118 *Ibidem*: nota 116. Anexo/Mapa n. 22.

119 Relatório Exm. Snr. Vice-Almirante e Conselheiro de Guerra Joaquim Raymundo de Lamare. Em 6 de agosto de 1868. Pará. Typographia do Diario-do-Gram-Pará. Travessa de S. Matheus. n 29. 1868. Anexo/Quadro. 18.

120 A documentação consta 2/3 bel vinho tinto e 2/3 bel de branco. Não conseguir decifrar a que corresponderia tal sigla, talvez fosse de barril, que geralmente era colocado em sigla.

os seguintes produtos: "21 e 15/24 dezenas de garrafa de cerveja, 6/2 botijas de cerveja preta, 8 garrafas de licor, 1 frasqueiro de vinagre".[121]

O interessante de observar é que na casa comercial de José Ferreira de Mello Irmão, em 1875, existia a presença de produtos estrangeiros em quantidade significativa e na maior parte eram bebidas como vinho do Porto, Bordeux e as cervejas, além de azeite doce. Já no ano de 1872, em Santarém, na casa comercial de *Lopes Bastos e Ca.* na Rua dos Mercadores se vendia queijos flamengos muito bons; vinho de Bordeaux e do Porto engarrafado; champagne; cidra; cerveja preta e branca; licor francês e ainda azeite doce, vinagre, latas com marmelada e frutas em calda.[122]

Outro aspecto que é apropriado ressaltar é a convivência entre os produtos locais e estrangeiros no mesmo lugar o que pode ser um indício que até mesmo os produtos importados alcançavam camadas médias da população. Ora, na casa do senhor José Ferreira Mello Irmão estavam a venda vinho do porto, de Bordeux e azeite doce ao lado de produtos tipicamente regionais como Mapará e pirarucu além do sabão de cacau e açúcar. É claro que com o *boom* da borracha houve certa intensificação de produtos estrangeiros, mas lembremos que este se dava no *"padrão de produtos estrangeiros"* e que estavam inseridos na nova mudança de sensibilidade para o refinado. E apesar de já no início do século XIX o valor das mercadorias entradas em Belém vindas de outros portos ser cerca de 36.709 contos,[123] deve-se lembrar que o porto do Pará fazia parte da cidade-mundo e assim era o mais importante da Amazônia e que além dos produtos alimentícios vinham outros tipos como bens da moda e acessórios, então parte destes não estavam destinados à alimentação e outros compunham diversos tipos de bens de consumo. E além do mais, até mesmo os que eram alimentícios não ficavam todos na capital, eram reexportados para outros municípios. Logo, os produtos importados de outros países eram bem variados quanto seu tipo e apesar de terem sua clientela na cidade não foram capazes de

---

121 Arquivo Público do Estado do Pará. Fundo: Secretária de Presidência de Província. Documento Avulso. Série Abaixo-Assinados. Ano: 1870-1879. Em 18 de dezembro de 1875. Caixa 05. Documento 49.

122 *Baixo Amazonas*. Sabádo, 6 de julho de 1872. Anno I, p. 4.

123 WEINSTEIN, *op. cit.*, p. 237.

substituir os produtos regionais, em sua maioria eram tidos como de luxo, mas, sobretudo havia aqueles que eram de suma importância como era o caso do trigo e sal. Nesse comércio de importados não era somente a capital que consumia os vinhos, bolachas, champagne importadas, nesse momento de refinamento dos gostos os interiores também consumiam tais produtos. Os produtos importados não se restringiam aos vindos de outros países, em certa medida havia importação de produtos vindos de outras províncias e estes na maioria das vezes eram considerados alimentos de primeira necessidade como carne e a farinha entre outros.

III – Café do Rio e Ceará, sal de Assú:[124]
produtos importados das províncias do Império

Neste tópico ressalto que o comércio de importação não girava apenas em torno dos produtos estrangeiros, em grande parte europeus, que, além deste comércio internacional, a província também conheceu de modo expressivo o comércio inter-provincial. Se a navegação a vapor foi importante para reduzir o tempo de viagem ela também vai intensificar as relações comerciais com as outras províncias. Soma-se à navegação a vapor, o fato de que em momentos de "crises" de abastecimento os presidentes de províncias recorreriam às províncias vizinhas para manutenção de determinados produtos. Encontra-se, portanto, uma movimentação interprovincial expressiva, como é o caso de uma notícia em que se esperava o vapor da Corte, o qual traria "feijão preto e lombo de Minas".[125] Esses produtos, aliás, também foram encontrados no jornal a *Voz de Guajará* de 1851, nos anúncios de venda na Taberna de João Baptista Fermink: "feijão preto do Rio de Janeiro, e toucinho de minas".[126]

É importante notar que para o ano de 1851, nos jornais consultados, não há anúncios em quantidade expressiva de produtos importados de outros países prevalecendo um comércio interprovincial mercadejando feijão preto, toucinho de Minas etc. Sendo mais significativos ainda os produtos advindos dos interiores que abasteciam a cidade

---

124 A cidade de Assú está localizada no Rio Grande do Norte.

125 *Correio dos Pobres*. Serie Primeira. n. 4. 14 de agosto de 1851, p. 4.

126 *Voz de Guajará*. Ano I. Pará, 5 de dezembro de 1851. n. 4, p. 4.

como farinha, guaraná, pirarucu e outros, mesmo que em meados do século XIX houvesse ainda resquícios da crise pela qual a província passou em virtude das epidemias que se alastravam. Na década de 1850 o comércio sofria um período de carestia, pelo menos sentida até início dessa década, daí porque no período de julho a novembro de 1851 o jornal *O Correio dos Pobres* publicou que: "Continua a haver falta de azeite de luz-feijão-galinhas-milho-arroz-farinha...[127] Eram também produtos em falta: "milho, peixe secco e mesmo lenha para a cozinha".[128] Seguiam-se então, as queixas sobre a falta de gêneros, resultado da crise de abastecimento; os poucos produtos que chegavam aos portos só eram encontrados a preços exorbitantes que: "faz espantar os ricos pelo seu enorme preço, e pasmar e espalmar os pobres".[129] Até mesmo o gado do Marajó estava vindo em quantidade insuficiente, o que intensificava o consumo de peixes. Devido a essa carestia talvez não houvesse um número significativo de produtos importados do exterior para a província paraense no ano de 1851 e seguintes. No entanto, cresce o número de gêneros e suas relações comerciais vindos de outras províncias.[130] No ano de 1852 os números de produtos vindos de diversas províncias nos anúncios aumentam. É então introduzido outros gêneros, inclusive vindos do comércio interprovincial, como nos informa o jornal *O Monarchista Paraense*,[131] através de anúncio Sr. João Baptista Fermink que vendia em sua Taberna: Feijão preto... toucinho de minas, queijos de minas... erva *umathe*...[132]

---

127 *Correio dos Pobres*. Serie Primeira. n. 2. 31 de julho de 1851, p. 4.

128 *Correio dos Pobres*. Serie Primeira. n. 1. 25 de julho de 1851, p. 3.

129 *op. cit.*, nota 125. 27 agosto de 1851, p. 4.

130 Entre 1855 à 1859 entraram 222 navios com 69.117 toneladas vindas das seguintes províncias: Rio de Janeiro, Pernambuco, Parnaíba, Ceará, Assú e Maranhão. *Relatório Coronel Manoel de Frias e Vasconcellos. Em 1 de outubro de 1859*. Pará. Typ. Commercial de A. J. R. Guimarães. Travessa de S. Matheus, casa n. 2 AA. n. 36.

131 O jornal *O Monarchista Paraense* é a continuação da *Voz do Guajará* que a partir do ano de 1852 tem seu nome substituído para *O Monarchista Paraense*.

132 *O Monarchista Paraense*. Ano I. Pará, 2 de março de 1852. N. 5. 1ª série, p. 4. Este anúncio já existe desde 5 de dezembro de 1851.

Esse comércio interprovincial tende a aumentar tornando-se cada vez mais visível a importância de produtos vindos de outras províncias. Em um quadro demonstrativo com valor das importações das outras províncias do Império por cabotagem, no período entre 1851-1854, se tem um valor de 1: 111.746$244 em gêneros nacionais, valores maiores que a importação de gêneros estrangeiros que foi de 852.598$670.[133] No ano de 1855, pelo relatório do Vice-Presidente Pinto Guimarães se fica sabendo que a capital recebeu das províncias vizinhas, entre elas o Maranhão, Ceará e Pernambuco, carregamentos de gêneros tidos como de primeira necessidade dada à situação da província paraense que estava passando pela epidemia de cólera. Ele cita como vindo do Maranhão uma carga de gado.[134] Outro exemplo, datado de 1858, vê-se na *Gazeta Official* com a oferta anunciada dos seguintes produtos na parte de importados: "café pilado do Rio, dito do ceará, charutos da Bahia bons...Sal de Assú, [RN].[135] Ao contrário de boa parte dos produtos importados que contavam com artigos que não estavam entre os de primeira necessidade, o comércio com as outras províncias computava gêneros de primeira necessidade e por várias vezes tornou--se um recurso importante para os momentos de falta de determinados produtos, uma vez que encontro uma movimentação interprovincial significativa e bem mais variada no que tange os gêneros de primeira necessidade do que no comércio com o estrangeiro.

---

133 Fala Exm. Snr. Conselheiro Sebastião do Rego Barros. Assembleia Legislativa Provincial. 15 de agosto de 1854. Typ. Da – Aurora Paraense – Imp. Por J. NF. De Mendonça, 1854. Pará. Mapa n. 24.

134 Relatório apresentado pelo Vice-Presidente Pinto Guimarães. 15 de outubro de 1855. Publicado como anexos do Relatório 16 de outubro 1855 e da Falla 26 Out. 1855, p. 15.

135 *Gazeta Official*. Pará, terça-feira 11 de maio de 1858. n. 2. N. 312, p. 4.

TABELA XVI: PRODUTOS VINDOS PARA A CAPITAL POR CABOTAGEM EM DE 1858

Genêros	Preço em réis
Aguardente	51: 365$195
Café	34: 411$200
Carnes	26: 916$175
Animais vivos	16: 623$000
Licores	12:759$999
Queijos	7.180$600
Rapaduras	3.398$000
Goma Polvilhos	1.790$500
Açúcar	1.553$250
Toucinho	862$000
Doces diversos	795$200
Feijão	565$000
Milho	517$590
Amendoim	132$000
Sal	119$400
Aves	71$000
Azeite	65$000

Fonte: Relatório Vice-Presidente de Provincia Ambrosio Leitão da Cunha. Em 15 de agosto de 1858. Typ. Commercial de Antonio Jose Rabello. 1858, p. 33.

TABELA XVII: PRINCIPAIS GÊNEROS CHEGADOS À CAPITAL DE OUTRAS PROVÍNCIAS EM JANEIRO DE 1869

Procedência	Gênero	Quantidade
Maranhão	Farinha	429 barricas e 30 paneiros.
	Milho	342 sacas
	Arroz	316 sacas
	Aguardente	21 pipas e 50 garrafões
	Cerveja	32 barricas
	Carne	18 encapados
	Vinho de Laranja	4 caixas
Pernambuco	Açúcar	2.640 barriquinhas
	Carne	25 fardos
Paraíba	Bois	110

Fonte: Jornal *O Liberal do Pará*. Belém do Pará, 10 a 25de janeiro de 1869. n. 1/12.

TABELA XVIII: PRODUTOS VINDOS DE OUTRAS PROVÍNCIAS PARA A CAPITAL ENTRE 1853-1870

ANO	AGUARDENTE	AÇÚCAR	CAFÉ	CARNE SECA	FARINHA SECA	MILHO
1853/54 1857/58	30.889	20.326	5.434	1.680	1.213	1.213
1863/64 1867/68	91.103	112.336	35.200	9.650	21.591	8.310
1869/70	35.716	308.027	37.716	20.946	3.491	10.222

Fonte: Relatório apresentado pelo 4ª vice-presidente de Província Dr. Abel Graça. Em 15 de agosto de 1870. Pará. Typographia do Diario do Gram-Pará. Travessa de S. Matheus n. 29. 1870, p. 33.

A tabela XVII expõe que as províncias do Maranhão, Pernambuco e Paraíba mantinham comércio com a capital do Pará, e assim sendo mandaram: Maranhão 429 barricas e 30 paneiros de farinha; 366 arrobas de arroz; 18 encapados de carne e ainda 21 pipas e 50 garrafões de aguardente e 4 caixas de vinho de laranja; 110 bois da Paraíba; Pernambuco

2.640 barriquinhas de açúcar e 25 fardos de carne. Pela tabela é possível entender que entre 1853-1870, os principais produtos, aqueles que mais se destacavam tanto em valores quanto na frequência com que chegavam, estavam a aguardente, café, carnes, animais vivos, licores e ainda queijos. Tais produtos estavam tendo um aumento na sua importação de outras províncias do Império, dentre eles é significativo o aumento dos produtos tidos como de primeira necessidade como a carne seca, farinha, açúcar e café.

No geral, estas províncias enviavam os mesmos produtos de costume, os quais eram essenciais para compor o abastecimento da população como a farinha, a carne, o arroz pilado e o açúcar. Em 1875, por exemplo, a província estava importando carne seca do sul; café do Rio de Janeiro e Ceará; algodão e açúcar de Pernambuco; arroz e farinha do Maranhão e ainda havia sido criada uma lei provincial autorizando a compra de gado *vaccum* de outras províncias.[136] No jornal *Diário de Notícias*, em 22 de julho de 1883, se anunciava que na *Mercearia Fafeense*, na travessa das Mercês, próximo ao Largo, em frente à *Casa Africana*, se vendia o seguinte produto: "Carne *sêcca* do Sul", além do feijão preto e queijos novos. O Rio de Janeiro, aliás, era uma das províncias que mantinha relação comercial com a capital paraense. Mas, também era possível de se encontrar produtos vindos de outras províncias. Em 1892, no jornal *Diário de Notícias* eram anunciados os seguintes produtos: café mineiro à venda na *Empresa de Serviços Comerciais*; já em depósito no mercado público havia à venda de queijos do Ceará; doce de goiabada; açúcar de Pernambuco; bem como café xarque e milho no trapiche do *Lloyd Brazileiro* todos vindos no vapor *S. Salvador* e ainda camarão, feijão e farinha vindos no vapor costeiro com venda no trapiche Belém.[137]

Ao que tudo indica o Rio de Janeiro manteve um comércio constante com a capital paraense. Em 1891, o vapor *Segurança* trouxe consignado a José G. de Magalhães 50 sacos de farelo; 10 sacos de mandioca; 10 de feijão; 5 caixas de macarrão e 5 de licores. Já ao senhor Antonio J. Sardo foram 47 sacas de café. No mesmo mês outro vapor, desta vez o

---

136   Relatório apresentado ao Exm. Sr. Dr. Francisco Maria Corrêa de Sá e Benevides pelo Exm. Sr. Dr. Pedro Vicente de Azevedo. Em 17 de janeiro de 1875. Pará. Travessa de S. Matheus n. 29. 1875, p. 60.

137   *Diário de Notícias*. 5 a 26 de julho de 1883.

Pará, veio do Sul da República e Rio de Janeiro com mercadorias também consignadas a vários comerciantes e ao Arsenal da Marinha: 950 fardos de carne; 738 sacas de café; 2 caixas de matte e 10 barricas de farinha.[138] De Pernambuco consignado ao senhor P. Mota e Antongini foram 50 volumes de açúcar e ao senhor Emilio Martins 100 volumes. Já Maceió enviou 300 sacas de milho e a Sezar Santos e C. 10 caixas de óleo. No mesmo mês ainda, no vapor *Pará*, vieram 364 volumes de açúcar em 200 sacas e 150 barricas e 10 barris e 5 pipas de aguardente. Do Ceará foram 3 caixas de queijo; 7 caixas de carne e 3 caixas de doces. Do Maranhão 3 caixas de queijos.[139]

Em 1874, o presidente provincial Pedro Vicente de Azevedo reclamava que: "o Pará compra hoje do Rio de Janeiro, Pernambuco, Ceará e Maranhão os *generos* que *outr'ora* produzia em abundancia: o café, o algodão, o *assucar* e a farinha de mandioca ou farinha *d'agua*".[140] Assim, um dos motivos que mantinha as relações com outras províncias era justamente o intuito de beneficiar o abastecimento da capital, pois, buscava-se nas outras províncias produtos em épocas de carestia e, por outro lado, ao facilitar o comércio inter-provincial dava-se fim ao monopólio dos abastecedores regionais. Exemplo dito era o que se dava com o abastecimento de carne verde, conforme nos ilustra o presidente provincial Cunha Júnior, ao dizer que convinha "facilitar a introdução da gado das zonas *septentrionaes* de *Goyaz* e Maranhão, abrindo por *ahi* francas *communicações*, que também aproveitarão a todas as mais industrias". Afirmando ainda que "a fácil importação de gado de *Goyaz* não só contribuirá para baixar o preço da carne, como também com vagar poderá desenvolver a *creação* dentro da própria província, em razão dos *promptos supprimentos* as fazendas, que aqui se *estabeleção* procurando a maior proximidade do mercado consumidor".[141]

---

138 *Diário de Notícias*. 06 de janeiro de 1891, p. 1 col. 1.

139 *Diário de Notícias*. 06 de janeiro de 1891, p. 1 col. 2.

140 Relatório Exmo. Snr. Dr. Pedro Vicente de Azevedo. Em 15 de fevereiro de 1874. Pará. Typographia do Diario do Gram-Pará. Travessa de S. Matheus. n. 29. 1874, p. 36.

141 Relatório Dr. Justiano Ferreira Carneiro. Em 25 de agosto de 1882. Pará. Typ. Commercio do Pará. Travessa das Merces. N. 42. 1882, p. 20.

Corria então o ano de 1873 e Cunha Junior nos informa que devido a uma crise de carestia e tentando saná-la o mais depressa possível ele também recorrera a província do Maranhão onde a farinha tida como alimento de primeira necessidade estava mais barata do que a encontrada na capital, daí porque o mesmo logo tratou de enviar um empregado da Tesouraria da Fazenda comprar o tal produto.[142] Mas, a problemática relativa ao abastecimento ao longo do oitocentos paraense parece ter sido a carestia de carne verde, sendo por várias vezes tentado o seu fornecimento a partir de outras províncias. Em resolução n. 251 de 27 de setembro e com contrato firmado em 1855, os comerciantes João Augusto Corrêa & Cia. se comprometiam com o transporte de gado do Maranhão e Ceará, por exemplo. E ainda pela lei n. 645 de 24 de outubro havia a garantia do prêmio anual de 12% sobre o capital que fosse empregado na importação de gado introduzido na capital paraense de fora da província, com a finalidade de ser talhado em carne verde.[143]

Ainda no que tange o gado, em 30 de maio de 1881 o Coronel Manoel Francisco Moreira então residente em Parnaíba no Piauí, ciente de que a cidade de Belém estava passando por uma de suas carestias de carne verde, propõem ao governo paraense um contrato para o abastecimento de tal gênero; o dito coronel propunha um contrato de cinco anos, fornecendo 600 bois por mês com peso nunca inferior a 120 quilos.[144] No ano de 1883 e pela lei número 1.098 de 8 de novembro de 1882, ficou estabelecido que a presidência poderia contratar com Pedro Paulo de Moraes Rego, ou quem maiores vantagens pudesse oferecer fornecimento de gado vindo de fora da província para aqui ser talhado pelo próprio governo como solução para amenizar o momento de carestia.[145] Outra proposta aceita foi a de Fellipe Joaquim de Souza Filho e Feliciano Ramos Ferreira Bentes,

142   Relatório do Presidente de Província Domingos José da Cunha Junior. Em 1 de julho de 1873. Pará. Typographia do Diario Do Gram-Para. Travessa de São Matheus. n. 29. 1873, p. 49.

138   Fala do Exmo. Snr. Barão de Maracajú. Em 15 de fevereiro de 1883. Pará. Impresso na Typ. do Jornal da Tarde. 1883.

144   Arquivo Público do Estado do Pará. Fundo Secretária da Presidência da Província. Em 30 de maio de 1881. (Documentação avulso). Série: Abaixo-assinados. Ano: 1880-1882. Caixa 06.

145   Fala do Exmo. Snr. Barão de Maracajú. Em 15 de fevereiro de 1883. Pará. Impresso na Typ. do Jornal da Tarde. 1883, p. 65.

um contrato de dois anos para a importação de gado também de fora da província e a venda de carne verde à população, com o devido cuidado do gado e seu preço nunca superior a 600 réis o quilograma e na quantidade de pelo menos 1.950 quilos.[146] No ano de 1884, após uma das inúmeras crises alimentícias, o Visconde de Maracajú aprovou em 22 de janeiro uma proposta de Felippe Joaquim de Souza Filho e Feliciano Ramos Ferreira Bentes firmando com ambos um contrato de dois anos para a importação de gado de fora da província e consequentemente venda de carne verde para a população na quantidade de pelo menos 50 quilos e preço nunca superior a 600 réis o quilograma. Era uma medida com a qual o então presidente tentava amenizar a carestia deste produto.[147]

Muitos dos presidentes de província então colocavam a questão como se a capital dependesse dos produtos de outras províncias, como se o abastecimento deles fosse o único, no entanto, tal fornecimento era um complemento dos produtos regionais quando estes faltavam. Logo, eles eram complementos dos produtos vindos dos interiores que basicamente eram os mesmos. Daí por que se encontram produtos de primeira necessidade como feijão, café, açúcar e farinha além é claro da carne seca. Pode-se então entender da seguinte forma o abastecimento para a capital: em primeiro lugar, os interiores e o Amazonas com seus produtos regionais que de fato alimentavam e eram necessários ao cotidiano; em segundo lugar, produtos de outras províncias que vinham compor o que faltava em momentos de carestia e por último os produtos estrangeiros importantes como o trigo ou o sal e outros.

Além do mais, dada a importância do porto de Belém é de se supor que as outras províncias quisessem de alguma foram obter sua participação em tais lucros. Neste ponto, Weinstein nos informa que:

> Além dos produtos estrangeiros e dos bens de produção local, entre um quarto e um terço das "importações" da Amazônia vinham de outras partes do Brasil,

---

146 Relatório Ex. Snr. General Visconde de Maracajú. Gustavo Galvão. Em 24 de junho de 1884. Pará. Typ. de Francisco Costa Junior. 1884, p. 7-8.

147 Relatório Exm. Snr. General Visconde de Maracajú. Gustavo Galvão. Em 24 de junho de 1884. Pará. Typ. de Francisco Costa Junior. 1884, p. 6.

entre elas grandes quantidades de farinha de mandioca, açúcar, cachaça, carne seca, café e outros itens, que pareciam abundantemente nos aviamentos
comuns (…) a mandioca vinda do Maranhão, ia diretamente para Manaus,
mas quanto ao mais Belém possuía por razões evidentes, quase total monopólio de comércio costeiro.[148]

Posso, então, pensar que em grande parte o comércio com as outras províncias era algo importante, particularmente em épocas das chamadas carestia em que se recorria ao comércio com determinadas províncias para tentar conseguir a quantidade de alimentos para completar o abastecimento da capital e/ou interiores. Possibilidade que se traduz no fato de que grande parte dos produtos vindos de outros pontos do Império era tida como de primeira necessidade e completavam o nosso *"cardápio"* regional. No entanto, sem deixar de entender que havia liga-ções entre as regiões por relações econômicas, já que sendo o porto da capital paraense tão im-portante era possível que as outras províncias tentassem lucrar com a venda de seus produtos.

Neste sentido, a vinda de produtos importados para Belém com o advento da borracha teve aumento significativo, os produtos importados tinham sua importância no consumo da cidade bem como da província. No que tange aos produtos de outros países estes em sua maioria não eram de primeira necessidade, salvo exceções como sal e trigo, mas acima de tudo artigos tidos como de luxo e que, portanto, eram consumidos por um grupo que detinha poder de compra. Por outro lado, os produtos vindos de outras províncias além de serem em grande maioria tidos como de primeira precisão, os locais de onde provinham mantinham relações amistosas com a Província do Grão-Pará. Todavia, como Belém era uma cidade que tinha forte ligação com outros portos (Europa, E.U.A e Brasil), situação que aumentava a condição da cidade como lugar de comércio e onde parte dos produ-tos importados podiam ficar, sendo que como foi visto que uma parcela de tais artigos não ficava em Belém, já que sua importância também ocorria enquanto porta de entrada que muitas vezes iam para os interiores ou outros lugares como o Amazonas. Discutir os

---

148 WEINSTEIN, *op. cit.*, p. 237.

produtos que abasteciam a cidade demonstra quais os artigos faziam parte da alimentação das pessoas e isso foi possível moldar a partir das discussões já feitas, entretanto nem só de produtos vive uma sociedade, é necessário andar pela cidade e conhecer onde eles eram comercializados e quem os fazia, ou seja, quais os lugares e sujeitos que trabalhavam com comida e artigos alimentícios em Belém.

Capítulo IV

Os sabores da cidade: práticas alimentares, hierarquias sociais e seus lugares

POR MEIO DA alimentação é possível identificar os valores culturais de uma dada sociedade, já que, de certo modo, ela revela as relações hierárquicas entre os diversos segmentos sociais.[1] Nesse sentido, com a história das práticas alimentares também é possível ver como segmentos da sociedade de Belém do Pará, em sua diversidade cultural, tinham no se alimentar formas distintas de socialização e de construções identitárias, ainda que pesem as suas trocas culturais.[2] E como setores das elites ou ligados a uma cultura erudita marcada

1   Sobre a história da alimentação ver: ACAYABA, Marlene Milan (coord-geral da coleção) & ZERON, Carlos Alberto (org. volume). *Equipamentos, usos e costumes da Casa Brasileira*. São Paulo: Museu da Casa Brasileira, 2000. BOURDEAU, L., *Histoire se l'Alimentation*, Paris, 1894. BRAUDEL, *op. cit.* FLANDRIN, Jean-Louis & MONTANARI, Massimo. *História da Alimentação*. Trad. Luciano Vieira Machado, Guilherme J. F. Teixeiral. São Paulo: Estação Liberdade, 1998. CÂMARA CASCUDO, Luís da. *História da alimentação no Brasil: pesquisa e notas*. Belo Horizonte, Itatiaia, 1983. CARNEIRO, *op. cit.* SAMPAIO, A. J. de, *Alimentação sertaneja e do interior da Amazônia*, São Paulo, Cia. Ed. Nacional, 1944. REVEL, Jean-François. *Um banquete de palavras: uma história de sensibilidade gastronômica*. São Paulo: Companhia das Letras, 1996. SILVA, *Entre Tampas e Panelas por uma etnografia da cozinha no Brasil*. Dissertação de Mestrado apresentada ao departamento de Antropologia da Faculdade de Filosofia, Letras e Ciêncais Humanas da Universidade de São Paulo. Universidade de São Paulo. 2001. STRONG, Roy C. *Banquete: uma história ilustrada da culinária dos costumes e da fartura à mesa*. Rio de Janeiro: Jorge Zahar. 2004.

2   Sobre autores que discutem classes populares/eruditas ver: BURKER, *op. cit.* BOURDIEU, Pierre. Condição de classe posição de classe. In: AGUIAR, Neuma. *Hierarquias em classe*. Rio de Janeiro: Zahar, 1973. Sobre história Cultural e trocas culturais ver: BARROS, José D' Assunção. *História Cultural e História das ideias – Diálogos Historiográficos*. História Cultural: Várias interpretações. Goiânia: E. V., 2006. BURKE, Peter. *O que é história cultural*. Trad.: Sérgio Góes de Paula. Rio de Janeiro: Jorge Zahar Ed. 2005. CABRERA, Miguel Angel. *Introdução*, Los antecedentes: de la historia social a la nueva historia cultural *e* Um nuevo orden Del dia para la investigación histórica. In: *Historia, Lenguaje y Teoria de la Sociedad*. Madrid, Cátedra, 2001, p. 9-46 e 181.

por uma sensibilidade gastronômica tida como refinada viam a necessidade de civilização dos costumes alimentares do povo ao longo do período de 1850-1900, depurando alimentos e formas de comer tributárias de tradições indígenas ou africanas; quando não as substituindo por outras de origem europeia, bem como elegendo novos ambientes como modernos e refinados em detrimento de outros que perdem lugar e tornam-se maus vistos, usualmente aqueles que eram lugares comumente frequentados pelos menos favorecido.[3]

No período da borracha, durante a segunda metade do século XIX, há a intensificação da importação de produtos europeus e novos padrões e hábitos alimentares de acordo com uma nova ideia de civilidade. As transformações dos hábitos e costumes alimentares, seguindo novos padrões de civilização e sociabilidade, ganham força a partir da segunda metade do século XIX e se acentuam com o processo de industrialização dos alimentos adentrando o século XX.[4] É possível perceber então diferenças entre os gostos e sensibilidades gastronômicas, e acima de tudo onde a comida era saboreada, já que Belém, a partir da segunda metade do XIX, ganhava cada vez mais novas feições urbanas, novos gostos e sensibilidades, muito em função das rendas geradas pelos negócios da borracha.[5]

Assim, sem perder de vista continuidades e interações alimentares torna-se importante conhecer como se compunha uma boa mesa (cardápios, especiarias, bebidas, os equipamentos e sua utilização nas cozinhas e nas mesas etc.) ao gosto dessas elites em busca de seu refinamento gastronômico e, portanto, as relações que estabeleciam com a dita alimentação de natureza mais regional, procurando "negá-la" ou lhe dar uma nova

---

3   Sobre o conceito de civilização ver: ELIAS, Norbert. *O Processo Civilizador. Uma História dos Costumes.* Trad. Ruy Jungmann. Ed. Jorge Zahar Editor. Rio de Janeiro. 1990.

4   Sobre o processo de industrialização no Pará ver os trabalhos de: MOURÃO, Leila. *Memória da Indústria Paraense.* Belém: Federação das Indústrias do Pará. (FIEPA), 1989. SARGES, Maria de Nazaré. *Belém. Riquezas produzindo a Belle-Époque (1870/1912).* Belém: Paka-Tatu, 2002.

5   Sobre a discussão dos negócios da borracha ver: SARGES, *op. cit.* Para um período anterior dissertação de BATISTA, Luciana Marinho. *Muito Além dos Seringais: Elites, Fortunas e Hierarquias no Grão-Pará, c.1850 – c. 1870.* Instituto de Filosofia e Ciências Sociais. Universidade Federal do Rio de Janeiro. 2004. Para um processo semelhante à Belém ver: DIAS, Edinea Mascarenhas. *A ilusão do Fausto. Manaus 1890-1920.* Manaus: Valer, 1999. DAOU, Ana Maria. *A belle Époque amazônica.* Rio de Janeiro: Jorge Zahar Ed. 2000.

configuração mais de acordo com que buscavam nos sabores de países ditos civilizados como França, Inglaterra e Estados Unidos. Sendo parte deste processo a constituição de novos lugares como os restaurantes e cafés em oposição ao alimentar-se nas ruas.

A Belém da segunda metade do século XIX apresenta-se com o que Sarges denominou de novos "indicadores do progresso", "sintonizador da nossa sociedade com as modernas sociedades civilizadas".[6] Essa reorganização do espaço urbano e do viver na capital paraense: "(…) se expressa na construção de prédios como o Teatro da Paz, o Mercado Municipal do Ver-o-peso, Palacete Bolonha, Palacete Pinho, criação de uma linha de bondes, instalação de bancos (…)".[7] A cada dia a cidade tomava novos ares com cafés, restaurantes e a construção de prédios elegantes, bem como parecia mudar com a incorporação de gostos refinados, o que salienta uma mudança de mentalidade. Assim, dá-se a incorporação de novos ambientes de lazer e sociabilidade. Embora, os outros estabelecimentos preexistentes não tenham desaparecido com os novos hábitos, tais como as tabernas e mercearias, ainda que tivessem que se adaptar aos novos tempos.

Os novos espaços de sociabilidade não são adotados por toda a parcela da população da cidade de Belém oitocentista, enquanto uma parte elege cafés, restaurantes como refinados, outra mantêm as tabernas com todos os seus atrativos 'anti-civilizados' como jogos, bebidas e 'vadiagem' seu lugar preferido e frequentado, tudo isso numa sociedade em que a ideia de civilidade muda de acordo com os diversos segmentos sociais. E aqui cabe pensar a concepção de Nobert Elias sobre a ideia de civilização, aquela que é mutável com o passar do tempo e das pessoas. A civilização ocorre diferente em cada época e está adequada a mentalidade das pessoas que compõem a sociedade observada.[8]

Assim, para as pessoas que frequentavam os restaurantes, as casas importadoras e os cafés esses espaços eram sinônimos de requinte e sofisticação em uma cidade onde até o alvorecer de 1890 as tabernas eram constantes e faziam-se sentir como um estabelecimento

---

6   SARGES, *op. cit.*, p. 13.

7   SARGES, *op. cit.*, p. 83.

8   ELIAS, *op. cit.*, p. 13.

fora dos novos moldes, tanto que eram comuns os anúncios e pedidos de pessoas aos jornais que, incomodados com tais espaços, solicitavam às autoridades que houvesse uma intensificação da vigilância dos ditos estabelecimentos e frequentadores, já que estes eram a "vergonha" de uma sociedade que tinha como preocupação o refinamento dos costumes.

Por sua vez, o momento destinado à alimentação faz parte do cotidiano desde a antiguidade, enquanto momento de lazer e sociabilidade em que as pessoas se reuniam para uma ceia, para um banquete de matrimônio, uma pausa entre a lavoura de café pelos escravos para o consumo da farinha de mandioca com toucinho e carne seca ou simplesmente para o lazer da comida. Criando assim novos ou remodelando antigos tempos sociais. Desde a antiguidade: "o ato de comer em conjunto transformou uma função corporal necessária em algo muito significativo, um evento social".[9] e consequentemente as estruturas de lazer entendidas com o ato de comer.

Como salientava Elias não só a civilização acompanha as diferentes épocas como o principal personagem em tais mudanças de pensamento é a própria sociedade e é ela que "Muda o padrão do que a sociedade exige e proíbe".[10] Foi uma parte da população citadina de Belém que elegeu as tabernas locais impróprios aos bons costumes e sendo ela também que elegeu os lugares que poderiam ser frequentados com civilidade e bom gosto. Foi também esta parcela da população que exigia a venda de leite recolhido da vaca na frente de suas casas ou tomando um açaí nas barracas nos cantos e esquinas da cidade. Então vamos conhecer tais espaços e os sujeitos que compunham as ruas de Belém.

---

9   STRONG, Roy C. *Banquete: uma história ilustrada da culiná*ria dos costumes e da fartura à mesa. Rio de Janeiro: Jorge Zahar, 2004.

10   ELIAS. *op. cit.*, p. 14.

I – TABERNAS, RESTAURANTES E OUTROS ESTABELECIMENTOS ALIMENTÍCIOS E DE SOCIABILIDADE

Ao longo do século XIX, Belém contou com diversos tipos de estabelecimentos destinados à venda de alimentos. Entre eles, tabernas, quitandas, cafés e restaurantes. Em cada um desses espaços, pessoas circulando, a vida acontecendo, bem como as disputas e tensões aflorando entre os sujeitos que buscavam fazer do comércio de comida esteio de sua sobrevivência ou até mesmo fortuna. Em 1852, por exemplo, no dia 13 de março, na capital da província, o jornal O *Monarchista Paraense* publicou o pedido dos taberneiros do 3ª Distrito da capital o qual solicitava aos respectivos fiscais que redobrassem a vigilância sobre as quitandeiras, pois, eles que pagavam os direitos e impostos devidos para a venda de produtos nacionais e importados saíam no prejuízo já que aquelas além de não pagarem impostos "á sombra de meio dúzia de *panellas*, vendem todas ou quase todas, os mesmos gêneros que os taberneiros o não podem fazer, sem a competente licença…",[11] até porque elas escondiam os produtos por traz das panelas. De imediato, podemos entender que taberneiros e quitandeiras não viviam na mais perfeita paz e que havia certo conflito entre sujeitos de ambas as categorias.

E que as rusgas entre eles não eram especificidades de Belém, Dias salientou que na cidade de São Paulo uma das preocupações da Câmara Municipal no início do século XIX era com as rixas entre vendedoras ambulantes e taverneiros ressaltando que o papel destas mulheres sempre "caracterizou-se por um permanente estado de tensão" não somente com os taverneiros, mas, sobretudo com as autoridades.[12] A autora ainda cita que "(…) não poderão vender as quitandeiras, nos *taboleiros*, pelo miúdo e aos vinténs, farinha, milho e feijão, por que tudo isto acima dito ficam reservados tão somente aos taverneiros, que pagam direitos de suas negociações".[13] As semelhanças entre São Paulo e Belém não estão

---

11 O *Monarchista Paraense*. Anno I. Pará, 13 de março de 1852. 1ª Série. n. 6 & 7, p. 7.

12 DIAS, Maria Odila Leite da Silva. *Quotidiano e poder em São Paulo no século XIX*. Prefácio de Ecléa Bosi. 2ª Ed. ver. São Paulo: Brasiliense, 1995, p. 68.

13 DIAS, *op. cit.*, p. 68.

somente expressas no conteúdo dos documentos, mas acima de tudo nos sujeitos sociais envolvidos neles e como estes traçavam seu cotidiano na venda de seus produtos alimentícios. E sobre tais sujeitos e seus lugares de vivência que vou falar agora. Iniciarei pelos espaços de venda onde os Gregórios, Antonios e Joanas circulavam.

As tabernas eram espaços próprios da venda de artigos onde se podia encontrar desde café até mesmo pirarucu ou bacalhau; eram assim detentores de certa variedade que atendiam dos mais simples aos mais exigentes fregueses. Tais espaços vendiam não apenas produtos alimentícios, mas diversos outros ítens como copos de vidro, paninhos de mesa e outros; seus proprietários tinham estabelecimento fixo, na maioria das vezes na frente das casas com moradia ou ainda um prédio cujo fim destinava-se ao comércio e por isso pagavam impostos. Daí porque viviam em desacordo com as quitandeiras que assumiam o papel de forte concorrentes do comércio de alimentos da capital. Estas por sua vez, tendo sua venda em barracas em alguns pontos da cidade, não só vendiam os mesmos produtos que os taberneiros, elas vendiam também mais barato.

O Sr. Francisco Antonio de Miranda[14] era negociante, tinha a firma Miranda Irmãos & Companhia em Belém no ano de 1853, este senhor ao que consta era de uma situação confortável, pois o mesmo detinha inúmeras casas no centro da cidade, fazendas, rocinhas, terrenos e sítios ao redor da capital, pois bem, ele contava com "uma casa de sobrado de um andar, sem numero (…) com um corredor, sala, saleta, alcova, varanda e tres quartos, *cosinha* e poço; tendo em baixo, loja, alcova (…)". Esse senhor também era dono de outra casa com sobrado na rua da Boa Vista de canto para a travessa do pelourinho, "com dois andares (…) com baixos, corredor, loja no canto (…)".[15] Já o senhor Jaime David Bricio, em 1850, contava com duas lojas de sobrado uma na travessa do Passinho outra na rua Bôa

---

14   Sobre a família Miranda seu patrimônio e importância ver o trabalho o trabalho de BATISTA, *op. cit.* E ainda CANCELA, Cristina Donza. *Casamentos e Relações Familiares na economia da Borracha (Belém 1870-1920)*. Universidade de São Paulo. Faculdade de Filosofia Letras e Ciências Humanas. Departamento de História. Programa de Pós-Graduação em História Econômica. USP-SP. 2006.

15   Arquivo Público do Estado do Pará. Autos de Inventários e Partilhas, Juízo de Orfãos de Belém, 1853. Caixa/Ano: 1853. n. 3.

Vista.[16] Tal situação demonstra que era comum os estabelecimentos como as tabernas, lojas e ainda os armazéns estarem localizados na frente das casas dividindo espaços com a sala, alcovas, varandas e cozinhas.

Desde a década de 1850, as tabernas aparecem como pontos de vendas dos mais variados produtos. Nos jornais entre 1851 a 1852[17] é comum a designação de taberna para venda de produtos diversos: em 5 de dezembro de 1851, o senhor João Baptista Fermink na Rua da Trindade tinha a venda em sua Taberna: "feijão preto do Rio de Janeiro, e toucinho de Minas (…) algumas quartinhas da Bahia". Já o senhor Domingos Maia no mesmo mês, no Largo do Pelourinho tinha excelente "superior Tabaco de Irituia".[18] Em janeiro de 1852, o senhor Joaquim de Jezus e Castro tinha na sua taberna para vender café torrado.[19] Em outra taberna, desta vez localizada defronte do Sr. Braga, que se identificava como barateiro tinha-se *chá hycson*; vinho tinto de Lisboa; massas finas de diversas qualidades; doces de goiaba; açúcar refinado; manteiga inglesa e francesa; cominhos; erva doce; cerveja; azeitonas; chouriços; presuntos e outras miudezas pertencentes a uma taberna.[20]

Ainda, na Travessa do Pelourinho, o Sr. Manoel da Cunha Muniz tinha em sua taberna manteiga de ovos de tartaruga; azeite; tabaco do sertão; cachaça; potes com mel; pirarucu; carne seca; mapará em porção; sabão da terra; garrafões vazios de todos os tamanhos; dito com aguardente do reino, tudo por ótimos preços.[21] Outro estabelecimento localizado na Travessa da Mizericórdia, bem em frente da botica de Augusto Marcolino, tinha os seguintes gêneros: vinho da *Companhia do Alto-Douro*; manteiga inglesa; talharim;

---

16   Arquivo Público do Estado do Pará. Autos de Inventários e Partilhas, Juízo de Orfãos de Belém, 1850. Caixa/Ano: 1848-50. n. 06, p. 4.

17   *A Voz do Guajará*. 14 de novembro de 1851 a 10 de janeiro de 1852. *O Monarchista Paraense* de 24 de janeiro a 7 de setembro de 1852.

18   *A Voz do Guajará*. 14 de novembro de 1851 a 10 de janeiro de 1852, p. 4.

19   *O Monarchista Paraense*. 24 de janeiro de 1852 a 7 de setembro de 1852, p. 4.

20   *O Monarchista Paraense. op. cit.*, 29 de março de 1852, p. 8.

21   *O Monarchista Paraense. op. cit.*, 15 de maio de 1852, p. 7.

macarrão; passas; ameixas; açúcar; queijos; batatas; cebolas; um porta licor com seus vidros e outros gêneros.[22]

Vilhena[23] em seu trabalho sobre o abastecimento de gêneros alimentícios, através das mercearias para a última década do XIX, demonstra que as mercearias eram lugares que atendiam essencialmente a elite e que como tal tinham uma grande quantidade de produtos importados "para atender às exigências refinadas dessa classe". Somente em fins do século XIX, parece-nos que as tabernas se tenham reestruturado para competir com os novos estabelecimentos de venda, como é o caso das mercearias. Nesta época de refinamento dos gostos, em especial nas últimas décadas do século XIX, se deixou mais a denominação de taberna e se passou a utilizar a palavra Mercearia que era uma derivação do francês *mercerie*,[24] já que esta era mais refinada. Assim as tabernas disputam espaços com as mercearias e armazéns e ainda as lojas.

Posso supor, então, que as tabernas em Belém fugiam em boa medida da imagem delas encontrada na Europa no século XVIII, onde eram ambientes aos moldes dos botequins; ou seja, sinônimos de lugar de bebedeira, onde os camponeses arruinavam-se e lugar do consumo coletivo e em coletividade.[25] No geral esses lugares eram tão maus afamados que só pelos relatos e imagens podemos identificá-lo como a ruína de qualquer um fosse rico ou pobre. Em Paris, por exemplo, havia várias tabernas, entre as quais aquela que se tornou a mais célebre no século XVIII, denominada de *Courtille*. Nesta, segundo a imagem de Bulloz, *Courtille* servia bebida e como

---

22 *O Monarchista Paraense. op. cit.*, nota 20.

23 VILHENA, Sandra Helena F. *O abastecimento de gêneros alimentícios através das mercearias (1890-1900)*. Belém: UFPA, Monografia de Graduação em História, 1990.

24 O significado em francês de mercerie é boutique, no entanto no século XIX estes estabelecimentos vendiam os mais variados produtos e não tinham o significado que conhecemos hoje de boutique. Enquanto mercearia corresponderia a épicerie loja de produtos alimentares de qualidade superior. LARROUSSE. Mini dictionaire. Français et Portugais, Larrousse/HER, Paris, 2005.

25 BRAUDEL, *op. cit.*, p. 210.

acompanhante peixes e pães, sendo retratados homens bêbados, brigando e jogados pelo chão, compondo um cenário degradante.[26]

Na cidade de Belém, as tabernas estavam geralmente localizadas em ruas ou avenidas onde havia um fluxo de pessoas destinadas a abastecer suas casas com os produtos variados. Eram lugares que abriam no horário comercial, tanto que ficavam nos bairros conhecidos por tal atividade em ruas como d'Alfama, Largo de Sant' Ana ou mesmo dos Mercadores. Algumas próximas a casas destinadas à venda de panos finos, perfumarias etc.

Sobre a localização das tabernas no geral, estavam localizadas próximas aos portos públicos e na parte conhecida como a Cidade Velha e a Campina, ou seja, eram os districtos 1 e 2 do próximo mapa, eram áreas que ficavam na parte litorânea da cidade, os negócios circulavam por estes districtos que abrigavam as ruas citadas como D'Alfândega, Travessa da Misericórdia, Largo de Santana, Travessa do Pelourinho e outras. A esse respeito dos primeiros e segundos *districtos* Bezerra Neto ressalta que:

> (...) nos 1ª e 2ª districtos, ou seja, a parte antiga da cidade, onde localizavam-se suas principais docas e portos, como, por exemplo, a Doca do Ver-o-peso ou a Doca do Reducto; ou, então, o Porto da Ponte de Pedras ou Porto do Sal; destacando-se o último, localizado na freguesia da Cidade Velha. Nestas docas e portos concentrava-se as atividades comerciais da cidade, com seu fluxo constante de navios e canoas trazendo e levando mercadorias.[27]

Nesse sentido, a maioria das tabernas, lojas e armazéns ficavam localizadas nos primeiros e segundos distritos. Ver mapa da localização dos distritos na década de 1880:

---

26   *Ibidem.* nota 24. p. 211.

27   BEZERRA NETO, *Fugindo, sempre fugindo: escravidão, fugas escravas e fugitivos no Grão-Pará (1840-1888).* Dissertação de Mestrado. Departamento de História do Instituto de Filosofia e Ciências Humanas da Universidade Estadual de Campinas. Março, 2000, p. 264.

PLANTA II: A CIDADE DE BELÉM E SEUS DISTRITOS NA DÉCADA DE 1880

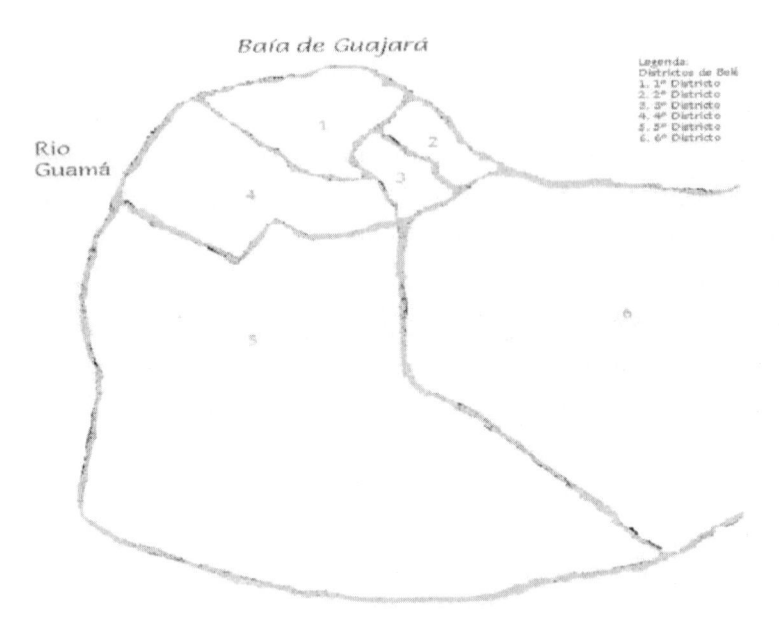

Fonte: BEZERRA NETO, *Fugindo, sempre fugindo: escravidão, fugas escravas e fugitivos no Grão--Pará (1840-1888)*. Dissertação de Mestrado. Departamento de História do Instituto de Filosofia e Ciências Humanas da Universidade Estadual de Campinas. Março, 2000, p. 263.

No entanto, é cedo demais para identificar a taberna apenas como vendedoras de produtos comerciais. Existiam também aquelas que se assemelhavam a *Courtille*, estas eram lugares em que havia brigas, bebidas e cuja população vizinha à mesma estava sempre pedindo providencias à patrulha, até porque eram também lugares comuns para os escravos encontrarem-se para suas "arruaças".

No ano de 1869, na rua Nova canto da de S. Matheus,[28] parece que havia uma taberna, a qual os negros e negras transformaram em sua bodega, onde os mesmos faziam

---

28   A rua de S. Matheus hoje é a atual Padre Eutíquio. A rua Nova hoje durante o período colonial era a rua da "praia"corresponde hoje a Boulervard Castilho França. Como no salienta CRUZ, ERNESTO. *As ruas de Belém: significado histórico de suas denominações*. Ilustrações de Rudolf Richl. – 2ª ed. Belém: CEJUP, 1992.

"seu *rendez-vous nocturno*". Este estabelecimento que continha em suas paredes o nome de *"Canto d'Alegria"*, como o próprio nome sugere, parecia ser o lugar onde os "diletos" passavam as noites alegremente. O autor do queixume intitulado "Censor" ainda lamentava que qualquer homem de bem que passasse "por uma taberna ou esquinas de ruas onde quase sempre há reuniões de preto, não terão presenciado *espectaculos repgnantes, e offensivos* à moral pública!".[29] Anos passados, em 22 de julho de 1881, o jornal *Diário-Gram-Pará* trazia uma queixa sobre uns ajuntamentos que eram feitos nas tabernas que ficavam localizadas na rua dos Martyres, esquina com a travessa 15 de Agosto, sendo pedido que o subdelegado fizesse algo contra tais ajuntamentos.[30]

Um ano depois, em 1882, o mesmo jornal trazia como noticia que na taberna localizada na Travessa General Gurjão, esquina com a Travessa das Mercês dois sujeitos após terem se embriagado jogaram tapona velha fazendo uma verdadeira gritaria que nem a patrulha pode deter e, para espanto de todos, o dono da dita taberna era o inspector de quarteirão, o qual, diga-se de passagem deveria zelar pela ordem pública.[31] Em 1885 o jornal *Diário de Notícias* apresentou a seguinte nota sobre "uma "troça de vadios", que todas as noites estariam reunindo-se numa taberna localizada na travessa de Santo Antonio.[32]

Ao que tudo indica estas tabernas eram repudiadas não apenas pelos vizinhos que estavam incomodados com tais reuniões, mas, de uma parte da população que via nesses encontros lugares de "pretos" e "desocupados" e que não cabia mais para Belém. A questão não era apenas de segurança e ordem pública, mas, todavia de ordem cultural já que havia uma necessidade de remodelar os hábitos e costumes dos espaços públicos com o que se enquadraria nos padrões de civilidade. Já que a esse respeito: "Desde a década de 1860, (...) existia em Belém a emergência de práticas discursivas em defesa de reformas

---

29   *Diário de Gram-Pará.* 5 de junho de 1869. n, 126. p. 1.

30   *Diário de Gram-Pará.* 22 de julho de 1881, p. 2.

31   *Diário de Gram-Pará.* 20 de junho de 1882, p. 2.

32   *Apud.* ALMEIDA, Conceição Maria Rocha de. *O Termo insultuoso: ofensas verbais, história e sensibilidades na Belém do Grão-Pará. (1850-1900).* Universidade Federal do Pará. Programa de Pós-Graduação em História Social da Amazônia. Belém/Pa. Fevereiro 2006, p, 43.

dos logradouros públicos, bem como dos usos e costumes da população citadina, sob o poderoso e sedutor prisma da ordem e civilização".[33]

Nem sempre tais tabernas tinham apenas a presença de negros. Lembremos o caso do cearense Silveste Fontes que, no ano de 1878, foi convocado a depor em um auto sobre um "desentendimento havido em uma taberna com o preto João Jorge, ao qual ele assistira".[34] Em 1883, no jornal *Diário de Notícias*, o português José Ferreira de Oliveira estava queixando-se da patrulha que, segundo ele, havia o ameaçado e ainda espancado um homem em sua taberna.[35]

O problema das tabernas não está na denominação, mas na forma de utilização do espaço pelos sujeitos sociais existentes. Ela podia ser utilizada da maneira que seu proprietário viesse achar mais lucrativo e tal escolha provavelmente dependeria também de sua localização e freguesia. Então, a taberna não tem uma única apresentação e passeando pela mesma cidade poderíamos entrar numa taberna para comprar produtos para o almoço ou à noite para o *rendez-vous* alegre com a população negra que faziam desse ambiente um momento de descontração e contentamento. E ainda que uma parte significativa das tabernas estivesse destinada a venda de produtos alimentícios, o que posso dizer é que entre os sujeitos e lugares existiam na Belém diversos significados para as "tabernas".

Os armazéns pertenciam a famílias de negociantes da capital paraense, em certa medida eles eram os maiores distribuidores dos produtos, eram estes negociantes que ou tinham consignado toda a carga dos navios que aportavam em Belém ou compravam em grandes quantidades nos portos para a revenda que podia ser a comerciantes menores ou ainda em leilões. Em 1851 havia na Rua da Boa Vista vulgo da Praia[36] um armazém do senhor Leopoldino

---

33 BEZERRA NETO, *Quando escravo é notícia. Aspectos da escravidão urbana em Belém.* (1860-1888). Texto não publicado. Gentilmente cedido pelo autor a quem agradeço.

34 A autora sem eu trabalho nos conta a história do cearense Silveste Fontes. CANCELA, Cristina Donza. *Casamentos e Relações Familiares na economia da Borracha (Belém 1870-1920). op. cit.*, p. 89.

35 *Diário de Notícias.* 24 de junho de 1883. n. 166, p. 2.

36 Esta rua é hoje a Boulevard Castilho França. Cf. CRUZ. *Op. cit.*

Jozé da Silveira.[37] Através dos trabalhos de Batista e Cancela sobre as famílias da elite e suas relações em Belém[38] é possível entender que as famílias de negociantes eram as mais abastadas da região. Um destes é o senhor Francisco Antonio de Miranda que era proprietário na capital de 8 armazéns sendo dois acompanhados de lojas. Um "armazém grande para a Rua do Espirito Santo" com duas lojas, outro na Rua do Açougue, "tres armazens ao correr da Travessa do Pelourinho" com uma loja no canto.[39] O senhor Alfredo Barros, em 1891, também era dono de um armazém no qual faria leilão em 03 de janeiro dos seguintes produtos: "cebollas, bacalhau, feijão, (…) manteiga Bretel, toucinho e muitas outras estivas (…)".[40] No dia 10 de janeiro de mesmo ano, no armazém dos senhores Calheiros & Oliveira tinha a venda em leilão Bacalhau de 20 quilos, conservas Costa Lino, sal (…) e uma partida de manteiga".[41]

Em 1892, o jornal *Diário de Noticias* trazem inúmeros anúncios de negociantes que fariam leilão de diversos gêneros consignados a eles nos trapiches. Um deles era o senhor José D. B. Bentes que estava vendendo com o agente Costa Benfica no trapiche *Lloyd Brazileiro* vários gêneros como açúcar, café e charque chegados no vapor *São Salvador* consignados a ele. Outro foi Srs. Cerqueira Lima & Ca. que no trapiche da Companhia do Amazonas vendiam peixe e carne. Outro foi Santos Sobrinho & C. que no trapiche *Lloyd Brazileiro* vendia açúcar de Pernambuco, café, charque e milho.[42]

Além das tabernas e armazéns que vendiam produtos alimentícios existiam na cidade de Belém as casas de vendas dos alimentos prontos e que eram lugares de almoçar, jantar ou mesmo lanchar. Um desses lugares era o que parecia ser uma espécie de pensão-restaurante. Em anúncio publicado no *Correio dos Pobres* temos a descrição de um desses estabelecimentos:

---

37   *Voz do Guajará*. Pará, 5 de dezembro de 1851.

38   BATISTA, *op. cit.*, e CANCELA, *op. cit.*

39   Arquivo Público do Estado do Pará. Autos de Inventários e Partilhas. Juízo de Orfãos de Belém. 1853. Caixa/Ano: 1853, n. 3.

40   *Diário de Notícias*. 03 de janeiro de 1891, p. 1 col 2, n. 2.

41   *Diário de Notícias*. 10 de janeiro de 1891, p. 1 col 3, n. 7.

42   *Diário de Notícias*. 5 de julho de 1892, p. 1.

EM NAZARETH

Faz-se publico que durante o tempo da festa da Senhora de Nazareth no arraial da mesma senhora, nas casas do Sñr. Lisbôa, terá sempre *promptos optimos* petiscos arranjados com todo *aceio* e perfeição para o que tem excelente cozinheiro, assim como *caffe* com leite, chocolate, chá, e pão-de-ló, *serveja*, licores &. Na mesma *caza* haverão quartos com *mezas* e mais *commodidades* para famílias: e o anunciante se compromete servir bem e por *cômmodos* preços às pessoas que se utilizarem *d'este* estabelecimento.[43]

Ao que tudo indica este senhor era dono de uma pensão que durante a festividade de Nossa Senhora de Nazaré fazia dela também uma espécie de "cafeteria". Isto em 1852, quarenta anos depois em outro ponto da cidade temos localizado na Rua das Flores no canto da Travessa Primeiro de Março um restaurante denominado de *Quatro Cantos*.[44] A venda de comida na casa do Sr. Lisboa era sazonal aproveitando o momento do Círio de Nazaré, já o *Quatro Cantos* um restaurante permanente, indicando-nos como ao longo da segunda metade do século XIX novos hábitos foram se constituindo em Belém associados a novas utilidades do tempo. E o que antes era sazonal como a pensão-restaurante torna-se cotidiano. Lembrando aqui Alain Corbin[45] no que tange os tempos sociais, suas mudanças e apropriações; ao mostrar que os paquetes deixavam de ser um mero meio de transporte para transforma-se em um lugar propício ao que ele mesmo chama de "advento dos lazeres", da mesma forma que um lugar com mesas deixava de ser apenas o local para saciar a fome, tornando-se restaurante. Assim, se pode entender a alimentação como um tipo de lazer responsável pela construção de tempos sociais diversos e em diversas classes.

---

43   *Correio dos Pobres*. Anno de 1851. Pará 23 de outubro. 2ª Série. n. 14, p. 4.

44   *Diário de Noticias*, 10 de julho de 1892. N. 150, p. 1.

45   Alain Corbin é considerado como o historiador do sensível e tem obras que marcam a história dos sentidos e consequentemente das mentalidades. CORBIN, Alain. Entrevista concedida a Laurent Vidal. *Revista Brasileira História*. Volume 25, n. 49. São Paulo. Jan/Jun. 2005. CORBIN, Alain. História dos Tempos livres. e Do lazer culto à classe do lazer. In CORBIN, Alain (org) *História dos tempos livros. O advento do lazer*. Lisboa: Teorema, 2001, p. 59-90 e p. 86.

Falo agora um pouco sobre os lugares tidos como mais refinados e aqueles procurados pelas pessoas que, incorporando valores e sensibilidades tidas como civilizadas, frequentemente estavam presentes em tais estabelecimentos. Um dos pontos de alimentação eram os hotéis, que além dos hospedes também variavam a clientela com pessoas que iam lá para jantar ou almoçar. E, ainda, os restaurantes como aqueles destinados à alimentação cotidiana, mas acima de tudo espaços de sociabilidade.

Até a década de 50 do século XIX, os hotéis em Belém eram sem muito refinamento e não havia uma quantidade deles, sendo seu número reduzido, não havendo opções. O viajante Avé-Lallemant quando chegou a Belém, em 1859, ficou horrorizado com o que as pessoas denominavam de hotel e suas péssimas condições. Segundo ele:

> Tinham-me indicado em Pernambuco um hotel do Pará como o melhor. Quando transpus a porta, recuei, apavorado; parecia exatamente um desses albergues portugueses, os cortiços do Rio. Sujidade e um cheiro repelente me causaram positivamente náuseas. Fora esse não havia outro hotel na cidade, pelo menos nenhum melhor.[46]

O aspecto do referido hotel era tão repugnante ao viajante que este optou por ficar como hospede na casa dos comerciantes e compatriotas donos firma da denominada *Tappenbeck & Cia*. Já nas décadas seguintes é possível visualizar nos jornais o aparecimento de hotel, talvez melhor estruturado que o citado pelo viajante, já que esses espaços ganharam novos ares oferecendo como atrativo certo conforto para época, como, por exemplo, dispor de restaurante, inclusive aberto ao público externo.

Os hotéis em 1892 já contavam forte presença na cidade. Em julho do dito ano, tem-se o *Hotel dos Estrangeiros* na Travessa de São Matheus, que precisava de duas criadas, sendo uma para a cozinha. Já o *Hotel Gibraltar*, em 12 de julho, tinha necessidade de empregados. O *Restaurant Coelho* um dos que se anunciava elegante e refinado tinha

---

46   AVÉ-LALLEMANT. *op. cit.*, p. 29.

hotel no primeiro andar. Talvez os hotéis-restaurantes tivessem mais freguesia e pudessem se afirmar mais que os restaurantes.

Os restaurantes apareceram ao que tudo indica na França de Vatel, Antonin Carême e tantos outros cozinheiros famosos por seus pratos.[47] O restaurante em si surge da necessidade de certo refinamento e busca de um lugar aconchegante e que pudesse ser um ponto de encontro para satisfazer as necessidades alimentícias e de sociabilidade. Antes dos restaurantes, cuja origem remonta ao século XVIII, as refeições podiam ser feitas nas estalagens e outros estabelecimentos que propunham a venda de pratos simples e baratos, só que eram para atender uma clientela mais popular como salienta Jean-Robert Pitte:

> Todos esses estabelecimentos destinados a uma convivialidade barulhenta, muitas vezes licenciosa e ocasionalmente provocadora de brigas – servem de preferência, alimentos de estilo "popular", em vez de pratos elaborados.[48]

O que no Brasil eram chamadas de "casas de pasto", lugar onde se servia os populares. Os nobres preferiam manter grandes cozinheiros e chefes aos seus serviços do que sair para os lugares que não tinham o refinamento desejado.

Logo, os restaurantes ganham o mundo não apenas como um local de saborear um bom prato, mas de sofisticação quando tinha grandes chefes, lugar de poder para quem pudessem frequentá-los e ainda de sociabilização entre os convivas que desfrutariam da mesma mesa dando origem a novas apropriações do tempo pela sociedade. Uma das inúmeras apropriações do tempo em Belém, na segunda metade do século XIX, com a adoção de novos hábitos refinados, foi a utilização dos restaurantes. Braudel dizia que uma das grandes características da vida material passava pela alimentação, segundo ele "Diz-me o

---

47 Sobre Carême ver: Kelly, Ian. *Carême: cozinheiro dos reis*. Tradução, Marina Slade Oliveira; revisão técnica, Bernardo Menegaz. – Rio de Janeiro: Jorge Zahar Ed., 2005.

48 PITTE, Jean-Robert. Nascimento e expansão dos restaurantes. In: FLANDRIN, Jean-Louis & MONTANARI, Massimo. *História da Alimentação*. Trad. Luciano Vieira Machado, Guilherme J. F. Teixeiral. São Paulo: Estação Liberdade, 1998, p. 753.

que comes, dir-te-ei quem és".[49] Além de a alimentação ressaltar uma identidade de cada grupo ou povo, penso que onde este indivíduo ou grupo alimenta-se também revela o grupo social que este indivíduo pertence. Desta forma, cabe aos restaurantes ocupar o lugar de segregação entre aqueles que podiam e os que não tinham condições de desfrutar destes ambientes, muitas vezes seletos e reservados a determinada clientela.

Um dos restaurantes de destaque para a sociedade belenense era o *Restaurant Coelho*, onde os anúncios eram feitos colocando em destaque o requinte. O dito estabelecimento ficava no Largo de Santa Anna e era de propriedade do Português J. F. Vieira de Magalhães. Em anúncio no dia 25 de janeiro de 1891, data do aniversário do *"mestre cook"* se lê: "Hoje é dia de gala no RESTAURANTE COELHO (…). E para festejar o *anniversario* do chefe da *cosinha* haverá uma profusão de suculentas iguarias, entre as *quaes* fazem parte uma *Vitella* e as FRESCAS OSTRAS chegadas ultimamente".[50] Ao que tudo indica este era um dos lugares de sociabilidade conhecido e frequentado na cidade já que, segundo o anúncio, "o pessoal todo envergará *fatiota* de gala, esforçando-se cada um para ter a *primasia* de melhor servir os numerosos *freguezes*".[51]

Posso supor que muitos desses numerosos fregueses eram de condição mais abastada ou de uma situação econômica distinta, já que as iguarias não contavam no cardápio da população pobre entre as quais uma suculenta *vitella*,[52] num período que a carne fresca era de fato para poucos. Iguaria e as ostras frescas importadas confirmam que o paladar dos frequentadores era no mínimo refinado. A promessa de que cada funcionário iria atender da melhor forma os clientes reforça que estes faziam parte de um grupo distinto onde ele podia ser bem servido. O freguês estava num ambiente refinado e que tinha na sua propaganda um dos seus atrativos não apenas pelo menu, mas também pelo esmero destinado aos seus frequentado-

---

49   BRAUDEL, Fernand. *Civilização Material, economia e capitalismo séculos XV-XVIII*. Trad. Telma Costa. São Paulo: Martins Fontes, 1995, p. 89.

50   *Diário de Noticias*. 25 de janeiro de 1891. n. 20, p. 3 coluna 3.

51   *Ibidem*, nota 40.

52   A vitela é uma carne de novilha ou novilho menor de um ano, por isso mais macia e, portanto, mais saborosa, provavelmente era mais cara. Pode-se com ela fazer iguarias. HOLANDA, Aurélio Buarque de. *Dicionário Aurélio do século XXI*. On line. Versão 3.0 Editora Nova Fronteira.

res. Em outro anúncio ele aparece como um dos mais importantes da região Norte do Brasil com um serviço de primeira ordem e com uma novidade: seu funcionamento era durante todo o dia e ainda estava sempre pronta a fornecer banquetes com um tratamento sem igual.

FIGURA 6: ANÚNCIO DO RESTAURANTE COELHO[53]

Restaurant COELHO

Largo de Santa Anna

PARÁ

Proprietario — J. F. Vieira de Magalhães

O mais importante estabelecimento do Norte do Brasil.
Serviço de primeira ordem, a toda a hora, dia e noite.
Hotel no 1.º andar. Aposentos arejados. Preços modicos.
Tratamento sem egual.
Casa sempre apta a fornecer banquetes.

Outro estabelecimento que estava em voga em 1891 era o Café Carneiro que era uma espécie de café-restaurante já que oferecia gordo leitão e como o nome já diz uma carne de carneiro saborosa. O referido estabelecimento pertencia ao "simpático" Machado, o qual oferecia aos seus clientes uma "esplendida carta escolhida pelo hábil chefe da arte culinária, chegado ultimamente da capital Federal". Seus fregueses contavam com "O gordo leitão, o saboroso carneiro e os *succulentos* borrachinhos e muitas outras variedades, gelo e bebidas geladas, isso não se falta é um nunca acabar!", segundo anúncio publicado

---

53   Publicado em CAIEIRO, Domingos; TRINDADE ROCHA, Maria Beatriz. *Portugal-Brasil Migrações e Migrantes. 1850-1930.* Edições Inapa. Lisboa.2000, p. 69.

no *Diário de Notícias* em 4 de janeiro daquele ano.[54] O café-restaurante *Carneiro* também tinha suas peculiaridades e fazia propaganda sobre elas, ou melhor, que os fregueses estavam mais exigentes não se contentando com cozinheiros locais e sim chefe de culinária importado do Rio de Janeiro, o que mostrava requinte. Ou seja, a alimentação tornava-se uma arte culinária. Por fim, a introdução de bebidas geladas bem como o gelo, retrata a introdução de hábitos que vigoravam nos principais centros urbanos do Brasil.

Belém ainda contava com as padarias e confeitarias abertas todos os dias para vender um pão quentinho ou ainda quitutes de confeitaria. Em 1859, na padaria da Rua S. Vicente o proprietário tinha a venda café de cevada superior da terra, cevada crua, farinha de milho e pão "dito a *sahir* do forno depois das 10 horas".[55] Outra padaria, desta vez em 1885, recebia os paladares mais requintados e ilustres, sendo o caso da padaria e confeitaria *Vienense*, de propriedade de Ponte e Souza & C., que comunicava a seus fregueses, em especial "ao seu ilustrado público desta capital e do interior", que a confeitaria contava com um habilidoso "confeiteiro madrileno" e "estando assim no caso de *effectuar* toda sorte de *encommenda*".[56] Ao que tudo indica não só a confeitaria deste senhor era bem frequentada, mas o negócio ia tão bem que ele se propunha a atender as encomendas fazendo uso inclusive de um confeiteiro especialista e estrangeiro. Ele ainda faz propaganda de seu pão: "O pão tem sido reconhecido por diversos Srs. (…) por causa da falta absoluta de qualquer gosto acido".[57] A diferença deste pão também se

54   *Diário de Notícias*. 4 de janeiro de 1891, p. 3.

55   *A Epocha*. 03 a 08 de janeiro de 1959. n. 01. Ano II, p. 3.

56   *Diário do Gram-Pará*. 4 de dezembro de 1885, p. 3ª, 5ª coluna.

57   É possível que ao falar da acidez do pão esteja se fazendo referência a questão da presença em grande quantidade do ácido ascórbico na fabricação do pão, já que este componente na produção do pão aumenta seu volume. Ou seja, quanto maior a quantidade de acido ascórbico maior o tamanho do pão o que leva a dita acidez. Sobre o uso do acido ascórbico conferir o trabalho de LOPES Alessandra Santos *et al. Influência do uso simultâneo de àcido ascórbico e azodicarbonameda na qualidade do pão francês*. Cienc. Tecnol. Aliment. Campinas, v.27, n. 2, jun 2007. Disponível em: http://www.scielo.br. Acesso em 01 fevereiro 2009.

dava tendo em vista que está padaria contava com toda sorte de utensílios destinados à fabricação de excelentes produtos.[58]

Algumas diferenças são possíveis notar, portanto, ao longo da segunda metade do século XIX, no tocante às padarias e suas relações com os hábitos de consumo da população citadina de Belém.[59]

No caso da padaria da Rua S. Vicente de 1859 dá pra perceber que, neste período, ainda estava forte o hábito de comer em casa, tanto que além do pão quentinho a padaria fornecia café e farinha de milho para aqueles que tinham o hábito de fazer pão em casa. Já em 1885 a padaria *Vienense* não, apenas pão, mas todos os doces de uma confeitaria e ainda recebia encomendas, o que ressalta que houve uma mudança de mentalidade onde as pessoas não faziam os doces apenas em casa, já havia o hábito de comprar fora. Bem como de ir às confeitarias para degustar os quitutes. De qualquer forma, os novos espaços vão se reorganizando de acordo com os novos tempos sociais. Surgem novos lugares para atender as novas formas de uso do tempo, como foi o caso dos restaurantes. Criam-se novas relações com os espaços e os tempos sociais.

Através da ideia defendida por Alain Corbin de que "Cada sociedade vive dentro de um arcabouço temporal, e mesmo cada indivíduo",[60] podemos pensar como a alimentação também é um veículo de construção dos tempos sociais à medida que ela é capaz de representar novos usos do tempo, uma vez que o ato de alimentar-se também tem sensibilidades e representações. É claro que o tempo de alimentar-se de um senhor bem colocado socialmente e economicamente na sociedade paraense não seria o mesmo para o vendedor de farinha do Mercado da Palha, a vendedora de mingau do Cais da Boa Vista e do escravo. Também como "O arcabouço temporal de nossas sociedades é assim marcado pela vitória progressiva de um tempo monocrômico",[61] pode-se entender como o arcabou-

---

58   *Diário do Gram-Pará*. 04 de dezembro de 1885. p, 3, 5ª coluna.

59   Para o século XX, acerca do processo de industrialização das padarias, ver: FONTES, *op. cit.*

60   CORBIN, *op. cit.*

61   CORBIN, *op. cit.*

ço temporal nos revela as novas e/ou velhas estruturas alimentares da sociedade belenense na segunda metade do século XIX.

Ou ainda, podemos entender a alimentação e todos os lugares "construídos" para esse fim como as tabernas, hotéis-restaurantes e os próprios restaurantes como um tipo de lazer responsável pela construção de tempos sociais diversos e em diversas classes na Belém oitocentista. Ela compõe o momento duplamente prazeroso: a primeira, a hora de saciar uma vontade biológica; a segunda, e talvez a mais importante, seja os espaços em que essa necessidade ocorre, que pode ser o jantar em uma casa após um dia de trabalho aproveitando para o dialogo com a família. Outros poderiam ser os encontros nas tabernas do século XVIII, onde os homens reuniam-se para conversar e quase sempre beber, ou, ainda, as quituteiras, presentes em pleno século XIX nas esquinas da capital da província a vender.

II – Da quitanda de Joana ao "mestre cook": os sujeitos que faziam e vendiam as gostosuras

Existiam no espaço da cidade de Belém as quitandeiras e vendedores ambulantes, pessoas que praticavam a mercancia ambulante buscando neste comércio seu sustento e caso fossem escravos o de seus senhores. Estas pessoas também vendiam comida: doces, frutas e os mais variados quitutes, só que elas não tinham um estabelecimento requintado, ora vendiam nas ruas, logradouros e praças, ora vendiam na frente de suas casas. Uma dessas figuras era a vendedora de mingau de arroz conhecida como D. Joanna, cuja freguesia forte era os soldados. A quitanda da Dona Joanna, ao que parece, era uma espécie de ponto de encontro de soldados, onde provavelmente eles além de tomar o bom mingau também deveriam jogar conversa fora como um meio de socialização e uma nova forma de utilização do tempo. No jornal *O Paraense* de 9 de dezembro de 1843, Dona Joanna anunciava aos seus fregueses soldados que havia mudado de endereço, passando a morar em uma das casas em frente ao Cais da Boa Vista, continuando, no entanto, a vender mingau de arroz nas horas de costume, indicando-nos que algumas quitandeiras vendiam alimentos e bebidas em frente de suas casas, fazendo delas um ponto fixo e com clientela fixa, mas sem vender a fiado.[62]

Segundo as informações coligidas por Ernani Silva Bruno, as quitandeiras também eram vendedoras ambulantes que vendiam frutas, verduras, legumes e outros itens e tinham a vantagem de serem na maioria das vezes as fabricantes dos seus produtos.[63] As escravas faziam parte da classe das quitandeiras, aliás, muitas delas viviam deste trabalho, para si própria e para seus senhores. Em Belém, anúncios de escravas fugidas permitem conhecer algumas dessas vendedoras de comida, ambulantes ou não, tal qual a jovem mulata e "bem nutrida" Efigênia, "muito conhecida nesta capital, onde se empregava na venda de doces, frutas etc.", em 2 de janeiro de 1876 a dita Efigênia, com 16 anos, fugiu de seu senhor José B. Ribeiro de Souza, morador da Rua Nova de Santana;[64] ou a parda Nazaré, de 40 anos e "um tanto gorda", "bem conhecida" porque "a sua ocupação era vender mingau de manhã e à tarde".[65] Ao que tudo indica Nazaré já exercia tal função há bastante tempo, pois, quando estava sob o poder de sua primeira dona Maria Barreto de Aragão, residindo na vila de Gurupá, lá também ela se ocupava na venda do dito mingau.[66] Eram então escravas de ganho, sendo o comércio de comida nas ruas da cidade atividade dominada por escravas e mulheres forras e livres pobres, ao que parece, compondo grupo considerável.[67] No ano de 1849 encontra-se no jornal *O Publicador Paraense* a venda de uma mulata que além de saber cozinhar, sabia "também ganhar na rua". Já um ano depois, *O Planeta* trazia o seguinte anúncio "Vende-se uma escrava de nação, de idade de 36 *annos* pouco mais ou menos, boa

---

62   *O Paraense*, 9 de dezembro de 1843. Número 38. Ano de 1843.

63   No Rio de Janeiro tínhamos de forma frequente as quitandeiras como nos informa KIDDER: " As quitandeiras são as vendedoras de verduras, laranjas, goiabas, maracujás, ou frutas da 'flor da paixão', mangas, doces, cana-de-açúcar, brinquedos etc (…)". Arquivo Ernani Silva Bruno. *Op. cit.*

64   *Apud* ROCQUE, Carlos. *História de A Província do Pará*. Belém: Ed. Mitograph Editora LTDA, p. 22.

65   *Apud* ROCQUE, Carlos. *Op. cit.*, 1976, p. 22 e 23.

66   ROCQUE, *op. cit.*, p. 23.

67   Ver a respeito no tocante o Rio de Janeiro, FARIA, Sheila de Castro. *Mulheres forras – Riquezas e estigma social*. Rio de Janeiro, n. 9, p. 65-92, 2000.

vendedeira e *compradeira*".[68] Ora, não era à toa que nos anúncios era especificado que as ditas escravas tinham bom tino para os negócios de rua, em especial para a venda. Já que uma das atividades econômicas mais importantes na capital eram as vendas nas ruas, que naquele momento tinha como principais atuantes as escravas.

Ribeyrolles, quando de sua estada no Rio de Janeiro entre 1858-1860 encanta-se com a presença das quitandeiras negras quando diz que: "(...) mais vale ir ao mercado admirar as negras quitandeiras a ondular sob os cestos de bananas".[69] A imagem do viajante não era exclusividade do Rio de Janeiro, ao contrário, era mais comum do que se pensa. Um dos ofícios dessas negras no Brasil eram os afazeres das quituteiras, vendendo em seus tabuleiros e cestos doces, bolos, mingaus e outras gostosuras. São Paulo também teve uma presença forte das vendedoras como Sinhana dos Bolinhos citada por Sant'Anna em seu trabalho sobre intolerâncias alimentares em São Paulo. A dita Sinhanna era uma "preta velha e estorricada, forra, já há anos, maquitolante como saci-pererê, sempre de pintinho de barro na boca, ficava à tardinha a atirar pedrinhas nas águas que ali corriam sob a ponte do Acu".[70] A autora nos esclarece que Sinhana era uma vendedora de bolinhos feitos de peixe que perdeu sua clientela, o que a teria levado à perda da lucidez.

Outra famosa quituteira era Nhá Maria que, como cita a autora, "pela manhã, vendia empadas de farinha de milho com piqueira ou lambari, por vinte réis cada uma, além de um famoso café quente conhecido por seu sabor e frescor".[71] Ela "mantinha uma freguesia numerosa e, ao anoitecer, vendia um apreciado cuscuz, de bagre e camarão e água doce, bastante procurado pelos moradores locais".[72] Inclusive a Nhá Maria tinha como um de

---

68   ACEVEDO MARIN, Rosa Elizabeth. Trabalho escravo e trabalho feminino no Pará. Cadernos do Centro de filosofia e *Ciências Humanas*, n. 1 – Belém: Universidade Federal do Pará. 1980. p. 70.

69   ACAYABA, Marlene Milan (coord-geral da coleção) & ZERON, Carlos Alberto (org. volume). *Equipamentos, usos e costumes da Casa Brasileira*. São Paulo: Museu da Casa Brasileira, 2000.

70   *Apud.* SANT'ANNA. Denise Bernuzzi de. Transformações das Intolerâncias Alimentares em São Paulo, 1850-1920. *História Questões & Debates*, Curitiba, n. 42, p. 81-93. 2005. Editora da UFPR. p. 86.

71   SANT'ANNA. *op. cit.*, p. 87.

72   *Ibidem*, nota 71.

seus fregueses João Teodoro, um dos presidentes de província de São Paulo em 1872.[73] Assim, não seria nenhum espanto que no universo urbano de Belém também existissem "tais negras" que tanto encantaram Ribeyrolles. Ou ainda aqueles que conquistavam os mais importantes paladares como o caso de Nhá Maria. Seriam escravas de ganho, afinal o comércio de comida nas ruas da cidade era atividade de escravas, mas também de mulheres livres como aquela Dona Joanna vendedora de mingau de arroz para os soldados.

O trabalho ambulante já no século XVII existia na Europa como é possível ver na venda de café em Paris, onde surgiram "os vendedores ambulantes, armênios vestidos à turca e de turbante com um tabuleiro onde trazem a cafeteira, o *réchaud* aceso, xícaras".[74] No Brasil, era prática existente nos núcleos urbanos desde o período colonial. Em Belém da segunda metade do século XIX, além das escravas e mulheres livres e forras, faziam parte do comércio ambulante os leiteiros que juntamente com suas vacas saíam às ruas para levar o bom leitinho às famílias. E estes muitas vezes juntamente com as quituteiras eram presenças diárias nas ruas e portas das casas. Kidder em sua passagem pelo Rio de Janeiro nos diz que "Desde manhã cedo (...) as damas vão para as janelas (...) esperar o leiteiro e as quituteiras. O primeiro traz o leite, num veículo de novo aspecto (...). A vaca é o carro de leite! (...) Um escrava desce com uma garrafa e recebe certa porção do líquido alimentício".[75]

Igualmente acontecia em Belém com os vendedores ambulantes de leite, que nos parece inclusive ser uma categoria com alguma organização de classe e consciência de sua importância no cotidiano da cidade. Em 5 de julho de 1883 na cidade acontecia uma greve dos leiteiros. A greve dava-se por uma cisão entre a classe e a câmara que estava exigindo que estes não adulterassem o leite com água.[76] A briga ocorria porque a câmara não queria permitir que os leiteiros vendessem o leite em latas, pois segundo as denúncias

---

73 *Ibidem, Ibidem.*

74 BRAUDEL, *op. cit.*, p. 229.

75 *Apud* Arquivo Ernani Silva Bruno. *op. cit.*, CD-ROM.

76 *Diário de Notícias*, 05 de julho de 1883. n. 150, p. 2.

este se encontrava com excesso de água e pouco leite. O interessante é notar que em 1883, quando Belém vive sob a égide do discurso civilizador, era possível encontrar vendedores de leite ambulantes e uma população que exigia que o leite fosse tirado diretamente da vaca em sua frente. Não havia lugar para as latas e muito menos para as possíveis garrafas. E os leiteiros para atestarem que não estavam corrompendo o leite deviam andar pela cidade com suas respectivas vacas.

Um mês antes, em 5 junho de 1883, já constava na Câmara Municipal um documento dos vendedores de leite, que como vendedores também eram donos das vacas, e portanto, do seu negócio, que reclamavam pelo fato de não poderem vender seu leite em latas. No documento os senhores Joaquim José Almeida, Antonio Fernando Nogueira Júnior, Constantino de Almeida Portal e Antonio dos Santos de Oliveira vendedores de leite da capital diziam-se prejudicados e ainda ratificavam a venda do leite em latas utilizando como justificativa que tal prática já era utilizada em outras províncias do Império

> (...) que a condução do leite em grandes latas é permittida em outras províncias do Império, exigindo-se somente que elle seja puro, e que as vasilhas sejam limpas e fabricadas de material apropriado que não estrague o leite, devendo isto ser fiscalizada pelos respctivos empregados da Camara Municipal. Na Província do Ceará, os vendedores de leite não condusem o animal (vacca) pelas ruas, pois a Câmara Municipal estabelece uma estação, onde se apresentam pela manhã os vendedores de leite com suas vasilhas cheias (...).[77]

Não somente os ditos senhores queriam que aqui fosse adotado tal método, que aos seus olhos não trazia prejuízo a ninguém, sendo a sua proibição uma forma de violação da liberdade de indústria. Outra justificativa dos ditos senhores estava no fato de que essa proibição inviabilizava o lucro e o abastecimento, já que, ao que tudo indica, que eles não eram simples senhores com um animal, que saíam todos os dias à venda, mas que faziam

---

77   Arquivo Público do Estado do Pará. Fundo: Secretária de Presidência de Província. Câmara Municipal de Belém. *Abaixo-assinados*. Belém do Pará, 6 de junho de 1883.

parte de uma "indústria do leite", já que eram possuidores de cerca de cinco a vinte vacas. E como donos de seu negócio, não eram eles que saíam a vender o leite todo dia, como nos informa o documento:

> (...) não é possível que um vendedor de leite que possua cinco, dez ou vinte vaccas possa conduzir consigo todo seo gado pelas ruas da cidade, e assim sendo perde todo o leite, que não pode trazer em latas, e não pode com uma só vacca servir a todos os seus fregueses (...).[78]

Os ditos senhores reclamavam porque seu negócio saía prejudicado já que os vendedores de leite que trabalhavam para eles não podiam sair com vinte ou trinta vacas para a venda cotidiana. O que tornava a venda em latas mais vantajosa aos donos de vacarias. Na imagem 1 é possível conhecer o vendedor de leite, um homem mestiço que levava sozinho três vacas uma amarrada à outra, para a venda do leite. Ele se encontra na porta de um casa onde ao que parece uma mulher espera para ser atendida.

Assim como os leiteiros os chamados pãozeiros também iam de porta em porta para a venda de seus pães. A esse respeito Almeida ressalta:

> Os pãozeiros e leiteiros, no alvorecer do século XIX, forneciam seus produtos de porta em porta. Os primeiros partiam das padarias tocando suas cornetas, levando às costas as cestas de pão quente e bolachas.[79]

Ao que parece, os vendedores ambulantes compunham grupo considerável. Em 1859, o viajante Robert Avé-Lallemant nos relata que até meados do século XIX era

---

78   *Ibidem*; nota 43. Os pães também eram vendidos nas ruas de porta em porta nos cestos. Em 25 de junho de 1883 encontrei o seguinte anúncio: "Attenção dos padeiros chegaram para a loja *Veado Branco*, de Carreiro & Compa. Um grande sortimento de cestas de vime, próprias para conduzir pão e que se vende muito barato". *Diário do Gram-Pará*. 25 de junho de 1883. n. 143, p. 2. Sobre o século XX e o processo de panificação ver: FONTES, *op. cit.*

79   ALMEIDA, *op. cit.*

muito comum nas ruas de Belém os vendedores percorrerem as ruas utilizando como propaganda e chamativo para os seus alvitres a própria voz. Sobre esse tipo de venda Avé-Lallemant nos descreve:

> Açaí-i, Açaí-i-si! Por muito quietas que estejam as ruas do Pará, embora muitas vezes possa parecer reinar silêncio de morte durante o calor sufocante do meio-dia, ouve-se sempre, a cada momento, o pregão penetrante, percorrendo toda a modulação da escala: Açaí-i! Açaí-i-si! Todo estranho julga ver nesse pregão qualquer remédio para o povo, e quando chama a pregoeira de açaí, preta ou fusca, e examina o segredo, encontra numa panela um molho cor de vinho, um caldo de ameixas.[80]

Em 1888 Marques de Carvalho, em seu livro *Hortência*, comentando sobre o uma tarde na cidade, mais especificadamente na Rua das Flores, dizia: "vendedeiras de açaí passam com a gamela à cabeça, coroada pela vasilha de barro, contendo o liquído, que elas oferecem à freguesia na *sólita* cantiga: — E... e... eh! *Açaí fresqui...i...i...nho!*".[81] Entre a observação de Avé-Lallemant e a de Marques de Carvalho pode-se dizer que as vendedoras de açaí atravessaram toda a segunda metade do século XIX, com suas cantigas de venda, oferecendo em sua gamela com vasilha ou panela um dos alimentos cotidiano de Belém.

O consumo de açaí era e é bastante regular na cidade de Belém e praticamente quase todo o abastecimento dessa fruta vinha dos interiores.[82] E apesar disso, ainda não encontramos anúncio desse produto nos jornais. Mesmo assim, como parte da farinha, era comercializada no Ver-O-Peso e no Porto do Sal. Ou era vendido pelos vendedores ambulantes

---

80   AVÉ-LALLEMANT, *op. cit.*, p. 34.

81   CARVALHO, Marques de. *Hortência*. – ed. especial – Belém: Cejup/Secult, 1997, p. 27.

82   O viajante Avé-Lallemant nos diz o seguinte sobre o abastecimento do fruto que produzia um vinho cor de ameixa: "A cidade recebe o abastecimento necessário dos rios vizinhos, Guamá e Mojú, cujas margens são especialmente ricas dessas euterpes, dalgumas ilhas e mesmo mais longínqua Marajó, pois, sem esse açaí a cidade do Pará não saberia como arranjar-se. Por felicidade, como já disse, há durante todo o ano bagas maduras de açaí nas vizinhanças". AVÉ-LALLEMANT, *op. cit.*, p. 36.

ou como chama o viajante "*a pregoeira*". O viajante fala em pregoeira, geralmente uma "preta ou fusca", pois grande parte das ambulantes eram mulheres pobres que viviam deste comércio, ou ainda em pontos fixos reconhecidos pela famosa bandeirinha vermelha. Até porque, o açaí era produzido todo dia e talvez sua venda sendo tão comum não fosse o caso de ter anúncios nos jornais.

Largamente vendido e consumido pelas ruas de Belém, escravos e livres empregavam--se e viviam do abastecimento de açaí tal como o escravo José, apanhador de açaí e pesca-dor, que fugido da padaria de seu senhor suspeitava-se que andava "próximo do engenho que foi de Benjamim Uptão" nas proximidades de Belém. Pescador e apanhador de açaí, José em fuga continuou vivendo do trabalho que sabia fazer. Mas, não foi o único fujão vivendo seus dias de liberdade sustentando-se do trabalho de apanhar açaí. Frederico tam-bém apanhava açaí, vendendo-o na cidade; sendo Benedicto, "conhecido por Massarico", outro que em dezembro de 1867 constava andar fugido "apanhando *assahy*", provavelmen-te para vender pelas feiras e mercados de Belém. E ainda em 1870 o escravo *Estanisláo* do senhor Antonio Manoel Nunes de Irituia que, ao que consta, encontrava-se pelos arredo-res das Ilhas das Onças e que vinha todos os dias a capital vender açaí.[83]

Além deles, havia ainda Jerôncio, nascido, criado e bem conhecido em Belém, que fugiu em 20 de novembro de 1869, dizendo seu senhor que "há mais de um *anno*" em fuga ele andava "apanhando *assahy*" para "vender na Ponte de Pedras e no Porto do Sal" ou na Doca do Reduto, sendo ainda avistado na "proximidade do cemitério, por onde reside a [sua] mãe preta, forra, por *alli* conhecida como *Mãi* Rosa", quem sabe uma das quitandeiras de Belém da época. Então, viver de apanhar e vender açaí era uma atividade comum aos escravos urbanos de Belém, quer a serviço de seus senhores, quer fugidos do domínio senhorial, contribuindo com a manutenção do costume alimentar.

As vendedoras também podiam igualmente ser *amassadeiras* e vendedoras de açaí em suas tendas, como a retratada em 1879 no livro *Brazil: The Amazon and the Coast*, de Herbet H. Smith. A gravura retrata uma amassadeira e seus fregueses e ao que parece ela tem seu

---

83   *Diário do Gram-Pará*. Fevereiro de 1870.

ponto em um lugar bem movimentado, talvez um mercado. Dentro da sua tenda, ou melhor, puxado de telha, está a amassadeira a fazer seu serviço e em volta tem-se um negro tomando a bebida, ao fundo um homem branco segurando algo que parece uma xícara ou tijela, sinal de que a bebida era apreciada por todos os segmentos da sociedade. À frente é possível ver vários potes de barro que provavelmente continham açaí e ainda uma mulher negra a lavar o que parece uma vasilha, provavelmente também trabalhadora do negócio. Ao olhar com mais atenção, aparece ao lado direito uma negra quitandeira que leva na cabeça a venda abacaxis (Ver imagem 2). Em outra imagem, também do século XIX, de Joseph Leon Rigini, sobre Belém, é possível visualizar ao que parece uma vendedora ambulante no largo do Quartel com seu tabuleiro na cabeça (Ver imagem 3). Em outra imagem ampliada do Largo do Quartel tem-se uma cena do cotidiano de Belém: à direita a dita vendedora com seu tabuleiro parada com um homem, um carroceiro, e no centro as lavadeiras retirando água (Ver imagem 4).

Outra das atividades que era comum em Belém estava relacionada com os açougues, tão presentes na capital onde o número de rezes era grande a ser abatido e assim comercializado. Nesses ambientes era comum a figura dos vendedores e entre eles muitas vezes era possível encontrar os escravos, forros e outros, com suas histórias, sendo uma dessas a do preto forro José Gregório que era talhador em um açougue no 1º Distrito da Capital, e que, em 28 de julho, de 1854 fazia seu serviço quando foi ferido a faca por um Fiscal do 2ª Distrito de nome Manoel de Trindade e Souza.[84] No entanto, existe outra versão para o fato, que foi documentado no Jornal *Treze de Maio*. Segundo esta, consta que "Deu-se ontem um atentado contra a pessoa do Fiscal suplente do 1º Distrito, Manoel da Trindade de Souza, no desempenho de suas obrigações, praticado pelo preto talhador do açougue que demora na Rua da Paixão, de nome Gregório. Eis como se passou o fato: Dirigiu-se *aquêle* fiscal ao dito açougue, e, em consequência de haver pouca carne, intimou o talhador que não fizesse pesos de 16 a 20 libras como estava fazendo, e que devia limitar a oito libras para cada pessoa (…). O talhador cumpriu a ordem, mas despeitado passou a aviar

---

84   *Apud* SALLES, Vicente. *O Negro no Pará: sob o regime da escravidão*. 2ª Ed. Brasília: Ministério da Cultura; Belém: Secretaria de Estado da Cultura; Fundação Cultural do Pará "Trancredo Neves". 1988, p. 146.

únicamente as pessoas que ele conhecia com preterição de muitas outras brancas (...) o que notando o fiscal disse que não devia ter seleções, e que fizesse o peso de seis libras a um homem que ali estava de há muito tempo. O talhador fez o peso (...) ia dar a uma preta, quando o fiscal indignado por este procedimento lançou mão da carne, para dar à pessoa que êle havia designado e por este ato o talhador o repeliu com a faca em punho, a qual tomando-lhe das mãos o fiscal, deu com ela uma pancada, de que resultou ferimento na cabeça do mencionado talhador, o qual levado a raiva e lançando-se sobre sôbre o fiscal, o enxovalhou, pisando-o ou esmurrando-o".[85]

A história de Gregório mostra que o mais importante era o fato dele na condição de talhador preferir aviar carne à sua "gente", os negros e não aos brancos; ela também mostra que os açougues tinham como vendedores os escravos, pessoas livres e ainda os forros. Que a vida comercial da capital era diversificada com seus inúmeros sujeitos criando e reconstruindo espaços que iam além do comércio em si. Mas, vendo os escravos como trabalhadores lembremos mais uma vez que, além de pescadores e apanhadores de açaí ou mesmo talhadores de carne que vendiam esta e outras coisas de comer como bolachas, havia escravas na cidade de Belém que exerciam importante atividade nas ruas, justamente a venda de comidas e bebidas em tabuleiros ou em tendas, comes e bebes que haviam preparado em suas casas, caso morassem por conta própria ou nas casas de seus senhores. Sobre elas queremos falar um pouco mais.

De início, lembramos aqui da história de Jacques Rola, pseudônimo literário de Eustáquio de Azevedo. Abolida a escravidão, em 1888, a família do jovem Jacques Rola, a mãe viúva e dois irmãos menores, ficou em situação financeira difícil porque perderam cinco escravas, quatro das quais garantiam com seu trabalho nas ruas o sustento dessa família da camada média urbana. Elas trabalhavam vendendo doces feitos na casa de sua senhora "com os *xarões* à cabeça", na época em que a indústria caseira de "fazer doces para fora" era uma atividade rentável.[86]

---

85 SALLES, *op. cit.*, p. 146.

86 Cf. GOMES, Luís Teixeira. Paladino da arte e do sonho. In: AZEVEDO, J. Eustáquio de. *Antologia Amazônica* (Poetas paraenses). Belém: Conselho Estadual de Cultura, 1970, p. 310-311.

Lembramos principalmente de Tia Rufina, segundo relato do inglês Henry Bates, que viajou pela Amazônia entre 1848 e 1859. Bates conheceu esta "velha negra" chamada Tia Rufina em Belém, deixando em sua casa suas coisas quando se ausentava em viagem. Segundo Bates, Tia Rufina nasceu escrava e como tal obtivera permissão para "comerciar" por conta própria no mercado, pagando uma quantia fixa ao seu senhor. Assim, conseguiu, em "poucos anos", economizar e comprar a sua liberdade e a de seu filho já adulto. Depois de livre Tia Rufina não esmoreceu, continuando seu comércio, conseguindo comprar sua casa, "uma propriedade de valor, localizada numa das principais ruas da cidade". Mas, ainda não era tudo. Sete anos depois, Bates voltou a encontrar Tia Rufina, e "ela continuava prosperando, unicamente pelo seu próprio esforço (era viúva) e o de seu filho" que trabalhava como ferreiro. Nesta ocasião, Tia Rufina empenhava-se na construção de vários "chalés num terreno baldio situado ao lado de sua casa".[87]

O caso de Tia Rufina talvez seja incomum, mas o seu "comércio" que lhe rendeu tanto, era comum a muitas mulheres escravas, forras ou livres, isto é, a atividade de preparar e vender comes e bebes nos mercados ou ruas de cidades como Belém ou outras espalhadas pelo Brasil.[88] No Rio de Janeiro, a crioula Bertoleza, personagem de O *Cortiço* de Aluísio de Azevedo, que vendia angu de manhã e peixe frito e iscas de fígado à noite, juntando o suficiente para sua alforria, não acabou seus dias enganada por João Romão a quem ajudou com seu trabalho a prosperar e ficar rico?[89]

Bates conta ainda que, nas portas das igrejas de Belém, em época de festas, como a do Círio, várias escravas vendiam em seus tabuleiros licores, doces e cigarros.[90] Mas que comes e bebes então vendiam as escravas pelas ruas? Não temos certeza, mas se imagina que, além dos licores e doces de frutas regionais, elas vendiam comidas aos trabalhadores e populares de passagem, ou que já eram seus fregueses habituais. Quais? O vatapá, o

---

87   Cf. BATES, *op. cit.*, p. 291.

88   Cf. FARIA, *op. cit.*, bem como DIAS, *op. cit.*

89   AZEVEDO, Aluísio. O *Cortiço*. São Paulo: Editora Ática. 1986.

90   Cf. BATES, *op. cit.*, p. 45.

caruru, a moqueca, o peixe frito e a farinha que nunca podia faltar. Em certas ocasiões, como em épocas de festas religiosas, podiam vender ainda a canjica ou mungunzá. Elas podiam igualmente ser *tacacazeiras* ou *vendedeira de tacacá* como a mulher negra de turbante à cabeça, retratada no livro *Tipos Regionais do Brasil* do IBGE da década de 1960. Embora, atividades não exclusivas de mulheres negras escravas ou forras, o sendo também de livres disputando com aquelas os fregueses pelas ruas da cidade, tipo a cabocla de feições indígenas com flores de jasmim ao cabelo, pintada por Antonieta Santos Feio na tela *Vendedora de Tacacá* de 1937 (Ver imagem 5). A tacacazeira aparece bem vestida com roupas brancas, jasmim nos cabelos e colares, vendendo seu tacacá, ao que parece, na rua, numa espécie de mesa improvisada com uma toalha branca. Vê-se também a presença das cuias pintadas que serviam o tão famoso tacacá, as quais completam o cenário dessa venda citadina característica da cidade de Belém. A tacacazeira para Belém seria o mesmo que a baiana de tabuleiro vendedora de acarajé e outras comidas para Salvador.

Um dos lugares onde havia uma maior presença de pessoas envolvidas no trabalho de mercancia ambulante era o bairro da Campina, um dos mais populosos e movimentados da cidade, onde era possível encontrar carregadores, vendedores de comida, uma vez que neste bairro era possível encontrar grande parte das lojas, tabernas, casas de aviação e outras.[91] Nestes bairros os vendedores ambulantes muitas vezes não eram vistos com bons olhos. Cancela nos conta a história do Cearense Silveste, que vivia de aguardar "pelo frete de mercadorias".[92] Assim, queixas sobre essa circularidade de tais pessoas eram constantes já que:

> Apinhados nas ruas estreitas dos bairros da Cidade e da Campina, onde se encontrava o centro comercial e administrativo da cidade de Belém, o cronista reclama às autoridades a transferência desses carregadores e vendedores

---

91   Cf. CANCELA, *op. cit.*, p. 90.

92   *Ibidem*, nota 91.

para as áreas de ruas mais amplas recém-urbanizadas, como o *boulevrad* da República, a fim de que não atrapalhassem o passeio público dos cavalheiros.[93]

A história do cearense Silveste é uma dentre outras tantas de pessoas que vinham do Ceará para Belém. A partir de 1877 o número destes imigrantes aumenta considera-velmente, pois a "seca dos dois sete" atemorizou a população que se via numa penúria completa com a falta de abastecimento e carestia. Sobre essa realidade Aguiar informa: "O embarque dos retirantes, por via marítima, intensifica-se em 1878". Vinham, portanto, buscar novos horizontes e muitos aqui na cidade de Belém viviam da venda de mercancia ambulante, carregadores como o caso de Silveste, lavadeiras e outras.[94]

Escravos, forros, negros e mestiços livres eram então fregueses dessas *vendedeiras* es-cravas e forras, pois em suas quitandas o paladar de seus quitutes, doces, licores, sucos e comidas havia de ser ainda alguma coisa de africano, mesmo que bastante misturado com tradições alimentares outras, bem menos europeias e muito mais indígenas. Se sabendo o que essas mulheres vendiam, se sabe um pouco mais sobre os hábitos alimentares de quem lhes pagava pelos comes e bebes. Comidas e bebidas como o vatapá, o caruru, a farofa ou o aluá, bebida feita de milho verde, com raízes africanas, sendo tais nomes vocabulários crioulos e contribuições africanas ao falar e à cozinha regional da Amazônia.[95]

Não se pode, no entanto, esquecer um grupo atuante na alimentação, os cozinheiros, classe que muito contribuía para o mundo da cozinha trabalhando em restaurantes, navios, hotéis e bares. Os jornais demonstram que durante o oitocentos uma parte dos cozinheiros eram escravos, tanto que nos anúncios uma das qualidades mais destacadas pelos senhores era o "saber cozinhar". Em 9 de julho de 1854 o *Diário do Gram-Pará* trazia a história do es-cravo Lourenço que tinha "a profissão de cozinheiro e padeiro". Este escravo estava alugado em uma padaria na Rua das Flôres e ao que consta fugiu "em *ocassião* de ir vender bolacha,

---

93   CANCELA. *op. cit.*, p. 91.

94   AGUIAR, Manoel Pinto de. *Abastecimento: crises, motins e intervenção.* Rio de Janeiro: Philobiblion, 1985, p. 57

95   Cf. SALLES, Vicente. *Vocabulário crioulo.* Contribuição do negro ao falar regional amazônico. Belém: IAP, 2003.

num *taboleiro* de pinho pelas tabernas desta cidade, sem que até hoje o anunciante saiba dele, nem aonde pára o tabuleiro!"[96] Em 28 de maio de 1871, foi oferecido um cozinheiro sem vício de 21 anos de idade, a tratar no Quartel da Polícia com o Alferes Ernesto Pereira Lima.[97] Em 1882, já no contexto do abolicionismo, certo anunciante já deixava explícito que preferia cozinheiro "de condição livre", caso não estivesse motivado por sentimentos de cunho racial.[98] Em 1892, por sua vez, o jornal *Diário de Noticias* traz anúncio do Instituto Paraense que necessitava de um cozinheiro. Nesse mesmo ano, o mesmo periódico trouxera alguns meses antes o anuncio do Sr. Serafim Ferreira de Oliveira & Cia. da Fábrica de sabão *Consumo*, que tinha a necessidade de um cozinheiro.[99]

Já as cozinheiras, no geral trabalhavam nas casas ou ainda fazendo quitutes para venda nas ruas. O Jornal A *Voz do Guajará* em 30 de dezembro de 1851 tinha nos seus anúncios para vender "*huma* escrava, de 20 a 25 *annos* de idade, pouco mais ou menos, [que] sabe cozinhar".[100] No mesmo jornal, só que em 10 de janeiro de 1852, Bishop, Norris & Cia. precisava de "*huma cuzinheira* livre ou escrava",[101] desejando que a pessoa interessada fosse à casa do anunciante. O que também demonstra que o ofício podia ser exercido por livres. Em 1870, o tabelião Gomes compra duas escravas que, dentre as qualidades, soubessem cozinhar.[102] Já o senhor Joaquim Egydio do Valle, em 1882, precisava de uma criada que deveria saber cozinhar, não especificando que fosse escrava, pois provavelmente desejava pessoa livre, daí, porque pretendo contratá-la não denomina esta "profissional" como cafuza, mulata, sinônimos muitas vezes de escrava, mas de "criada" com qualificação de cozinheira, ocupando um lugar na hierarquia da cozinha doméstica que não caberia mais

---

96   *Diário do Gram-Pará.*9 de julho de 1854.

97   *O Liberal do Pará.* 28 de maio de 1871, p. 3.

98   *Diário de Gram-Pará.* 28 de outubro de 1882. n. 243, p. 3.

99   *Diário de Notícias* 1º de julho de 1892. p. 1.

100   *A Voz do Guajará.* 30 de dezembro de 1851. p. 4.

101   *A Voz do Guajará.* 10 de janeiro de 1851. p. 4.

102   *Diário do Gram-Pará.* 4 de março de 1870.

à escrava, ou mesmo ex-escrava, quando era possível ter disponível empregado subalterno, mesmo com alguma qualificação, que não negro, ainda mais quando se tratava da cozinha de lugares públicos, dada a influência muito em voga das ideologias raciais.[103] Foi neste sentido, aliás, que José Veríssimo, quando Diretor Geral da Instrução Pública do Estado do Pará, em 1890, ao relatar as condições higiênicas e sanitárias adversas do Colégio do Amparo, em visita que fez ao mesmo, relatou que:

> A cozinha confiada à direção de uma negra boçal, suja, auxiliada por um grupo de educandas que, certo, nesse contacto só teriam a perder, era também, como a latrina adrede à qual ficava, infecta e repulsiva, e o preparo da comida feito em um velho fogão desmantelado, do tamanho dos que usamos em nossas casas de família (…).[104]

Enfim, à medida em que avançavam as últimas décadas do século XIX, esse processo de refinamento dos costumes com toda a sua carga de preconceitos de classe e raciais cada vez mais colocavam a necessidade de profissionais especializados para Belém e, assim, os chefes de cozinha do Rio de Janeiro ou o confeiteiro madrileno vão tomando lugar de espaços de venda e freguesia que antes eram das quituteiras e vendedoras ambulantes. Não que isso leve ao fim destes setores sociais, mas a partir de agora há outros profissionais atuando no ramo da alimentação em Belém.

Ao longo do texto demonstrei que apesar de Belém estar vivendo um fervor nas sensibilidades e novas perspectivas de cidade civilizada, não escapa aos nossos olhos que apesar das políticas públicas tentarem mudar determinados costumes e modos de venda

---

103   No caso das amas-de-leite, Edilza Fontes já havia demonstrado o que foi dito aqui, com a preferência e substituição das amas-de-leite negras livres e escravas pelas de origem portuguesa. Cf. FONTES, Edilza. Prefere-se portuguesas: mercado de trabalho, racismo e relações de gênero em Belém do Pará. Cadernos do CFCH, Belém, v. 12, n. 1/2, p. 67-84, 1993.

104   *Apud.* BEZERRA NETO. "O asilo lyndo e protetor": Práticas e representações sociais sobre a educação feminina – Belém (1870-1888). In: *A mulher existe? Uma contribuição ao estudo da mulher e gênero na Amazônia/* organizado por Maria Luzia Miranda Álvares, Maria Ângela D'Incao. – Belém: GEPEM, 1995, 54.

estipulando lugares fixos e/ou novos pontos, os diversos tipos de venda ambulantes persistiam. Isto se torna claro, quando em 1883 encontramos os leiteiros sendo obrigados a andar com suas respectivas vacas para a venda do leite. Por outro lado, apesar da necessidade da civilidade, havia as resistências dos segmentos populares em se amoldar aos novos figurinos urbanos ditados pelas elites, sendo possível passado tanto tempo ainda vermos nas ruas da tão modificada Belém de hoje as "Nazarés" com seu tão degustado mingau ou outro quitute, ou mesmo as "Efigênias" com seus tabuleiros trazendo seus doces.

Considerações finais

AO LONGO DA segunda metade do século XIX, quando do crescimento dos negócios da borracha, a cidade de Belém, capital da Província do Grão-Pará e sua principal praça de comércio, conheceu importantes transformações urbanas e demográficas, com o aumento de sua área urbana e de sua população, sendo neste contexto possível discutir o abastecimento regional de Belém, uma vez que o crescimento desta cidade implicava uma maior demanda por víveres ocasionando problemas de falta deles ou sua carestia. Este abastecimento se fazia tendo como eixo central a relação comercial entre a capital e os interiores, entendendo no período em que a economia da borracha era crescente que existiam vários outros fatores (epidêmicos, demográficos, sociais e naturais) que dificultavam a chegada de produtos. Entretanto, a presença de peixes, carne, farinha, arroz, entre outros, estava presente no consumo da cidade, o que denota que havia produção agrícola e criatória. Alguns destes produtos inclusive, além de serem consumidos na região eram exportados para fora da província.

A questão referente ao abastecimento gerou outras que deveriam ser pensadas, tais como a importância dos produtos importados numa cidade que crescia economicamente e exigia novos padrões tidos como refinados, embora alguns produtos importados faziam parte daqueles necessários ao consumo mais básico, como trigo e o sal. Em contrapartida os alimentos vindos de outras províncias no geral eram aqueles que vinham para completar a alimentação, destacando-se aí o açúcar, por exemplo.

Por fim, mas não menos importante, também se investigou quais os lugares de comer existentes até então, que passam a existir ou deixam de ter lugar na cidade, com as mudanças das práticas alimentares ou não daí decorrentes; bem como tratou-se de compreender que mudanças e permanências se entrelaçavam e faziam parte da vida dos sujeitos envoltos com a produção, venda e consumo de comidas na cidade de Belém, se observando como se dava as relações entre eles tensionadas ou circulares, relações essas configuradas por marcadores sociais de gênero, origem e de classe. Assim, não bastava falar somente do abastecimento. Foi necessário mostrar os lugares de consumo e comércio dos produtos alimentícios como tabernas, armazéns, restaurantes, pensões e outros que ao longo do século XIX buscavam seu lugar entre os fregueses que podiam ser refinados ou mais populares. Assim sendo, na Belém ao lado das transformações urbanas e demográficas havia mudanças de comportamento e atitudes, inclusive em relação as práticas alimentares, havendo entre as elites e camadas médias urbanas um refinamento dessas práticas à moda europeia em detrimento das formas tradicionais alimentares da população, com o surgimento de novos hábitos à mesa, bem como de novos lugares de comer, como hotéis e restaurantes com chefes importados, enquanto a rua tomava cada vez mais o espaço da alimentação e lazer dos mais pobres e trabalhadores, entre eles as vendedoras de comida, escravas ou livres. Nesse campo destacam-se os diversos sujeitos sociais como Tia Rufina, Dona Nazareth e outras tantas que compunham as vendedoras ambulantes, vendendo mingau, açaí, bolos e outras gostosuras. Ao lado de outros sujeitos que também viviam do trabalho com a manipulação ou venda de alimentos, tal como Gregório que era talhador em um açougue na capital.

É nesta Belém tão variada de pessoas e sabores que as questões sobre abastecimento puderam ser pensadas, permitindo conceber novas maneiras de pensar como era tido o abastecimento da capital, como os interiores eram importantes no processo de trazer alimentos não apenas à cidade de Belém, mas inclusive a eles próprios. No entanto, os meios de chegar os alimentos é apenas um dos pontos a se entender. Quais os produtos mais consumidos como a carne, peixe e a farinha e ainda aqueles que não tão necessários, mas também consumidos como determinados produtos importados, e acima de tudo quem eram os sujeitos e espaços onde tais produtos transformados em comida, bebida e outros eram comercializados, é um dos caminhos para entender aquilo que se comia em Belém. Caminho este já trilhado neste trabalho, na certeza, no entanto, de que há ainda muito chão pela frente.

Receitas & quitutes amazônicos[*]

[*] À exceção do "Pirarucu à Chico Fidêncio", todas as receitas foram retiradas do livro de Osvaldo Orico, que além destas traz outras receitas. É válido observar que apesar do livro ser já do século XX, é possível visualizar que tanto o peixe, como a tartaruga, também no século XIX, fossem consumidos de maneira semelhante às receitas aqui elencadas. Cf. ORICO, Osvaldo. *Cozinha Amazônica (Uma autobiografia do paladar)*. Universidade Federal do Pará. 1972, p. 106, 184 a 193.

Pirarucu Grelhado

Lavam-se duas postas do pirarucu com limão e ferve-se para perder o excesso de sal, corta-se em pedaços e leva-se ao braseiro sobre grelhas até quando estiver bem grelhado (dourado). Após acrescenta em cima do peixe um molho de vinagre, azeite e cebolas. O ideal deste prato e come-lo com farinha d'água, chibé ou açaí.

Pirarucu ao Chico Fidêncio[1]

Os ingredientes da receita eram: 1 posta de pirarucu fresco; bananas-da-terra ao gosto; manteiga; açúcar; cebolas; tomates e sal. O preparo fazia-se da seguinte forma: cozinha-se a posta de pirarucu com água, sal, cebolas e tomates (à gosto). Depois, cozinham-se as bananas-da-terra em água e sal e quando estiverem bem macias, doure-as na manteiga e por fim passe-as no açúcar. Arrume as bananas bem douradas e apetitosas e ao lado coloque a posta de pirarucu rosado e cheiroso. É só comer!

---

[1] Essa receita foi adaptada do Livro de Inglês de Souza "O Missionário", no qual a caseira D. Maria Miquelina fazia o almoço para o professor então personagem denominado de Chico Fidêncio em Silves. O livro passa-se por volta de fins do século XIX, 1888. O prato original descrito pelo autor leva apenas a posta de Pirarucu, bananas-da-terra, manteiga, açúcar, cebolas, tomates e sal. Eu optei por acrescentar a água e o sal ao peixe. SOUSA, H. Inglês. O Missionário. Ed. Topbooks. Rio de Janeiro. 1998, p. 46.

Chibé ou xibé

Em uma vasilha coloca-se a farinha e mistura-se com um pouco de água. Este alimento pode ser apreciado puro ou com uma carne seca ou peixe frito.

Bifes de Tartaruga

Faça com o peito da tartaruga (carne branca) bifes, finos em seguida tempero-os com sal, alho e limão. Após frita-se em óleo, banha ou azeite, ou tão somente na própria gordura do animal.

Picadinho de Tartaruga

Após a carne ter sido moída (carne branca) tempere com sal, alho, cebola e limão. Após faça o picadinho com tomate, cebola, salsa picadinha e banha. No casco da tartaruga bem lavado e também temperado coloque o picadinho e cubra com uma camada de farinha d'água torrada na manteiga. Leve ao forno. Depois é só servir.

Panqueca de ovos de tartaruga

Separe vinte gemas de ovos de tartaruga e junte a elas uma xícara de farinha de trigo, uma pitada de sal e meia colher (de chá) de fermento. Mexa muito bem todos os ingredientes. Pingue óleo numa frigideira, ou manteiga, em fogo baixo e com uma colher grande ponha uma porção da massa. Após dourar vire até que os dois lados estejam douradinhos: é só servir.

Doce de ovos de tartaruga

Quebre em uma vasilha inclinada uns 50 a 100 ovos de tartaruga, pois desta forma as gemas vão separar-se das claras, que não prestam. Em outra vasilha faça uma calda à parte com açúcar, cravo e canela. Ponha as gemas na calda e fora do fogo vá mexendo, em seguida volte ao fogo e mexa mais um pouco e o doce pode ser degustado.

Pato no Tucupi

Mate um pato, depene, limpe bem e ponha em vinha-d'alhos. Após umas quatros horas, leve a assar no forno, com banha. Depois de bem assado, trinche-o. Ferva dois litros de tucupi com chicória e jambu. Junte o molho ao pato, deixe ferver um pouco, baixe o fogo e deixe o pato cozinhar até amolecer. Sirva com farinha d'água e arroz.

Tacacá

Ferva um litro de tucupi com um galho de jambu e três pimentas malaguetas. Faça um grude bem grosso com meio quilo de goma (polvilho) e água. Misture meio quilo de camarões secos e sirva com molho de tucupi por cima, bem quente.

Jacaré

Pega-se o jacaré (sempre o tinga, porque o arurá não se encontra mais) e corta-se a cauda. Da catana, que se retira uma peça maciça de carne. Cortada ao longo, dá files, que podem ser fritos. Cortada em postas, na vertical, faz-se o ensopado. Cortada em pedacinhos frita-se como tira-gosto. Para fritar-se usa-se apenas sal e gordura quase fria, porque na quente espirra muito. Para o ensopado faça um molho com cebola picada, alho socado com sal e pimenta-do-reino, cheiro-verde e tomatinhos. Ponha as postas na panela, cubra com molho; nova camada de postas, mais molho. Fogo sempre brando e nunca vai água, porque o fogo brando faz a carne dessorar, dando quantidade ideal de caldo.

Fontes

Site: http://brazil.crl.edu:

Relatório feito pelo Exmo. Sñr. Conselheiro Jeronimo Francisco Coelho presidente desta Província. 1º de agosto de 1850. Pará. Impresso na Typographia de Santos & Filhos, Rua de S. João canto da Estrada de S. José. 1850.

Fala que o Exmo. Sr. Conselheiro Sebastião do Rego Barros Presidente de Província. Em 15 de agosto de 1854. Pará. Imp. Na Typ. da Aurora Paraense por Joaquim Francisco de Mendonça. 1854.

Relatório apresentado pelo Vice-Presidente Pinto Guimarães. 15 de outubro de 1855. Publicado como anexos do Relatório 16 de Out. 1855 e da Falla 26 Out. 1855.

Exposição apresentada pelo Exmo. Senr. Doutor. João Maria Moraes. 4ª Vice-Presidente da Província. 31 de julho de 1855. Pará. Typ. de Santos & Filhos. 1855.

Exposição apresentada pelo Exmo. Senr. Conselheiro Sebastião do Rego Barros, Presidente da Província do Gram-Pará. 29 de maio de 1856. Typ. De Santos & Filho. 1956.

Relatório apresentado pelo Presidente Henrique de Beaurepaire Rohan. Em 15 de agosto de 1856. Pará. Typ. de Santos & Filhos. 1856.

Discurso da Abertura da Sessão Extraordinária da Assembleia Legislativa Provincial do Pará, pelo Presidente Dr. João da Silva Carrão. 7 de abril de 1858. Typ. Do Diário do Commercio. Impresso por J. J. de Sá. 1858.

Fala dirigida a Assembleia Legislativa da Província do Pará pelo Presidente de Província Manoel de Frias e Vasconcellos. 1 de outubro de 1859. Pará. Typ. Commercial de A. J. R. Guimarães. Travessa de S. Matheus, casa n. 2 AA. Mapa D. 1859.

Relatório Exmo. Sr. primeiro Vice-Presidente de Província Fábio Alexandrino de Carvelho Reis. Pará. Typ. Commercial de Antonio Joze Rabello Guimarães. Rua dos Mercadores Casa, n. 6 AA.

Relatório apresentado. Á Assembleia Legislativa da Província do Pará. Feita pelo Dr. Francisco Carlos de Araujo Brusque. Em 1º de setembro de 1862. Pará: Impresso na Typografia de Frederico Carlos Rhossard. 1862.

Relatório dos Negócios da Província do Pará. Dr. Couto de Magalhães Presidente de Província. Em 15 de agosto de 1864. Pará. Impresso na Typ. de Frederico Rhossard. 1864.

Relatório da Presidência do Pará. Exmo. Sr. Vice-Presidente Barão de Arary. Em 1 de outubro de 1866. Pará. Impresso na Typographia do Jornal do Amazonas. 1866.

Relatório Presidente de Província Joaquim Raymundo De Lamare. Em 15 de agosto de 1867. Pará. Typographia de Frederico Rhossard. Travessa de São Matheus, casa n. 29. 1867.

Relatório Dr. Pedro Leão Vellozo. Em 9 de abril de 1867. Pará. Typographia de Frederico Rhossard. Travessa de S. Matheus, casa n. 29. 1867.

Relatório Exm. Snr. Vice-Almirante e Conselheiro de Guerra Joaquim Raymundo de Lamare. Em 6 de agosto de 1868. Pará. Typographia do Diario-do-Gram-Pará. Travessa de S. Matheus. n 29. 1868. p. Anexo/Quadro. 18.

Relatório do 4ª Vice-Presidente de Província Dr. Abel Graça. 15 agosto de 1870. Pará. Typ. do Diario do Gram-Pará. Travessa de S. Matheus. Casa n. 20. 1870.

Relatório Presidente de Província Dr. Abel Graça. Pará. 15 de agosto de 1871. Typ. do Diário do Gram-Pará. Travessa de S. Matheus. Casa n. 29. 1871.

Relatório do Presidente de Província Dr. Abel Graça. 15 de fevereiro de 1872. Pará. Typ. Diário do Gram-Pará. Travessa de S. Matheus. Casa n. 20. 1872.

Relatório Exm. Snr. Barão de Santarém 2ª Vice-Presidente de Província. Em 18 de abril de 1873. Pará. Typographia do Diário do Gram-Pará. Travessa de São Matheus. n. 29. 1873.

Relatório do Presidente de Província Domingos José da Cunha Junior. Em 1 de julho de 1873. Pará. Typographia do Diario Do Gram-Para. Travessa de São Matheus. n. 29. 1873.

Relatório Exmo. Snr. Dr. Pedro Vicente de Azevedo. Em 15 de fevereiro de 1874. Pará. Typographia do Diario do Gram-Pará. Travessa de S. Matheus. n. 29. 1874.

Relatório do Presidente de Província Dr. Francisco Maria Correa de Sá e Benevides. 17 de janeiro de 1875. Pará. Travessa de S. Matheus. Casa n. 29. 1875.

Fala Dr. João Capistrano Bandeira de Mello Filho. Em 15 de fevereiro de 1877. Pará. Typ. do Livro do Commércio. Theophilo, Schoogel & Comp. Adm. Antonio Ribeiro dos Santos. 1877.

Fala apresentada à Assembleia Legislativa da Província do Pará. Feita pelo Dr. João Capistrano Bandeira de Mello Filho. Em 15 de fevereiro de 1877. Pará. Impresso na Typografia do Livro do Commércio Theophilo, Schlogel & Comp. Adm. Antonio Ribeiro dos Santos. 1877.

Relatório Exm. Snr. José Coelho da Gama e Abreu. Em 15 de fevereiro de 1881. Pará. Typ. do Diário de Noticias de Costa & Campbell. 1881.

Fala Dr. João José Pedrosa. 23 de abril de 1882. Pará. Typ. Francisco da Costa Júnior. Travessa 7 de Setembro. 1882.

Relatório Dr. José Joaquim do Carmo. Em 22 de agosto de 1882. Pará. Typ. Commercio do Pará. Trvessa das Merces. N. 42. 1882.

Relatório Exmo. Snr. Presidente de Província Dr. Manuel Pinto de Souza Dantas Filho. Em 4 de janeiro de 1882. Typ. Liberal do Pará. Largo das Merces. N. 4. 1882.

Relatório Dr. Justiano Ferreira Carneiro. Em 25 de agosto de 1882. Pará. Typ. Commercio do Pará. Travessa das Merces. N. 42. 1882.

Fala do Exmo. Snr. Barão de Maracajú Gustavo Galvão. Em 15 de fevereiro de 1883. Pará. Impresso na Typ. do Jornal da Tarde. 1883.

Relatório Exm. Snr. General Visconde de Maracajú Gustavo Galvão. Em 24 de junho de 1884. Pará. Typ. de Francisco Costa Junior. 1884.

Relatório Exmo. Sr. Dr. João Lourenço Paes de Souza, primeiro Vice-Presidente de Província. 16 de setembro de 1885. Pará. Typ. de Francisco da Costa Junior. Travessa 7 de setembro. 1885.

Fala do Presidente de Província Tristão de Alencar Araripe. Assembleia Legislativa Provincial. 5 de novembro de 1885. Pará, Impreso na Typografia do Diário de Notícias. 1886.

Arquivo Público do Estado do Pará

Fundo: Correspondência de Diversos com o Governo (1834-1840). Antiga: 523. Atual: 983. Mod: 11. Prat: 05.

Fundo: Documentação do Governo. Série: Comércio e Obras Públicas (1870-1879).

Fundo: Secretaria da Presidência da Província. Série: Ofícios das Câmaras Municipais. Ano: 1850-1858. Caixa: 143.

Fundo: Série: Ofícios da Associação Comercial e conservatório do comércio do Pará. Ano: 1850-1858. Caixa: 178.

Série: Ofícios da Capitania do Porto do Pará. Ano: 1855-1856. Caixa: 198.

Série: Ofícios das Companhias de Navegação. Ano: 1856-1859. Caixa: 205.

Série: Ofícios e Ofícios das Companhias de Navegação. Ano de 1856-1859. Caixa 205.

Fundo: Decretos. 1835-1840. Atual 1040. Antiga 973. Mod 12. Prat.03.

Fundo: Secretária de Presidência da Província. Série: Ofícios Diversos. Ano: 1813-1826. Caixa: 29.

Fundo: Secretária de Presidência de Província. Série: Ofícios (Ofícios das Câmaras Municipais). Ano 1830-1839. Caixa 36.

Fundo: Secretária da Presidência de Província. Série: Ofícios da Câmara Municipal. Ano 1860-1869. Caixa 230.

Fundo: Secretária da Presidência da Província. Série: Ofícios das Câmara Municipais. Ano: 1864-1874.

Fundo: Secretária da Presidência da Província. Série: Ofícios da Câmara Municipal. Ano: 1864-1869. Caixa: 275.

Fundo: Secretária da Presidência da Província. Série: Ofícios da Câmara Municipal. Ano: 1860-1862. Caixa: 230.

Fundo: Secretária da Presidência da Província. Série: Ofícios das Câmaras Municipais. Ano 1870-1875. Caixa 309.

Fundo: Secretária de Presidência de Província. Documento Avulso. Série Abaixo-Assinados. Ano: 1870-1879. Em 18 de dezembro de 1875. Caixa 05.

Fundo: Secretária da Presidência da Província. (Documentação Avulsa) Abaixo-Assinados. Ano: 1876-1879. Caixa: 05 A.

Fundo: Secretária da Presidência da Província. (Documentação Avulsa). Série: Abaixo-Assinados. Ano 1880-1882.

Fundo: Secretaria da Presidência da Província. Série: 12. Minutas de Portarias. Ano: 1857-1885. Caixa: 26.

Fundo: Secretária da Presidencia da Província. (Documentação avulso). Série: Abaixo-Assinados. Ano: 1886-1889.

Fundo: Secretária da Presidencia da Província. (Documento Avulso). Série: Abaixo-Assinado. Ano 1883-1885. Caixa 07.

BIBLIOTECAS

Biblioteca Fran-Paxeco. Grêmio Literário Português

Jornal *Correio dos Pobres*. Serie Primeira. n. 4. 14 de agosto de 1851, p. 4.

Jornal *Voz de Guajará*. Ano I. Pará, 5 de dezembro de 1851. n. 4, p. 4.

Jornal *Correio dos Pobres. Serie Primeira*. n. 2. 31 de julho de 1851, p. 4.

Jornal *Correio dos Pobres*. Serie Primeira. n. 1. 25 de julho de 1851, p. 3.

Jornal *O Monarchista Paraense*. Ano I. Pará, 2 de março de 1852. n. 5. 1ª série, p. 4.

Jornal *Gazeta Official*. Pará, terça-feira 11 de maio de 1858. n. 2, p. 4.

Jornal *O Monarchista Paraense*. Ano I. Pará, 15 de maio de 1852. n. 13 e 14. Série 2ª, p. 7.

Jornal *O Monarchista Paraense*. janeiro a setembro 1852. Ano I. n. 1 ao 18.

Jornal *Gazeta Official*. Pará, Sexta-feira 14 de maio de 1858. Número 3, p. 4.

Jornal *Gazeta Official*. Pará, Sabbado, 15 de maio de 1858. n. 5, p. 4.

Biblioteca Pública Arthur Vianna

Jornal *Voz do Guajará*. Mês de novembro à dezembro de 1851.

Jornal *O Liberal do Pará*. Belém do Pará. Mês de janeiro de 1869, p. 5.

Jornal *Diário de Belém*. Quinta-feira, 13 agosto de 1868, p. 2

Jornal *Treze de Maio*. Belém do Pará. 4 de janeiro de 1856. n. 628, p. 4.

Jornal *Baixo Amazonas*. Sabádo, 6 de julho de 1872. Ano I, p. 4.

Jornal *Diário de Notícias*. Estado do Pará, 01 de janeiro à 21 de janeiro de 1891.

Jornal *Diário de Notícias*. Estado do Pará, Sexta-feira 1 de julho de 1892. Numero 142.

Jornal *Diário de Notícias*. 5 a 25 de julho de 1883. Domingo, 22 de julho de 1883. n. 165, p. 3.

Jornal Diário de Notícias. 5 a 26 de julho de 1883. Sexta-feira, 06 de julho de 1883. n. 153, p. 2.

Obras raras

BORGES, Ricardo. *Castanha e Oleaginosas da Amazônia.* Belém: Pará. 1952.

Annuario de Belém em Comemoração do seu Tricentenário 1616-1916. Eng. Ignacio Moura. E. U do Brasil. Estado do Pará. Imprensa Official. 1915.

Catálogo da Fábrica Palmeira Jorge e Ca. Secção de Bolachas e Biscoitos. Pará. Brasil. Sem data. Não numerada.

ACAYABA, Marlene Milan (coord-geral da coleção) & ZERON, Carlos Alberto (org. volume). *Equipamentos, usos e costumes da Casa Brasileira*. São Paulo: Museu da Casa Brasileira, 2000.

AGASSIZ, Louis & Agassiz Elisabeth Cary. *Viagem ao Brasil (1865-1866)*. Trad: Edgar Sussiking de Mendonça. São Paulo. Companhia Editora Nacional, 1938 (Brasiliana, 95).

AGUIAR, Manoel Pinto de. *Abastecimento: crises, motins e intervenção*. Rio de Janeiro: Philobiblion, 1985.

AGUIAR, Neuma. *Hierarquias em classe*. Rio de Janeiro: Zahar, 1973.

ALDEN, Dauril. *O significado da produção de caca una região Amazônica no fim do período colonial; um ensaio de História econônica comparada*. Belém: UFPA/NAEA, 1974.

ALGRANTI, Leila Mezan. Alimentação, Saúde e Sociabilidade: A arte de conservar e confeitar os frutos (Séc. XV-XVIII). *História: Questões e Debates*, 42, p. 33-52, 2005.

ALVARES, Maria Luzia Álvares & D'Incao Maria Ângela (orgs). *A mulher existe? Uma contribuição ao estudo da mulher e gênero na Amazônia*. Belém: GEPEM, 1995.

ALMEIDA, Conceição Maria Rocha de. *O termo insultuoso: ofensas verbais, história e sensibilidades na Belém do Grão-Pará. (1850-1900)*. Universidade Federal do Pará. Centro de Filosofia e Ciências Humanas. Departamento de História/Programa de Pós-Graduação em História Social da Amazônia. Belém/Pa. fevereiro 2006.

AMORIM, Suely S. P. de. Alimentação Infantil e o Marketing da Indústria de Alimentos. Brasil, 1960-1988. *História: Questões e Debates*, 42, p. 95-111, 2005.

ANDERSON, Robin Leslie. *Following Curupira: colonization and migration in Pará, 1758 to 1930. As study in settlement of the humid tropics*. University of. California Daers, PhD, 1976.

ASTOR, Antonio Diehl. *A Cultura Historiográfica Brasileira nos anos 1980: experiencias e horizontes*. 2ª ed. –Passo Fundo: UPF, 2004.

AVÉ-LALLEMANT, Robert. *No Rio Amazonas*. Trad: Eduardo de Lima Castro. Belo Horizonte: Ed. Itatiaia; São Paulo: Ed. da Universidade de São Paulo, 1980.

Bibliografia

AZEVEDO, Aluísio de. *O Cortiço.* 16ª edição. Editora Ática, 1986.

BELLIDO, Remijo de (org). *Cartografia: Catalogo dos Mapas e Cartas geográficas da Biblioteca e Archivo Público do Pará*, 1910.

BARATA, Manoel. *Formação Histórica do Pará. Obras Reunidas.* Coleção Amazonica – Série José Veríssimo. Belém: Universidade Federal do Pará, 1973.

_____. *A antiga produção e exportação do Pará; estudo histórico e econômico.* Belém: Typ. da Livraria Gillet, 1915.

BARROS, José D' Assunção. História Cultural e História das ideias – Diálogos Historiográficos. In: *História Cultural: Várias interpretações.* Goiânia: E. V., 2006.

_____. *Cidade e história.* Petropólis: Vozes, 2007.

BARICKMAN, Bert Jude. *Um contraponto baiano: açúcar, fumo, mandioca e escravidão no Reconcâvo, 1780-1860.* Trad. Maria Luiza X. de A. Borges. Rio de Janeiro: Civilização Brasileira, 2003.

BATISTA, Luciana Marinho. *Muito Além dos Seringais: Elites, Fortunas e Hierarquias no Grão-Pará, c.1850 – c. 1870.* Instituto de Filosofia e Ciências Sociais. Universidade Federal do Rio de Janeiro, 2004.

BATES, Henry Walter. *Um naturalista no rio Amazonas.* Trad: Régis Junqueira; apresentação Mário Guimarães Ferri. Belo Horizonte: Ed. Itatiaia; São Paulo: Edusp, 1979.

BEZERRA NETO, José Maia. *Escravidão negra na Amazônia (Sécs. XVII-XIX).* Belém: Paka-Tatu, 2001.

BURKE, Peter. *O que é História Cultural.* Trad. Sérgio Goes de Paula. Rio de Janeiro: Jorge Zahar, 2005.

BRAUDEL, Fernand. *Civilização Material, economia e capitalismo séculos XV-XVIII.* Trad. Telma Costa. São Paulo: Martins Fontes, 1995.

BRUIT, Hector H. As páginas do sabor. *Nossa História*, n. 29. março/ 2006, p. 28-30.

CÂMARA CASCUDO, Luís da. *História da alimentação no Brasil: pesquisa e notas.* Belo Horizonte: Itatiaia, 1983.

_____. *Antologia da Alimentação no Brasil.* Rio de Janeiro: LTC, 1977.

CANCELA, Cristina Donza. *Casamentos e Relações Familiares na economia da Borracha (Belém 1870-1920).* Universidade de São Paulo. Faculdade de Filosofia Letras e Ciências Humanas. Departamento de História. Programa de Pós-Graduação em História Econômica. USP-SP, 2006.

CARDOSO. Claudira do Socorro. *O abastecimento de carne verde em Belém na década de (1870/1880).* Belém: UFPA, Monografia de Graduação em História, 1987.

CARNEIRO, Henrique. *Comida e Sociedade: uma história da alimentação.* Rio de Janeiro: Elsevier, 2003.

_____. Comida e Sociedade: Significados Sociais na História da Alimentação. *História: Questões e Debates*, 42, p. 71-80, 2005.

CARVALHO, Marques de. *Hortência.* Ed. especial. Belém: Cejup/ Secult, 1997.

CORBIN, Alain. *História dos tempos livres: o advento do lazer.* Tradução: Telma Costa. Editorial Teorema, LDA. Portugal: Lisboa.

_____. Entrevista concedida a Laurent Vidal. *Revista Brasileira História.* Volume 25 n. 49. São Paulo. Jan./Jun. 2005.

COUTO, Cristiana Loureiro de Mendonça. *Alimentação no Brasil e em Portugal no século XIX e o que os livros de cozinha revelam sobre as relações entre colônia e metrópole.* Dissertação de Mestrado. Pontifícia Universidade Católica-SP, 2003.

CRISPINO, Luís Carlos Bassalo; BASTOS, Vera Burlamaque; TOLEDO, Peter Mann. (org). *As origens do Museu Paraense Emílio Goeldi: Aspectos Históricos e Iconnográficos. (1860-1920).* Belém: Paka-Tatu, 2006.

CRUZ, Ernesto. *História da Associação Comercial do Pará.* 2ª ed. rev. e ampl. Belém: Editora Universitária/UFPA, 1996.

_____. *História de Belém.* Belém: UFPA, 1973.

_____. *Ruas de Belém: significado histórico de suas denominações.* 2ª ed. Belém: Cejup, 1992.

DAOU, Ana Maria. *A belle Époque amazônica.* Rio de Janeiro: Jorge Zahar, 2000.

DIAS, Maria Odila Leite da Silva. *Quotidiano e poder em São Paulo no século XIX.* Prefácio de Ecléa Bosi. 2ª Ed. Rev. São Paulo: Brasiliense, 1995.

ELIAS, Norbert. *O Processo Civilizador. Uma História dos Costumes.* Trad. Ruy Jungmann. Rio de Janeiro: Jorge Zahar, 1990.

FLANDRIN, Jean-Louis & MONTANARI, Massimo. *História da Alimentação.* Trad. Luciano Vieira Machado, Guilherme J. F. Teixeiral. São Paulo: Estação Liberdade, 1998.

FRANCO, Afonso Arinos de Melo. *Desenvolvimento da Civilização Material no Brasil.* 3ª edição. Rio de Janeiro: Ed. Topbooks, 2005.

FRANCO, Ariovaldo. *De caçador a gourmet: uma história da gastronomia.* 4ª Ed. Rev. São Paulo: Editora Senac São Paulo, 2006.

GINZBURG, Carlo. *O queijo e os vermes: o cotidiano e as ideias de um moleiro perseguido pela Inquisição.* Tradução: Maria Betania Amoroso. São Paulo: Companhia das Letras, 1987.

FREYRE, Gilberto. *Casa Grande Senzala: formação da família brasileira sob o regime da economia patriarcal.* Rio de Janeiro: Record, 1992.

_____. *Açúcar: uma sociologia do doce, com receitas de bolos e doces do Nordeste do Brasil.* 5ª ed. São Paulo: Global, 2007.

FONTES, Edilza. *O pão nosso de cada dia: trabalhadores e indústria da panificação e a legislação trabalhista (Belém 1940-1954)*. Belém: Paka-Tatu, 2002.

_____. Prefere-se portuguesas: mercado de trabalho, racismo e relações de gênero em Belém do Pará. *Cadernos do* CFCH, Belém, v. 12, n. 1/2, p. 67-84, 1993.

FUCKNER, Ismael. *Comidas do céu, comidas da terra: invenções e reinvenções culinárias entre as adventistas do Sétimo Dia (Marco-Belém-Pará)*. Belém: CFCH/UFPA, 2004, Dissertação de Mestrado em Antropologia Social.

GIMENES, Maria H. S. G. Banquete: Uma História ilustrativa da Culinária, dos costumes e da fartura á mesa. *História: Questões e Debates*, 42, p. 177-179, 2005.

ISENBURG, Teresa. (org.) *Naturalistas italianos no Brasil*. São Paulo: Ícone: Secretaria de Estado da Cultura, 1990.

JACOB, Helena Maria Afonso. *Comer com os olhos: estudo das imagens da cozinha brasileira a partir da revista Claudia Cozinha*. Dissertação de Mestrado. Programa de Estudos Pós-Graduados em Comunicação e Semiótica, PUC-SP, 2006.

JAPUR, Jamile. Esboço Bibliográfico da Cozinha Nacional. *Revista Brasileira de Folclore*. Ano IX. N. 25. setembro/dezembro de 1969. Ministério da Educação e Cultura. Campanha de Defesa do Folclore Brasileiro, p. 247-256.

KELLY, Ian. *Carême: cozinheiro dos reis*. Tradução: Marina Slade Oliveira; revisão técnica: Bernardo, Menegaz. Rio de Janeiro: Jorge Zahar Ed., 2005.

KELLY-NORMAND, Arlene. Africanos na Amazônia, cem anos antes da abolição. *Cadernos do* CFCH. *Belém*, CFCH/UFPA, 1987.

KIDDER, Daniel P. *Reminiscências de viagens e permanência no Brasil*. São Paulo: Edusp, 1972.

LE COINTE, Paul. A *cultura do cacau na Amazônia*. Associação Commercial do Pará. Belém: Imprensa Official do Estado, 1918.

LIMA, Eli Napoleão. Extrativismo e produção de alimentos: Belém e o 'núcleo subsidiário' de Marajó. 1859-1920. *Revista Estudos Sociedade e Agricultura*, 7 de dezembro de 1996, p. 59/89. Disponível em: http://bibliotecavirtual.clacso.org.ar

LIMA, Tânia. Chá e simpatia: uma estratégia de gênero no Rio de Janeiro oitocentista. *Anais do Museu Paulista*. Nova Série. Vol. 5, jan./ dez. de 1997, p. 93-130.

LIFCHITZ, Miriam. O Sal na Capitania de São Paulo no século XVIII. *Revista de História*, n. 4. outubro/ dezembro de 1950. Reimpressão 1962. São Paulo. Brasil, p. 516-526.

MACÊDO, Sidiana da Consolação Ferreira de. *Sítios e Engenhos em Abaeté: Um estudo de Cultura Material (1840-1870).* Monografia apresentada ao Colegiado de Graduação do Curso de História da Universidade Federal do Pará. Belém. Pará. 2006.

MAGALHÃES, Clarissa. Comida de comer Comida de pensar. *Cadernos de Debate*, n. III, p. 29-57, 1995. Núcleo de Estudos e Pesquisas em Alimentação da UNICAMP.

MAUÉS, Maria Angélica Motta & MAUÉS, Raymundo Heraldo. O *Folclore da alimentação: tabus alimentares na Amazônia (Um estudo de caso numa população de pescadores do litoral paraense).* Belém: Falangola, 1980.

MELLO, A. da Silva. A *alimentação no Brasil.* Rio de Janeiro: José Olympio, 1961.

MENESES, Ulpiano T. B.; CARNEIRO, Henrique. A História da Alimentação: balizas historiográficas. *Anais do Museu Paulista*. Nova Série, v. 5, p. 9-92, jan./dez. 1997.

_____. Memória e Cultura Material: Documentos pessoais no Espaço Público. *Estudos Históricos*, Rio de Janeiro, vol 11, n. 21, 1998, p. 1-216.

MIRANDA, Vicente Chermont de. *Glossário Paraense (Coleção de Vocábulos Peculiares à Amazônia e Especialmente à Ilha do Marajó).* Universidade Federal do Pará. Coleção Amazônica Série Ferreira Pena, 1968.

MONTANARI, Massimo. *A fome e a abundância*: história da alimentação na Europa. Tradução: Andréa Doré. Bauru, Sp: EDUSC, 2003.

MONTEIRO, Mário Ypiranga. Alimentos preparados à base de mandioca. *Revista Brasileira de Folclore*. Ano III, n. 5. janeiro/abril 1963. Ministério da Educação e Cultura. Campanha de Defesa do Folclore Brasileiro, p. 37/ 82.

ORICO, Osvaldo. *Cozinha Amazônica: uma autobiografia do paladar*. Coleção Amazônica. Universidade Federal do Pará, 1972.

PELT, Jean –Marie. *Especiarias & Ervas aromáticas: história, botânica e culinária*. Trad: André Telles. Rio de Janeiro: Jorge Zahar, 2003.

PENTEADO, Antonio Rocha. *O Sistema Portuário de Belém*. Coleção Amazônica. Série José Veríssimo. Universidade Federal do Pará. Belém, 1973.

PESAVENTO, Sandra Jatahy. *História & História Cultural*. 2ª ed. Belo Horizonte: Autêntica, 2005.

PILLA, Maria Cecília Barreto Amorim. Gosto e Deleite: Construção e sentido de um menu elegante. *História Questões e Debates*, Curitiba, n. 42, p. 53-69. Editora UFPR.

POMBO, Nívea. Cardápio Brasil. *Nossa História*, n. 29. Março/ 2006, p. 32-35.

POZZEBON, Sandra Elisabeth. *O papel das mercearias na distribuição de gêneros alimentícios e a população de Belém na segunda década do séc. XX*. Belém: UFPA, Monografia de Graduação em História, 1990.

R.C.M. *O cozinheiro imperial*. Adaptação: Vera Sandroni; prefácio de Antônio Houaiss. São Paulo: BestSeller, 1996.

RAVENA, Nírvia. O abastecimento no século XVIII no Grão-Pará: Macapá e vilas circunvizinhas. *Novos Cadernos NAEA*. V.8, n.2, dez 2005, p. 124-149.

REDE, Marcelo. História a partir das coisas: tendências recentes nos estudos de cultura material. *Anais do Museu Paulista*. Nova Série. V. 4, p. 265-82, jan./dez. 1996.

REIS, José Abberione. Sobre uma arrelia que provoca tensão entre arqueologia e história: documento escrito/ documento material. *Métis: História e Cultura*. Universidade do Sul. v.1. n. 1, 2002, Caxias do Sul: RS. Educs, 2004. p. 93-114.

REIS, José Carlos. A legitimidade intelectual e social da Amazônia. *A história entre Filosofia e Ciência*. Belo Horizonte: Autêntica, 3ª ed. 2004, p. 107-113.

REVEL, Jean-François. *Um banquete de palavras: uma história de sensibilidade gastronômica*. São Paulo: Companhia das Letras, 1996.

REZENDE, Marcela Torres. A alimentação como objeto histórico complexo: relações entre comidas e sociedades. *Estudos Históricos*, Rio de Janeiro, n. 33, 2004. CPDOC/FGV.

ROCQUE, Carlos. *História de A Província do Pará*. Belém: Ed. Mitograph Editora LTDA.

RUBIM, Braz da Costa. *Vocabulario Brasileiro*. Rio de Janeiro: Emp. Typ. Dous de dezembro de Paula Brito. Impressor da Casa Imperial, 1853.

SALLES, Vicente. *O negro na formação da sociedade paraense*. Belém: Paka-tatu, 2002.

_____. *O negro no Pará, sob regime da escravidão*. Belém: Fundação Cultural Tancredo Neves, 1988.

SANT'ANNA, Denise Bernuzzi. Transformações das Intolerâncias alimentares em São Paulo, 1850-1920. *História: Questões & Debates*. n. 42. Editora UFPR, Curitiba. 2005, p. 81-93.

SANTOS, Carlos Roberto A. Alimentação e seu lugar na História: os tempos da memória gustativa. *História: Questões e Debates*, 42, p. 11-31, 2005.

SANTOS, Roberto. *História econômica da Amazônia (1800-1920)*. São Paulo: T. A. Queiroz, 1980.

SARGES, Maria de Nazaré. *Belém. Riquezas produzindo a Belle-Époque (1870/1912)*. Belém: Paka-Tatu, 2002.

SENAC, D. N. *A história da Gastronomia/* Maria Leonor de Macedo Soares Leal. Rio de Janeiro: Senac Nacional, 2007.

SILVA, João Máximo da. *Cozinha Modelo: O impacto do Gás e da eletricidade na Casa Paulistana (1870-1930)*. São Paulo: Editora da Universidade de São Paulo, 2008.

SILVA, Paula P. A cozinha da colônia. *Nossa História*, n. 29. Março/ 2006, p. 20-23.

_____. *Entre Tampas e Panelas por uma etnografia da cozinha no Brasil*. Dissertação de Mestrado apresentada ao departamento de Antropologia da Faculdade de Filosofia, Letras e Ciêncais Humanas da Universidade de São Paulo.

SILVEIRA, Neudalino Viana da. *Santa Maria de Belém do Grão-Pará. Problemática do abastecimento alimentício durante o período áureo da borracha (1850/1920)*. Dissertação de Mestrado em História. Recife: UFPE, 1989.

SOUSA, Benedito. *O abastecimento de gêneros de primeira necessidade através das mercearias em Belém no período de 1880/1900*. Belém: UFPA, Monografia de Graduação em História, 1990.

SOUSA, H. Inglês. *O Missionário*. Ed. Topbooks. Rio de Janeiro, 1998.

SOUTO MAIOR, Mário. *Alimentação e Folclore*. Recife: Fundação Joaquim Nabuco, Editora Massangana, 2004.

SPIX, Johann Baptiste Von e MARTIUS, Carl Friedrich Philippe Von. *Viagem pelo Brasil*. 91819-1829). Vol. III. Rio de Janeiro: Imprensa Nacional, 1938.

STOLS, E. A mestiçagem dos alimentos. *Nossa História*, n 29. Março/ 2006, p. 14-19.

STRONG, Roy C. *Banquete: uma história ilustrada da culinária dos costumes e da fartura á mesa*. Rio de Janeiro: Jorge Zahar, 2004.

TALLET, Pierre. *História da cozinha faraônica: a alimentação no Egito Antigo*. São Paulo: Editora Senac, 2005.

TEIXEIRA, Fausto. Tabus Alimentares. *Revista Brasileira de Folclore*. Ano IX. N. 30, maio/agosto de 1971. Ministério da Educação e Cultura. Campanha de Defesa do Folclore Brasileiro, p. 191/208.

VERÍSSIMO, José. *Estudos Amazônicos*. Belém: UFPA, 1970.

_____. *A pesca na Amazônia*. Monographias Brasileiras. Rio de Janeiro/São Paulo: Livraria Clássica de Alves & C., 1895.

VIANNA, Arthur. *As epidemias no Pará*. 2ª ed. Coleção Amazônica. Belém: Universidade Federal do Pará. Série: Camillo Salgado, 1975.

WALLACE, Alfred Russel. *Viagens pelos rios Amazonas e Negro*. Trad: Eugênio Amado; apresentação Mário Guimarães Ferri. Belo Horizonte: Ed: Itatiaia; São Paulo; Edusp, 1979.

WEINSTEIN, Barbara. *A borracha na Amazônia: expansão e decadência, 1850-1920*. Tradução Lólio Lourenço de Oliveira. São Paulo: HUCITEC; Editora da Universidade de São Paulo, 1993.

Agradecimentos

PESQUISAR SOBRE A alimentação em Belém não foi a mais fácil das tarefas, pois, para chegar até aqui tive que dividir espaço com tantas outras atividades, entre elas o trabalho da licenciatura, afinal não foi possível ser apenas pesquisadora, havendo ainda as atividades domésticas diárias, o papel de filha, irmã, amiga e esposa. O conteúdo do trabalho aqui exposto é o resultado de muito esforço para ter tempo, ou melhor, inventar tempo para ler, pesquisar e escrever.

Aos professores do programa de pós-graduação em História Social da Amazônia que contribuíram muito em minha formação durante as aulas, em especial, à Magda Ricci, ao Pere Petit, à Maria de Nazaré Sarges e ao Aldrin Figueiredo, expresso meu muito obrigado. Também agradeço à Naná, Franciane e Denise Sant'ana que contribuíram quando dos exames de qualificação e defesa deste trabalho. À professora Maria Odila um agradecimento por ter acreditado na publicação deste trabalho.

Agradeço ao meu orientador Antonio Otaviano Vieira Júnior, que desde a graduação me acompanhou neste caminho com conselhos, questões e soluções na elaboração da dissertação. Otaviano, sempre muito disciplinado, por diversas vezes, quando os outros trabalhos me exigiam tempo demais, me chamou de volta ao exercício da escrita. Em alguns pontos ele foi incansável em exigir que fosse feito isto ou aquilo, para tanto não se importou de "brigar" quando achou necessário.

Um agradecimento especial deve ser feito à professora Paula Bezerra, diretora do Centro Educacional Paula Frassinetti, escola em que trabalhei e que durante os dois anos do mestrado sempre soube entender as minhas "ausências" em alguns momentos e sempre que possível fez concessões em prol do curso, já que poucas instituições privadas teriam tido a mesma paciência e sensibilidade. Desde sempre, obrigada.

Aos Funcionários do Arquivo Público do Estado do Pará, da Biblioteca Pública Arthur Vianna e do Grêmio Literário Português, em Belém, e aos da Biblioteca do Instituto de Estudos Brasileiros da USP bem como do Instituto de Filosofia Letras e Ciências Humanas da USP e também ao do Museu da Casa Brasileira, em São Paulo, pela prestatividade e interesse em me auxiliar durante o período da pesquisa deixo também meus agradecimentos.

Os amigos sempre são importantes. Devo agradecimentos muito especiais aos amigos Rafael Chambouleyron e Franciane Lacerda, Fernando Arthur e a Nádia Brasil. À Eva Dayna e Margareth Dias amigas dos caminhos da História.

Entre as pessoas que preciso agradecer de forma contínua estão minha mãe Ana Maria Ferreira e ao meu pai Osni Soares de Macêdo por todo amor. Bem como minha avó Maria da Consolação Dias Ferreira. Aos meus irmãos Ana Rita, Cícero e "Leila". A tia Neneia e à Ana Paola minha enteada, pela meiguice e carinho sempre animadores. Igualmente devo agradecer à Sâmia e Ana Flávia minhas primas queridas. Aos meus sogros José Roberto Pinheiro Maia Bezerra e Paula de Souza Bezerra, um agradecimento especial.

Um agradecimento é prioridade neste trabalho: ao meu esposo José Maia Bezerra Neto que ao longo destes anos foi mais do que eu podia imaginar. José Maia foi um amigo, companheiro, leitor, crítico e acima de tudo um incentivador de minha dissertação. Agradeço a ele todo o tempo que o tirei da escrita da sua tese para me ajudar com as minhas mil inquietações comuns na escrita de uma dissertação. Um amigo de todas as horas que sempre paciente me tranquilizava quando as crises e angustias eram mais fortes. Tenho a certeza que sua presença com suas inúmeras qualidades foram fundamentais ao longo de todo o processo da pesquisa, leitura e escrita do trabalho. Com Maia descobrir que a escrita é um processo de aprendizagem cotidiano e contínuo e que às vezes rir da vida é uma necessidade.

Para Marjane, que chegou no momento em que preparava este trabalho para publicação, minha pequena princesa "Persa" tão esperada e amada, um agradecimento especial, por todos os dias iluminar minha vida.

Esta obra foi impressa em Santa Catarina pela
Nova Letra Gráfica & Editora no inverno de
2014. No texto foi utilizada a fonte Electra LH
em corpo 11 e entrelinha de 16 pontos.